精品课程配套教材
21世纪应用型人才培养规划教材
“双创”型人才培养优秀教材

互联网贸易实务

主　编　符静波　袁　唯　刘国碧
副主编　吴月瑞　谢　莹　谭有模
　　　　顾丹丹　王　梅　周　权
　　　　何　勇　李春艳

中南大學出版社
www.csupress.com.cn
·长　沙·

图书在版编目(CIP)数据

互联网贸易实务 / 符静波，袁唯，刘国碧主编. —长沙：中南大学出版社，2020.5

ISBN 978-7-5487-4034-6

Ⅰ.①互… Ⅱ.①符… ②袁… ③刘… Ⅲ.①国际贸易—电子商务—高等学校—教材 Ⅳ.①F713.36

中国版本图书馆 CIP 数据核字(2020)第 060037 号

互联网贸易实务

符静波　袁　唯　刘国碧　主编

□责任编辑　唐天赋　郑　伟
□责任印制　易红卫
□出版发行　中南大学出版社
社址：长沙市麓山南路　邮编：410083
发行科电话：0731-88876770　传真：0731-88710482
□印　　装　北京俊林印刷有限公司

□开　　本　787 mm×1092 mm　1/16　□印张 16　□字数 345 千字
□版　　次　2020 年 5 月第 1 版　□2020 年 5 月第 1 次印刷
□书　　号　ISBN 978-7-5487-4034-6
□定　　价　45.00 元

前　言

互联网贸易（Internet trade）是电子商务的重要组成部分之一，它是指通过互联网所进行的贸易活动，或者是以 Internet 为载体，利用数字化进行的在线交易。在互联网贸易中，贸易活动的各方通过不同的网络服务平台发布并浏览贸易信息、进行贸易洽谈、签订贸易合同、支付货款等。这种基于全球计算机网络的电子贸易具有网络用户多、信息量大、交易快捷、成本低等优势，被称为未来国际贸易的发展方向。

“互联网贸易实务”是电子商务专业核心课之一。通过学习这门课程，学生可以了解互联网贸易的基本理论，掌握利用互联网进行国内和国际贸易的知识和方法，了解并熟悉阿里巴巴等国内外知名电子商务在线贸易平台的操作。

本书的编写遵循“知识与案例相结合，理论与实践相结合”的原则，重点阐述互联网贸易的相关理论和知识以及国际贸易必备的核心知识，以国内最有影响力的阿里巴巴在线交易平台上的资料作为主要案例和实操内容，并兼顾其他 B2B 贸易平台案例。本书以提高学生整体素质为基础，以培养学生综合职业能力为主线，重视实践能力和创新能力的培养，适合按照 48~64 课时来安排教学。

全书每章均设置了学习目的、思考与练习，并配有教学大纲、电子课件、参考答案、相关视频等教学资源，方便教师教学使用，也方便学生自学参阅。

本书由符静波、袁唯、刘国碧担任主编；吴月瑞、谢莹、谭有模、顾丹丹、王梅、周权、何勇、李春艳担任副主编。本书共分为七章，具体编写分工如下：第一章和第七章由符静波编写；第二章由袁唯编写；第三章由刘国碧编写；第四章由吴月瑞、谢莹、谭有模编写；第五章由顾丹丹、王梅、周权编写；第六章由何勇、李春艳、陈虹琳编写。

由于“互联网贸易实务”课程还在持续建设和改革中，加之编者水平有限，所以书中不足之处在所难免，敬请各位专家和广大读者批评指正。

编　者

目　录

第一章

互联网贸易概述

【学习目的】

1. 了解互联网贸易的概念和定义。
2. 了解互联网贸易的特点和优势。
3. 了解互联网贸易的发展趋势。
4. 了解常见的互联网贸易平台。
5. 了解互联网贸易流程。

第一节 互联网贸易的定义

互联网贸易的定义，需要从网络贸易讲起。网络贸易是电子商务的重要组成部分之一，它是指在网络平台基础上直接进行在线交易（trade on line），利用数字化技术将企业、海关、运输、金融、商检和税务等有关部门有机地连接起来，实现从浏览、洽谈、签约、交货到付款等全部或部分业务的自动化处理。广义的网络贸易主要包括互联网贸易和EDI无纸贸易两种类型；狭义的网络贸易则仅指互联网贸易。电子数据交换（EDI，全称electronic data interchange）技术开发应用的时间较早，但它是一个封闭性系统，费用昂贵，且技术标准复杂，缺少通用性，至今EDI无纸贸易的发展仍较缓慢。而互联网贸易（trade on internet）是通过计算机互联网络进行的贸易，这种基于全球计算机网络的电子贸易具有网络用户多、信息量大、交易快捷、成本低等优势，被称为未来国际贸易的发展方向。

第二节　互联网贸易的特点

一、广泛性

互联网贸易的广泛性，是指互联网贸易不受地域限制，不受时间限制；整体性，即整个互联网贸易的主体是一个整体，对谁都是平等的；也包括随时性，网络商店不存在打烊，只要服务器不关，就是 24 小时全天候营业。随着因特网的推广，通过有线或无线将亿万台终端设备联在一起，使得顾客在家里就如同到了商店，可以随意挑选购买自己所需的商品。网络把商家、顾客、商品直接联系起来，使顾客、商家融为一个整体。网上各种各样的商业信息蕴藏着巨大的商机，一旦把握了这些商机，就可以创造出巨大的利润。例如：通过百度、谷歌等知名的搜索网站，就可以轻松地查找到我们所需要的商业信息，或者通过比较大型的商业网站可以发布自己的商品供应信息，使自己的商品面对全球的顾客。因此，广泛性是互联网贸易的最大特性，也是互联网贸易迅速发展的主要原因。

二、时效性

对于商人来说，时间就是金钱，互联网贸易的时效性非常强，正如广告词中说的，“商机无处不在，只需你现在就点”。“现在”这个词就充分体现了其具有较强的时效性。一条有用的商业信息，谁先把握，谁就能最先获利。同样，相同的商业信息，谁先发布，谁就可能先获利，落后者就可能失去这样的机会。例如，对于一个夜光杯商店来说，某一家公司求购夜光杯的信息就是商机，如果能早一天找到这条消息，那么就有可能与其进行网上交易，从而从交易中获利，而后来者就失去了这次交易的机会。对于一个购买商品的顾客来说，对于一些稀有珍品，在网上发现该商品的信息较晚，那就可能被别人抢先购走，就可能失去购买机会。对于相同的有用信息，总是先看到的人受益更大一些，或者说有更大的选择余地。因此，互联网贸易具有极强的时效性。

三、风险性

由于买卖双方往往互不见面，互联网贸易的整个交易过程都是在网上进行的，因此存在一定的隐蔽性。顾客在购买商品之前可能见不到实物，只能通过介绍或者一些图片及视频资料了解产品的相关信息，所以在进行交易的时候，存在被卖方欺骗的可能。购买方只能通过自己的判断，确定信息的真实性与有效性，确保自己的利益不受到损失。此外，卖方也可能遭遇买方骗取货物却以各种理由拒不付款、以各种理由低价骗取货物等风险，以及货物在远程物流运输过程中遭遇的风险和损失。

案例阅读

小王大学毕业没几年，现在是浙江一家蓄电池公司的业务员。公司给业务员的报酬是根据业绩计算的，所以小王每天背负着压力，努力地开拓自己的业务。像大部分业务员一样，小王也通过网络发展自己的客户。

一天早上他接到一个老客人的电话。那个老客人是小王通过网络认识的，虽然大家没见过面但是通过网络完成过一次小订单。第一次的订单大概是 2000 元，那个客人付钱非常爽快，让小王感觉他非常有信用。接到客人的电话小王当然非常高兴，客人在电话里告诉小王，因为上次产品质量非常不错，他决定再下个新订单，付款方式同样是先付 30%预付款，余下 70%货款在提货前付清。客人非常爽快地告诉小王，订单的预付款明天就打到公司，希望小王尽快安排生产。小王心中一阵狂喜，没想到这么容易又接到一个订单，而且这次订单又比较大，接近 10 万元。过几天，公司财务通知小王，那个客人 30%的预付款已经到账，于是小王非常积极地安排生产，订单生产得非常顺利。转眼到了交货的日子，小王催客人汇来余下的 70%货款，公司好发货。可是联系了几次，客人总说很忙，或者说在外出差。

直到一个星期六，小王正在公司寝室睡觉。那个客人风风火火地打电话过来说 70%的钱已经汇到公司账户了，同时把银行流水单也传真过来了。客人再三强调，希望小王今天一定要把货送出，因为客人有批货急需这批蓄电池，同时告诉小王他委托的提货车马上就到。小王来到公司，发现那个客人确实已经传真过来银行流水单了。其实小王也是有过疑问的，因为毕竟还没查过银行。但是正在他还在思考的时候，客人约定的提货车已经开到公司了，同时客户一直在电话里催促。想到这笔订单的利润非常不错，而且已经跟这个客人合作过一次，感觉这个客人还是非常有信用的，小王头脑一热，就把货装上了那个客人的提货车。但是当小王星期一拿着这张银行流水单去银行查钱的时候，却被银行告知，钱没到账。再联系这个客人却再也联系不上了。年轻的小王因为自己的疏忽给自己的公司带来了非常严重的损失。

案例分析

骗子利用互联网贸易中相互不见面的特点，通过下小额订单骗取业务员的信任，通过交谈了解到业务员贸易经验不足，然后伪造银行汇款流水单，利用休息日银行休息的时间差，骗取了公司的货物。

深思和启迪

这个案例比传统的骗局更加高级。通常我们认为做过生意的老客人是值得信任的，特别是让我们感觉到有信用的客人。但是在互联网贸易中，中小企业面对的环境十分复杂，很多时候我们交易甚至不需要双方见面，这种情况下我们更应该提高应有的警惕。无论是新客人还是做过贸易的老客人，我们该坚持的原则一定要坚持。银行汇款单是可以伪造的，唯一能够确认钱到账户的信息应该来自银行。同时，通过这个案例我们发现，这个公司对新业务员的管理有漏洞。现在很多中小企业业务员都是独立负责贸易过程，由于业务员个人的贸易经验、贸易素质有高低，如果公司对业务员缺乏有效的管理监督制度，很容易遇到本案例中的贸易事故。目前大部分银行都有互联网银行和电话银行服务，开通互联网银行和电话银行服务不仅能给企业财务工作带来便捷，也方便查账。

（案例来源：论文网，https：//www.xzbu.com/3/view-10646607.htm）

第三节　互联网贸易的优势

一、互联网贸易会大大降低买卖双方的交易成本

买卖双方通过网络直接接触，无需贸易中介的参与，减少了交易的中间环节；参与交易的各方只需支付较低的网络通信和管理费用就可存储、交换和处理信息，节省资金，降低成本。Internet 是全球性开放网络，有利于交易双方获得完整信息，能降低市场搜寻成本、减少交易的不确定性；在网上直接传递电子单证，既可节约纸质单证的制作费用，又可缩短交单结汇时间、节省开支。

二、互联网贸易提高了工作效率

现有的网络技术实现了商业用户间标准格式文件（如合同、提单、发票等）的即时传送和交换，买卖双方足不出户，就可在网上直接办理订购、谈判、签约、报关、报检、租船订舱、缴税、支付结算等各项贸易业务手续，大大缩短了交易时间，从而促进了金融、海关、运输、保险等有关部门工作效率的提高。

三、互联网贸易有利于企业增强竞争力

公司和厂商可以申请注册域名，在网上建立自己的网站，通过网页介绍产品、宣传企业形象，可以扩大企业知名度，开拓海外市场和提高国际竞争力。此外，互联网贸易无时间、地域的限制，受自然条件影响小，可以进行“全天候交易”，同时又有助于及时、准确地掌握市场动态，密切同客户的业务联系。

案例阅读

俗话说，“苦难使人成长”，曾被评为全球十大网商的佛山市高尔顿家具有限公司总裁钟石军就是一步一步地靠自己的打拼成功的。1991年，钟石军开着手扶拖拉机从家乡广西来到顺德龙江，开始了他在广东的“淘金”生涯。凭着自己的老实、勤快、愿意动脑，慢慢地，钟石军居然从小工做到了生产厂长。

到了2005年，钟石军用十几年辛苦打工攒下的钱，加上向亲戚朋友东拼西凑，凑了30万元，在龙江开了一家小的床垫厂——佛山市高尔顿家具有限公司，当时员工只有8人。

公司的发展也并没有如想象的那样一帆风顺。公司创立之初，如同刚出生的“婴儿”嗷嗷待哺，钟石军努力寻找客户、开发产品并用已有的销售渠道获取订单。可是日子一天天过去，不仅没有订单，就连询盘问价的人也少之又少。

眼看着公司面临生存危机，“婴儿”连饭都吃不饱，更不要奢望长大了，钟石军心里急得发慌。他很清楚，同行中实力雄厚的大企业都拥有自己固定的客户，国内市场大都“名花有主”。面对日益激烈的行业竞争，钟石军一边很是眼红，一边却万般无奈。

正当不知所措的时候，钟石军“异想天开”起来，一个大胆的想法从脑袋中跳出：既然不能在国内市场占一席之地，为何不开拓海外市场呢？

可现实问题又来了，没有多余的资金，根本无法支付高昂的参展费用；英文一窍不通，拓展海外市场困难。这对当时的钟石军来说，简直是“天方夜谭”。钟石军可谓是绞尽脑汁，正在走投无路的时候，通过一次偶然的机会，他无意中听到一位美国客户与另外一位采购商谈到如何在中国找供应商的话题，两位客户都对阿里巴巴相当认可。于是钟石军决定上阿里巴巴碰碰运气。

刚成为阿里巴巴的会员时，钟石军几乎是一个网盲，啥都不懂。但通过客服的培训和自己的努力，他逐渐学会了如何使用电脑，如何发布、展示产品信息，如何把握每个询盘细节等。

钟石军清楚地记得，加入阿里巴巴一个月后，那误打误撞拿到的第一份订单——一位来自新西兰的客户定下了100张床垫。虽然量很少，但钟石军的信心却一下子增强了：海外真的有市场！钟石军欣喜地想。

自拿到海外第一单后，钟石军真正尝到了电子商务的甜头。从那时起，钟石军协同公司的外贸人员一道下起了苦功夫，开始认真研究和使用电子商务的功能。目前，钟石军拥有阿里巴巴国际站全球宝账号2个、阿里巴巴中文站诚信通账号5个、阿里软件账号15个。自己90%的生意都是依靠电子商务做的，哪里的客户都有。

2008年金融海啸席卷全球，一些走传统模式的家具企业濒临倒闭。身边的竞争对手相继倒下，钟石军的公司却订单不断，来自海外的订单在危机中更是出乎意料地达到了上年的两倍。钟石军凭着5年的网商经验在“寒冬”中赚了钱。虽然出身草根，但他却明白如果只管自己赚钱，不帮助同行们继续做下去，势必波及整个顺德乃至珠三角的家具业，而

20 多年建立起来的龙江、乐从国际家具制造基地也会遭殃。

“在这个冬天，大家更要抱团取暖！”想到这些，钟石军总结自己运用电子商务创业以来成功的经验与失败的教训，毅然决定走出行业，走出区域，向其他的企业家传授自己的电子商务经验。

2008 年 12 月 5 日，钟石军同一群网商朋友共同成立了番顺网商会，钟石军被推选为网商会的会长。钟石军带领其他网商“抱团取暖”，他没想到的是，自己的无私精神也带动了自己的发展，不仅与其他企业家有了很多交流，互相传授经验，而且有很多客户慕名而来，自己的生意更好了。

“在当今金融海啸的冲击下，企业如何更好地运用阿里巴巴这个优质平台，增强市场竞争力，占取更多的市场份额，是今后重点努力的方向。”钟石军说：“我和我的团队需要花费更多的心思在关键字推广、在线物流配送、业务管理软件、在线支付方式的综合运用方面，以此不断提高推广效果，增加公司效益。”

钟石军常引用马云的一句话，这也是他个人最喜欢的一句话：“别人可以复制我的模式，不能复制我的苦难，更不能复制我不断往前的激情！”

（案例来源：阿里巴巴以商会友生意经，https：//baike. 1688. com/doc/view - d20519630. html）

第四节　互联网贸易发展的趋势

一、跨越时空性

通过互联网能够超越时间约束和空间限制进行信息交换，因此使得商业贸易可以脱离时空限制，企业可以开展全天候的贸易服务，相应地扩大了企业的贸易市场。

二、多媒体

互联网上的多媒体技术越来越成熟，可以同时传输多种形式的信息，如文字、声音、图像、视频等信息，使得互联网贸易同传统贸易中的面对面的贸易形式一样丰富多彩。

三、交互式

企业可以在互联网上展示商品目录、提供有关商品信息、与顾客互动、沟通、收集市场情报、进行产品测试及消费者满意调查等。因此，互联网是产品设计、商品信息提供以及服务的最佳工具。

四、人性化

互联网贸易是一对一的、理性的、消费者主导的、非强迫性的、循序渐进式的，而且是一种低成本与人性化的贸易形式，避免了推销员强势推销的干扰，并能够通过提供信息与交互式的交谈，与顾客建立长期良好的关系。

五、成长性

随着互联网用户的增多和越来越多的企业网站的建立，互联网贸易所面对的市场也将扩大。

第五节　互联网贸易常用网站

一、阿里巴巴

阿里巴巴是由马云在1999年创立的企业对企业（B2B）的网上贸易市场平台，包含国际站（www.alibaba.com）（将在第七章为大家详细介绍）和中文国内站（www.1688.com）。阿里巴巴在1999年成立于杭州，通过旗下三个交易市场协助世界各地数以千万计的买家和供应商从事网上贸易。三个网上交易平台为集中服务全球进出口商的国际交易市场，集中国内贸易的中国交易市场，以及通过一家联营公司经营、促进日本外销及内销的日本交易市场。此外，阿里巴巴也在国际交易市场上设有一个全球批发交易平台，为规模较小、需要小批量货物快速付运的买家提供服务。阿里巴巴的所有交易市场形成了一个拥有来自240多个国家和地区超过6100万名注册用户的网上社区。为了转型成为可让小企业更易建立和管理网上业务的综合平台，阿里巴巴亦直接或通过其收购的公司，包括中国万网及一达通，向国内贸易商提供多元化的商务管理软件、互联网基础设施服务及出口等相关服务，并设有企业管理专才及电子商务专才培训服务。阿里巴巴还拥有Vendio及Auctiva，该两家公司为领先的第三方电子商务解决方案供应商，主要服务网上商家。如今，阿里巴巴已成为全球企业间（B2B）电子商务的著名品牌，是全球国际贸易领域内最大、最活跃的网上交易市场和商人社区，融合了B2B、C2C、搜索引擎和门户，在中国、印度、日本、韩国、欧盟和美国共设有70多个办事处，共有2.4万多名员工。1688（阿里巴巴中文站）主页如图1.1所示。

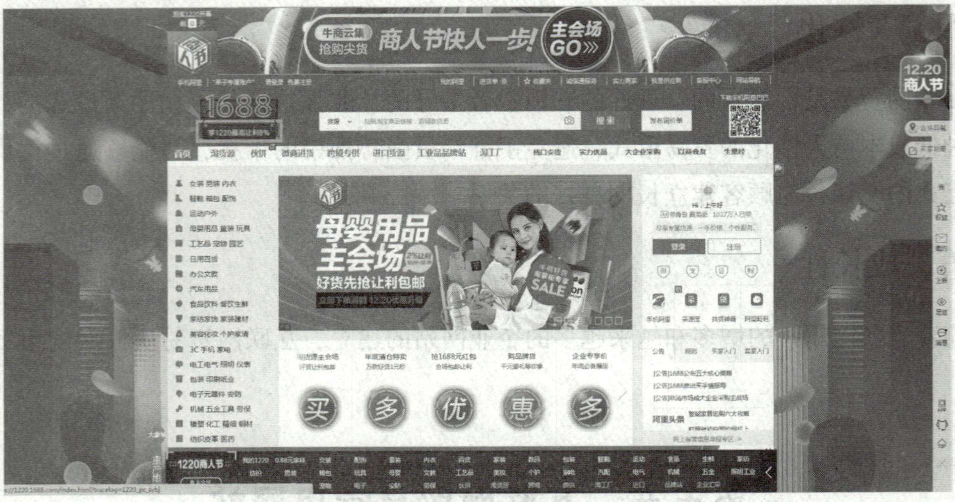

图 1.1　1688（阿里巴巴中文站）主页

二、慧聪网

慧聪网（www. hc360. com）成立于 1992 年，是国内领先的 B2B 电子商务提供商。慧聪网依托其核心互联网产品买卖通以及雄厚的传统营销渠道，为客户提供线上、线下全方位的电子商务。这种优势互补、纵横立体的架构，已成为中国 B2B 行业的典范，对电子商务的发展具有革命性影响。“南阿里北慧聪”，一向被称为 B2B 行业的“南慕容北乔峰”。慧聪网主页如图 1.2 所示。

图 1.2　慧聪网主页

三、中国制造网

中国制造网内贸站（cn. Made-in-China. com）是由焦点科技股份有限公司运营的国内领先的综合性第三方 B2B 电子商务平台。网站立足于内贸领域，致力于为国内中小企业构建交流渠道，帮助供应商和采购商建立联系、挖掘国内市场商业机会。中国制造网内贸站为买卖双方提供信息管理、展示、搜索、对比、询价等全流程服务，同时提供第三方认证、广告推广等高级服务，帮助供应商在互联网上展示企业形象和产品信息，帮助采购商精准、快速地找到诚信供应商。中国制造网内贸站首页如图 1.3 所示。

图 1.3　中国制造网内贸站主页

此外，中国制造网也有外贸平台，将在第七章为大家介绍。

四、金泉网

金泉网（jqw. com）于 2004 年 1 月 1 日正式上线，是国内优秀的 B2B 电子商务运营商。金泉网以生意通会员、商业搜索服务为核心业务，为中国数千万中小企业提供网上综合信息服务。客户与用户之间通过生意通和商业搜索排名，可以快速准确地访问所需的商业信息，并达成交易。金泉网的实用性及精准性，赢得了众多网民和客户的信任。经过 10 多年的快速发展，金泉网已经发展成为拥有 1000 多万名注册会员，超 90 万间生意通商铺、18 万名付费会员、30 余家代理公司的大型互联网企业。金泉网主页如图 1.4 所示。

图 1.4　金泉网主页

五、淘金地

淘金地（原商机网，www.taojindi.com）创立于 2005 年 8 月，致力于为中小企业提供一站式的电子商务解决方案，曾经是华南地区规模最大的 B2B 电子商务平台。淘金地是国家省市重点支持的 B2B 电子商务平台、工信部“中国互联网百强企业”、商务部“典型统计调查企业”、广东省首批电子商务示范企业、深圳市政府重点支持的第三方电子商务服务商。目前拥有 1000 万名注册会员、1000 亿元交易量，覆盖 3000 多个城市、300 多个行业，日均活跃用户超过 100 万名，访问量超过 1000 万名次，影响商务人群超过 1.2 亿人。其国际贸易平台拥有近 51 万名企业注册会员，企业商情覆盖全球 90 多个国家和地区，为中国外贸企业的网络营销提供了高效的电子商务服务。淘金地的万网联播产品，提供行业垂直的线上推广服务，被誉为最具性价比的精准营销平台。淘金地“商铺+推广”的一站式产品，以及人性化的服务，正受到越来越多中小企业的信赖与好评。淘金地网站主页如图 1.5 所示。

图 1.5　淘金地网站主页

第六节　互联网贸易的流程

互联网贸易流程一般包括交易准备、贸易磋商、签订合同和执行合同 4 个阶段。交易准备阶段是商家或客户发布信息、收集过滤信息的阶段。当交易双方的供需信息匹配后，即进入贸易磋商阶段，贸易双方通过对商品和服务的洽谈，达成交易意向，此阶段涉及采购单、报价单、订购单等网上单证的制作和传递。在这以后，除非是 C2C 或采用商城间接交易的 B2C 交易，通常将其订单等效于合同之外，在 B2B 贸易或大部分直销型的 B2C 贸易中，交易双方必须签订电子合同以完成对交易的确认。合同签订后即刻转入合同执行阶段，包括付款、发货、开出发票、售后服务等。互联网贸易的流程如图 1.6 所示。

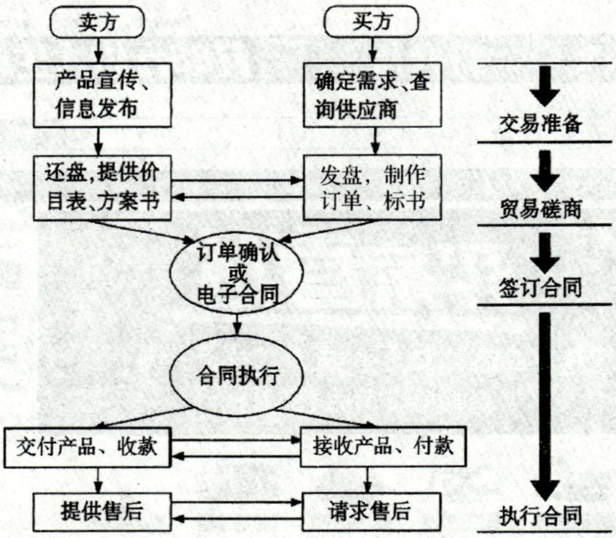

图 1.6　互联网贸易流程图

思考与练习

一、不定项选择题

1. 关于互联网贸易，下面（　　）项说法是不正确的。

A. 互联网贸易不受时间、地域的限制

B. 基于全球的互联网贸易具有用户多、信息量大、交易快捷、成本低等优势

C. 互联网贸易技术复杂，企业进入门槛高、成本大

D. 企业开展互联网贸易有利于提高知名度

2. 互联网贸易的特点有（　　）。

A. 广泛性　　B. 时效性　　C. 风险性　　D. 低效性

3. 和传统贸易方式相比，互联网贸易的优势在于（　　）。

A. 买卖双方交易的成本大大降低

B. 工作效率得到提高

C. 有利于增强企业的竞争地位

D. 企业交易风险降低

4. 下列网站属于互联网贸易平台的是（　　）。

A. 阿里巴巴中文站　　B. 阿里巴巴国际站

C. 慧聪网　　D. 百度

5. 互联网贸易流程分为（　　）个阶段。

A. 1　　B. 2　　C. 3　　D. 4

二、判断题

1. 互联网贸易就是网络贸易。（　　）
2. 互联网贸易有助于提高工作效率。（　　）
3. 互联网贸易具有效率高、成本低、风险小的优势。（　　）
4. 阿里巴巴中文站的网址是 www. alibaba. com。（　　）
5. 商家或客户发布信息、收集过滤信息属于交易准备阶段。（　　）

三、问答题

1. 什么是互联网贸易？
2. 简述互联网贸易的特点。
3. 互联网贸易和传统贸易相比优势有哪些？
4. 我国互联网贸易的发展趋势如何？
5. 简述互联网贸易流程。

四、操作题

浏览国内互联网贸易主流平台，分析各平台的特点和优势。

第二章

互联网贸易的准备工作

【学习目的】

1. 掌握互联网商务信息的概念、特点和种类。
2. 掌握互联网商务信息收集与整理的方法、要求和工具。
3. 掌握互联网市场调研的理论和方法。
4. 了解第三方电商平台的概况及账号的开通。
5. 了解企业网站建设的必要性和流程。

第一节　互联网商务信息的采集与处理

一、互联网信息概述

（一）互联网商务信息的概念

广义地讲，信息是物质和能量在时间、空间上定性或变量的模型或其他符号的集合。互联网商务信息是指存储于互联网并在互联网上传播的与商务活动有关的各种信息的集合，是各种网上商务活动之间相互联系、相互作用的描述和反映，是对用户有用的互联网信息，互联网是其依附的载体。在商务活动中，信息通常指的是商业消息、情报、数据、密码、知识等。互联网商务信息限定了商务信息传递的媒体和途径。只有通过互联网传递的商务信息，包括文字、数据、表格、图形、影像、声音以及内容能够被人或计算机察知的符号系统，才属于互联网商务信息的范畴。信息在网络空间的传递称为网络通信，在网络上停留时称为存储。

对于现代企业来说，如果把人才比作企业的支柱，信息则可看作是企业的生命，是企业片刻也不能离开的法宝。互联网商务信息，不仅是企业进行互联网贸易决策和计划的基础，而且对于企业的战略管理、市场研究以及新产品开发都有着极为重要的作用。

（二）互联网商务信息的特点

互联网商务信息与传统商务信息比较有显著的特点：

（1）时效性强。传统的商务信息，由于传递速度慢、传递渠道不畅，因而经常导致“信息获得了但也失效了”的局面。互联网商务信息则可有效地避免这种情况。由于互联网信息更新及时、传递速度快，只要信息收集者及时发现信息，就可以保证信息的时效性。

（2）准确性高。互联网信息的收集，绝大部分是通过搜索引擎找到信息发布源而获得的。在这个过程中，减少了信息传递的中间环节，从而减少了信息的误传和更改，有效地保证了信息的准确性。

（3）便于储存。现代经济生活的信息量非常大，如果仍然使用传统的信息载体，存储起来难度相当大，而且不易查找。而现在则可以方便地从因特网下载到自己的计算机上，通过计算机进行信息的管理。而且，在各个网站上，也有相应的信息存储系统。自己的信息资料遗失后，还可以到信息源中再次查找。

（4）加工筛选难度大。虽然网络系统提供了许多检索方法，但全球范围的各行各业的海量信息，常常把企业营销人员淹没在信息海洋或者说信息垃圾之中。在浩瀚的互联网信息资源中，迅速地找到自己所需要的信息，经过加工、筛选和整理，把反映商务活动本质的、有用的、适合本企业的信息提炼出来，需要相当一段时间的培训和经验。

（三）互联网商务信息的分级

不同的互联网商务信息对不同用户的使用价值（效用）不同，从互联网商务信息本身所具有的总体价格水平来看，可以将它粗略地分为四个等级：

第一级：免费商务信息。这些信息主要是社会公益性的信息，对社会和人们具有普遍服务意义，大约只占信息库数据量的5%。这类信息主要是一些信息服务商为了扩大本身的影响，从产生的社会效益上得到回报，推出的一些方便用户的信息，如在线免费软件、实时股市信息等。

第二级：低收费信息。这些信息属于一般性的普通类信息。这类信息的采集、加工、整理、更新比较容易，花费也较少，是较为大众化的信息。这类信息占信息库数据量的10%~20%，只收取基本的服务费用，不追求利润，如一般性文章的全文检索信息。信息服务商推出这类信息一方面是为了体现社会普遍服务意义，另一方面是为了提高市场的竞争力和占有率。

第三级：收取标准信息费的信息。这一级别的信息往往属于知识、经济类的信息，收费采用成本加利润的资费标准。这类信息的采集、加工、整理、更新等比较复杂，要花费一定的成本。同时信息的使用价值较高，提供的服务层次较深。这类信息约占信息库数据量的60%，是信息服务商的主要服务范围。互联网商务信息大部分属于这一范畴。

第四级：优质优价的信息。这类信息是有极高使用价值的专用信息，如重要的市场走向分析、网络畅销商品的情况调查、新产品新技术信息、专利技术以及其他独特的专门性的信息等，是信息库中成本最高的一类信息，可为用户提供更深层次的服务。一条高价值的信息一旦被用户采用，将会给企业带来较高的利润，给用户带来较大的收益。

（四）互联网商务信息收集的基本要求

互联网商务信息收集是指在互联网中对商务信息的寻找和调取工作。这是一种有目的、有步骤地从各个互联网站点查找和获取信息的行为。一个完整的企业互联网商务信息收集系统包括先进的网络检索设备、科学的信息收集方法和业务精通的网络信息检索员。互联网商务信息收集的要求是及时、准确、适度和经济。

（1）及时。所谓及时，就是要迅速、灵敏地反映市场发展各方面的最新动态。信息都是有时效性的，其价值与时间成反比。及时性要求信息流与物流尽可能同步。信息的识别、记录、传递、反馈都要花费一定的时间，因此，信息流与物流之间一般会存在一个时滞。尽可能地减少信息流滞后于物流，提高时效性，是互联网商务信息收集的主要目标。

（2）准确。所谓准确，是指信息应真实地反映客观现实，失真度小。在互联网贸易中，由于买卖双方不直接见面，因而准确的信息就显得尤为重要。准确的信息才可能帮助做出正确的市场决策。信息失真，轻则会贻误商机，重则会造成重大的损失。信息的失真通常有三个方面的原因：一是信源提供的信息不完全、不准确；二是信息在编码、译码和传递过程中受到干扰；三是信宿（信箱）接受信息出现偏差。为减少网络商务信息的失真，必须在上述三个环节上提高管理水平。

（3）适度。适度是指提供信息要有针对性和目的性，不要无的放矢。没有信息，企业的贸易活动就会完全处于一种盲目的状态。信息过多、过滥，也会使业务人员无所适从。在当今的信息时代，信息量越来越大、范围越来越广，不同的管理层次又对信息提出不同的要求。在这样的情况下，互联网商务信息的检索必须目标明确、方法恰当，信息收集的范围和数量要适度。

（4）经济。这里的“经济”是指如何以最低的费用获得必要的信息。追求经济效益是一切经济活动的中心，也是互联网商务信息检索的原则。许多人上网时，看到互联网上大量的可用信息，往往想把它们全部复制下来，但到月底才发现下载费用十分高昂。应当知道，不可能把互联网上所有的信息全部收集起来，信息的及时性、准确性和适度性都要求建立在经济性基础之上。此外，提高经济性，还要注意让所获得的信息发挥最大的效用。

（五）互联网商务信息的整理

从互联网上下载的信息，有时会非常多，而且最初一般都是杂乱无章的，甚至还有一些无用的信息也夹杂在里面。为了从中选出有用的信息并加以利用，需要对这些信息进行加工整理。

1. 信息的储存

信息的储存就是把获得的大量信息用适当的方法保存起来，为进一步的加工处理及正确地认识利用这些信息打下基础。从互联网上下载资料包括以下几种方法：

（1）下载全文。对需要保存的HTML文档，在【文件】菜单下选择【另存为】，把它保存在硬盘中。

（2）下载图片。对需要保存的图片，可将光标置于图片上，点击鼠标右键，然后在弹出的工具栏中选择【保存图片】。在新出现的对话框中选择适当的文件夹作为图片的存放位置，即可保存该图片。

（3）下载并编辑。Internet Explorer 等浏览器具备“页面编辑”的功能，提供 FrontPage 或 Word 方式下的编辑，可以对需要保存的文档进行编辑修改。

（4）摘取资料。在浏览网上信息时，如果对某些资料感兴趣，可以使用 Word 的编辑方法进行资料摘取，即先选定摘取的文档内容，然后“复制”和“粘贴”，将选定内容复制到预先准备好的 Word 文档或写字板文档中。

信息的储存方法主要是根据信息提取频率和数量，建立一套适合需要的信息库系统。信息库系统是由大小不等、相互联系的信息库组成的。信息库的容量越大，信息储存越多，对决策越有帮助。但是，大容量信息库的缺点是提取和整理比较麻烦，而且虽然有些信息库很大，但有些信息却从未有人提取过，甚至已经无法提取，成为死信息，浪费信息库的空间，这样大的信息库反而不如小的优越。

2. 信息的整理

信息的整理是将获取和储存的信息条理化及有序化，旨在提高信息的价值及提取效率，防止库中的信息滞留，发现所储存信息内部新的联系，为信息的加工做好准备。

收集到的和储存的信息往往是片段的、零散的，不能反映系统的全貌，甚至收集到的信息里面可能还有一些是过时的或无用的。对信息进行合理分类、组合、整理，可以使片面的信息转为全面的信息。这项工作一般分为以下几个步骤：

（1）明确信息来源。下载信息时，特别要注意将确切的网址记录下来，以便日后整理资料。对于重要的信息，一定要有准确的信息来源，没有及时记录下载信息来源的，一定要重新检索补上。在资源检索时不注意记录网址，往往会造成再次查询的困难。

（2）浏览信息，添加文件名。从互联网在线下载的信息，通常沿用原有网站提供的默认文件名，而这些文件多由字母和数字组成。因此有必要在文件下载后，重新将文件浏览一遍，并按内容重新为文件命名。

（3）分类。从网上收集到信息后，需要进行分类整理，方便日后的查找和使用。一般采用按主题分类的方式，用不同的文件夹存放不同类别的文档，在每个分类文件夹中又可以创建子文件夹，分别存放于进一步分类的文档中。这是用手工对信息进行分类的简单方法。比如，电子商务可以分为网络使用、网络营销、电子支付、物流配送等四个领域，按照这四个领域，可以建立四个文件夹，叫作一级文件夹。在每个一级文件夹，如网络营销文件夹下，又设立若干个二级文件夹，包括基本理论、信息收集整理、信息发布、网络促销等。经分类的资料可按其分类进行保存，最简单的方法是把不同类型的资料分别存放在不同的文件夹里。

（4）建立信息管理系统。在信息积累到一定数量的时候，使用人工的方式对信息进行分类，会造成查找的困难和管理的混乱。这时，就需要使用数据库对信息进行有效的分类和管理，并配合以相应的查询程序，方便对信息的查询和利用。

（5）初步筛选。在浏览和分类过程中，对大量的信息要有一个初步筛选的过程。应当及时删去完全没有用的信息。但应当注意，有些信息单独看起来是没有用的，但积累起来就有了价值。比如市场销售趋势必定是在数据的长期积累和一定程度的整理后才能表现出来。还有一些信息是相互矛盾的。例如，一家纸业公司的经理想了解新闻纸的市场行情，检索到的结果可能会出现两种情况，一类信息说新闻纸供大于求，而另一类则说新闻纸供不应求。这时候就要把这些信息进行分类整理，然后进入加工处理环节。

3. 信息的加工处理

信息的加工处理是将各种有关信息进行比较分析，并以企业的目标为基本参照点，发挥人的才智，进行综合设计，形成新的信息产品，如市场调查报告、营销规划、销售决策、新的人事安排等。

信息加工的目的是进一步改变或改进企业的现实运行状况，使其向着目标状态运行。所以信息加工处理是一个信息再创造的过程，它不停留在原有信息的水平上，而是通过智慧的参与，加工出能帮助人们了解和控制下一步计划的程序方法、模型等信息产品，并以方便检索的方式加以保存，例如对于规范化的数据可使用关系数据库加以存储，方便今后进行加工和检索。

信息加工处理的方式主要有两种，即人工处理和机器处理。人工处理是指由人脑，包括专家和专家集团进行信息处理；机器处理是指计算机的信息处理。两种方式各有优劣。人工处理可以识别和接受多种多样的明确信息和模糊信息，并在信息处理的过程中加入一定的人情因素；计算机有强大的计算功能，速度和准确性要超过人脑，但是计算机的处理只能按照既定的程序来进行，无法加入情感因素。而综合这两种“信息处理器”的优点，形成一个合理的人机结合的“一人一机”信息处理系统，是当前信息处理的较好方法。

二、互联网商务信息收集工具

（一）搜索引擎

1. 搜索引擎的概念

随着互联网的迅猛发展、Web 信息的增加，用户要在信息海洋里查找信息，就像大海捞针一样，搜索引擎技术恰好解决了这一难题。在互联网中用来进行搜索的程序叫作搜索引擎（search engine），它是一类运行特殊程序、专用于帮助用户查询互联网上的 WWW 服务信息的 Web 站点。搜索引擎以一定的策略在互联网中搜集、发现信息，对信息进行理解、提取、组织和处理，并为用户提供检索服务，从而起到信息导航的作用。搜索引擎提供的导航服务已经成为互联网上非常重要的网络服务，搜索引擎站点也被誉为“网络门户”。目前，互联网上有多种文字的至少数以千计的搜索引擎，它们基本上都由信息查询系统、信息管理系统和信息检索系统三个部分组成。

搜索引擎是 Internet 上进行信息资源搜索和定位的基本工具，是为了帮助用户从成千上万个网站中快速有效地查询到所需要的信息而出现的。只有通过搜索引擎的查询结果，用户才会知道信息所处的网上地点，然后再去该地点获得相关的详细资料。对浏览者而言，可以掌握搜索引擎的使用方法查找所需要的信息；对营销企业而言，可以利用搜索引擎，让更多的浏览者找到自己企业的网站和产品。

2. 利用搜索引擎收集信息的常用技巧

搜索引擎可以帮助使用者在 Internet 上找到特定的信息，但同时也会返回大量无关的信息。如果多使用一些下面介绍的技巧，将使搜索引擎花更快捷地找到所需要的确切信息。

（1）类别搜索。许多搜索引擎都显示类别，如计算机和 Internet、商业和经济。如果单击其中一个类别，然后再使用搜索引擎，将可以选择搜索整个 Internet 还是搜索当前类别。显然，在一个特定类别下进行搜索所耗费的时间较少，而且能够避开大量无关的 Web 站点。

（2）具体关键字。如果想要搜索以鸟为主题的 Web 站点，可以在搜索引擎中输入关键字“bird”。但是，搜索引擎会反馈大量无关信息，如高尔夫球中的“小鸟球（birdie）”。为了避免这种问题的出现，要使用更为具体的关键字，如“ornithology”（鸟类学，动物学的一个分支）。提供的关键字越具体，搜索引擎反馈无关 Web 站点的可能性就越小。

如果想在网络中搜索到相似的图片，可以在百度的百度识图、谷歌的以图搜图中进行搜索。用户通过上传图片或输入图片的 URL 地址，可以搜索到互联网上与这张图片相似的其他图片资源，也能找到这张图片相关的信息。购物搜索引擎也可以通过上传图片或输入图片的 URL 地址，搜索到全网同款和相似的商品。

（3）多个关键字。还可以通过使用多个关键字来缩小搜索范围。例如：如果想要搜索有关佛罗里达州迈阿密市的信息，可以输入两个关键词“Miami”和“Florida”；如果只输入其中一个关键词，搜索引擎就会给出诸如Miami Dolphins足球队或Florida Marlins棒球队的信息。一般而言，提供的关键字越多，搜索引擎给出的结果越精确。

(4) 运算符。许多搜索引擎都允许在搜索中时用两个不同的逻辑运算符：AND和OR。如果想搜索所有同时包含单词“hot”和“dog”的Web站点，只需要在搜索引擎中输入关键字“hot AND dog”，搜索结果将返回以热狗（hot dog）为主题的Web站点，但还会返回一些奇怪的结果，如谈论如何在一个热天（hot day）让一只狗（dog）凉快下来的Web站点。

如果想要搜索所有包含单词“hot”或单词“dog”的Web站点，只需要输入关键字“hot OR dog”，搜索结果会返回与这两个单词有关的Web站点，这些Web站点的主题可能是热狗（hot dog）、狗（dog），也可能是不同的空调在热天（hot day）使您凉爽、辣酱（hot chilli sauces）或狗粮（dog food）等。

(5) 加减号。很多搜索引擎都支持在搜索词前冠以加号“+”限定搜索结果中必须包含的词汇，用减号“-”限定搜索结果不能包含的词汇。注意：加减号前面要加空格。

(6) 精确匹配——双引号和书名号。给要查询的关键词加上双引号（半角，以下要加的其他符号同此），可以实现精确的查询，这种方法要求查询结果精确匹配，不包括演变形式。例如，搜索“深圳职业技术学院”，如果不加双引号，搜索结果被拆分，效果不是很好，但加上双引号后，获得的结果就全是符合要求的了。

书名号是百度独有的一个特殊查询语法。在其他搜索引擎中，书名号会被忽略，而在百度，中文书名号是可被查询的。加上书名号的查询词，有两层特殊功能，一是书名号会出现在搜索结果中；二是被书名号扩起来的内容，不会被拆分。书名号在某些情况下特别有效果，例如，查名字很通俗和常用的电影或者小说。比如，查影视剧《手机》，如果不加书名号，很多情况下出来的是通信工具——手机，而加上书名号后，结果就都是关于电影电视剧方面的了。

3. 常用的搜索引擎

(1) 百度（www. baidu. com）。百度是中国互联网用户最常用的搜索引擎，每天可以完成上亿次搜索；也是全球最大的中文搜索引擎，可查询数十亿中文网页。它的缺点是商业味太重，搜索的关键字的首页基本都被竞价排名出价高的企业占据了，很难找到真正自然搜索的结果，百度的搜索排名技术不够权威；页面布局不合理，页面没有充分利用；更新时间迅速的优势没有充分发挥。

(2) Google（www. google. com. hk）。Google的使命是整合全球范围的信息，是全球最大的搜索引擎，Alexa排名第二，如果搜索国外的信息，Google是首选，如果企业的主要目标客户在国外，请选择Google。

(3) Bing（必应）www. bing. com。2009年6月1日，微软新搜索引擎Bing（必

应）中文版上线。必应提供了五个功能：页面搜索、图片搜索、视频搜索、词典搜索、地图搜索等。

（4）搜狗 www. sogou. com。搜狗是搜狐公司于 2004 年 8 月 3 日推出的全球首个第三代互动式中文搜索引擎。搜狗以搜索技术为核心，致力于中文互联网信息的深度挖掘，帮助中国上亿网民加快信息获取速度，为用户创造价值。

（二）电子邮件

1. 电子邮件的概念

电子邮件服务是一种通过计算机网络与其他用户进行联系的快速、简便、高效、价廉的现代化通信手段。电子邮件系统是采用“存储转发”方式为用户传递电子邮件的，当用户期望通过互联网给某人发送信件时，首先要与为自己提供邮件服务的计算机联机，然后将要发送的信件置入邮件服务器，电子邮件系统会自动将用户的信件通过网络一站一站地送到目的地，当信件送到目的计算机后，该计算机的电子邮件系统就将它存在收件人的电子邮箱中等候用户自行读取。用户只要以计算机联机的方式打开自己的电子邮箱，便可以查阅自己的邮件了。

与普通信件类似，互联网的电子邮件也有自己的信封和信纸，它被称为邮件头（mail header）和邮件体（mail body）。邮件头主要由三部分组成：收信人电子邮箱地址（to:）、发信人电子邮箱地址（from:）及信件标题（subject:）。邮件体为邮件实际要传送的内容。

使用互联网提供的电子邮件服务的前提是拥有自己的电子邮箱。电子邮箱是由提供电子邮件服务的网站为用户建立的，实际上是在该网站的邮件服务器上为用户分配的一个专门用于存放往来邮件的磁盘存储区域，且这个区域是有电子邮件软件系统操作管理的。

电子邮件系统有如下特点：

（1）方便。通过电子邮件，用户不仅可以传送文件信息，而且可以传送图像等文件，以及报表和计算机程序。

（2）廉价。互联网没有地域的区别，只要上网就可以直接通信，所以使用电子邮件，与远隔千里的用户通信，比电话、传真等方式要便宜多了。

（3）快捷。电子邮件收发都是一瞬间的事情，而且发送或者接受后不需用户再进行干预。

2. 利用电子邮件收集商务信息的步骤

客户可以通过在企业网站和各大电商平台、门户网站留下自己的电子邮件地址和感兴趣的话题，从而订阅各种商业资讯，获取商务信息。企业则可以通过电子邮件，向对自己和产品感兴趣的客户分发调查问卷，获取他们的需求和建议。

（1）获得客户的电子邮件地址。获得电子邮件地址是利用电子邮件收集商务信息的第一步，收集邮件地址的方法主要有：

① 查阅企业所有客户的邮件地址。

② 在企业网站上建立留言簿，供访问者留言和签名，获得他们的电子邮件地址。

③ 在网站上建立与产品或者服务内容相关联的讨论，以吸引客户参加讨论并留下电子邮件地址。

④ 在客户注册时，获得他们的电子邮件地址。

⑤ 过专门的电子邮件地址服务商租用或者购买电子邮件地址，例如网易（www. 163. com）等。

⑥ 通过专用的电子邮件地址收集软件在特定的范围内收集电子邮件地址。

（2）制作网上调查问卷。网上调查问卷可以直接借鉴传统的市场调查问卷形式制作。问卷可由多个问题组成，问题可包括选择题和需用户输入信息的填空问题等题型。问卷应清楚地写明企业的通讯地址和联系方式。

（3）通过电子邮件向客户派发。一般情况下，调查问卷可以通过电子邮件直接派发。只要写一封短信，告诉客户有关目的，并附上调查问卷即可。

（4）在自己的信箱中接受客户反馈信息，汇集反馈信件，统计问卷返回比例。

3. 利用电子邮件收集商务信息的技巧

利用电子邮件收集客户信息具有针对性强、费用低廉的特点。它可以针对具体的人征集特定信息。而且，商务信息内容不受限制（其他网上的形式宣传都会受到很多限制）。使用电子邮件发布商务信息时，主要有如下技巧：

（1）主动出击。主动收集方法就是想方设法让客户参与进来，利用竞赛、评比、猜谜、网上特殊效果、优惠、售后服务、促销等，用这些方式有意识地营造网上客户群，用E-mail 维系与他们的关系。

（2）定位准确。发送电子邮件要注意受众对象，如果滥发，效果差，会被当作垃圾邮件，也许会产生相反的效果。所以在发送电子邮件时，首先要对受众进行分析，主要针对潜在客户进行发送。

（3）注意发送周期。电子邮件也要根据内容注意发送周期，如果发送的是新闻信息，周期不易过长，但如果是一般信息就不宜过于频繁，否则可能订阅客户刚开始很感兴趣，后来就觉得是一种负担了。信息的内容要有精品意识，这样即使发错对象，别人也容易原谅并且接受这样的邮件。

（4）强调管理技巧。使用电子邮件收集信息，应注意整理收集到的邮件地址，这是有针对性地发送邮件的前提。

4. 利用电子邮件收集商务信息的注意事项

（1）避免滥发邮件。有些企业在发邮件的时候，盲目贪多，滥发邮件，不管什么行业，什么样的客户都是滥发一气，结果耗时很多，而效果甚微，这也是垃圾邮件泛滥的一个主要原因。

（2）避免邮件没有主题或主题不明确。缺少主题是非常不好的，让收件人自己猜邮件的内容，可能会失去很多潜在客户，也是对收件人的不尊重，并且为以后查找邮件带来很大困难。同时，如果电子邮件的主题和内容没有直接关系，或不能明确表达邮件内容，容易给客户造成不好的印象，一些行业规范还是得遵从的，比如诚信、自律、尊重客户等。

（3）避免隐藏发件人姓名。明确告知收件人是谁，有助于获取信任，如果收件人对你的发件名称知晓或是有印象，可能就不会立即删除或是丢入垃圾箱。发件人的信息不完整，会给收件人留下不好的第一印象，从而可能失去很多机会。

（4）避免邮件内容繁杂。电子邮件宣传不同于报纸、杂志等印刷品广告，篇幅越大越能显示出企业的实力和魄力。电子邮件应力求内容简洁，用最简单的内容表达出诉求。如果必要，可以给出一个更详细内容的链接，收件人如果有兴趣，会主动点击链接。否则，内容再多也没有价值，只能引起收件人的反感。对于免费邮箱的使用者来说，因为有空间容量有限，太大的邮件肯定是被删除的首选对象。

（5）避免采用附件形式发送邮件内容。有些发件人为了省事，将一个甚至多个不同格式的文件作为附件插入邮件内容，自己省事，却给收件人带来很大麻烦。由于每个人所用的操作系统、应用软件有所不同，附件还可能会被误认为是病毒文件，所以附件内容未必能被收件人打开。

（三）BBS

BBS 是英文 Bulletin Board System 的缩写，翻译成中文为“电子布告栏系统”或“电子公告牌系统”，国内也称之为“论坛”。BBS 是一种电子信息服务系统，它向用户提供了一块公共电子白板，每个用户都可以在上面发布信息或提出看法。现在多数网站上都建立了自己的 BBS 系统，供网民通过网络来结交更多的朋友，表达更多的想法。它在网上提供了一个公开的“场地”，任何人都可以在上面留言、回答问题或者发表意见以及提出问题，也可以查看其他人的留言，好比在一个公共场所进行讨论一样，可以随意参加也可以随意离开。

利用 BBS 收集信息的步骤一般为：登录某个 BBS 网站——注册为会员——以会员身份登录后，便可以浏览相关论坛上的帖子并收集感兴趣的信息。

目前许多 ICP 都提供免费的公告栏，只需申请即可使用。公告栏软件系统有两大类，一类是基于 Telnet 的文字方式，查看阅览不是很方便，在早期用得非常多；另一类是目前居多的基于 Web 方式的公告栏，它是通过 Web 页加上程序（如 JavaScript）实现的，这种方式界面友好，受欢迎，使用方法如同浏览 Web 网页。

目前国内的 BBS 已经十分普遍，可以说是不计其数，大致可以分为 6 类：

（1）综合 BBS。这类 BBS 往往是面向全国乃至全球创办的大型综合网络社区，内容涵盖政治、经济、人文、生活等多方面，如天涯社区论坛（bbs. tianya. cn）。

（2）校园 BBS。CERNET 建立以来，校园 BBS 很快地发展了起来。像清华大学、北京大学等都建立了自己的 BBS 系统，清华大学的水木清华（www. newsmth. net）很受学生和网民们的喜爱。大多数 BBS 是由各校的网络中心建立的，也有私人性质的 BBS。

（3）商业 BBS 站。这里主要进行有关商业的商业宣传、产品推荐等活动，手机的商业站、电脑的商业站、房地产的商业站比比皆是，如深圳房网论坛（bbs. szhome. com）。

（4）专业 BBS 站。这里所说的专业 BBS 是指部委和公司的 BBS，它主要用于建立地域性的文件传输和信息发布系统，如阿里巴巴的生意经（club. 1688. com）。

（5）情感 BBS。主要用于交流情感，是许多娱乐网站的首选。

（6）个人 BBS。有些个人主页的制作者在自己的个人主页上建设了 BBS，用于接受别人的想法，更有利于与好友进行沟通。

其中，前四类 BBS 是收集商务信息的主要站点。

（四）新闻组和新闻资讯

新闻组（英文名 Usenet 或 News Group），简单地说就是一个基于网络的计算机组合，这些计算机被称为新闻服务器，不同的用户通过一些软件可连接到新闻服务器上，阅读其他人的消息并可以参与讨论。新闻组是一个完全交互式的超级电子论坛，是任何网络用户都能使用，进行相互交流的工具。

不过，随着互联网的发展，需要借助 Outlook 等工具设置连接的新闻组已经日渐被淘汰，人们获取新闻的渠道更加方便，且日趋多样化，例如，各大软件所捆绑的新闻弹窗，如腾讯新闻、360 热点新闻等，还有各大专业新闻资讯网站，如新浪新闻中心（news. sina. com. cn）、凤凰资讯（news. ifeng. com）、搜狐新闻（news. sohu. com）等。它们以丰富、及时的新闻，本着精炼、轻便的目标，为用户提供高效、优质的阅读体验。

（五）移动端 App

移动应用服务，就是针对手机这种移动连接到互联网的业务或者无线网卡业务而开发的应用程序服务。简单地说，就是手机或无线工具的应用服务。它有如下好处：

（1）App 用户增长速度快、经济能力强，思维活跃。

（2）App 可整合 LBS、QR、AR 等新技术，带给用户前所未有的体验。

（3）App 基于手机的随时随身性、互动性特点，容易通过微博、微信、QQ 等方式分享和传播，实现裂变式增长。

（4）App 的开发成本相比传统营销手段成本更低。

（5）通过新技术以及数据分析，App 可实现精准定位企业目标用户，使低成本快速增长成为可能。

（6）用户手机安装 App 以后，企业即埋下一颗种子，可持续与用户保持联系。

目前，很多门户网站、电商平台和企业都开发了移动端 App，供用户下载使用，以方便他们随时随地查询各类信息，如手机百度、阿里巴巴移动端 App、苏宁易购等。

第二节　互联网市场调研

一、互联网市场调研概述

互联网市场调研常用于产品调查、消费者行为调查、顾客意见、品牌形象调查等方面，是获得第一手调研资料的有效工具。

（一）互联网市场调研的原则

提高互联网市场调研结果的质量，是开展互联网市场调研过程的关键，应遵循以下原则：

（1）认真设计在线调查表。在线调查表应主题明确、简洁明了，问题便于被调查者正确理解和回答，且便于调查结果的处理，这是所有问卷设计的基本原则。

（2）吸引尽可能多的人参与调查。参与者的数量对调查结果的可信度至关重要。

（3）尽量减少无效问卷。提醒被调查者完善遗落的项目或者明显超出正常范围的内容。

（4）公开保护个人信息声明。让用户了解调研目的，并确信个人信息不会被公开或者用于其他任何场合。

（5）避免滥用市场调研功能。市场调研也会向用户透露出企业的某些动向，使得市场调研具有一定的营销功能，但应该将市场调研与营销严格区别来。

（6）尽量降低样本分布不均衡的影响。在进行市场调研时要对网站用户的结构有一定的了解，尤其在样本数量不是很大的情况下。

（7）奖项设置合理。合理设置奖项有助于减少不真实的问卷，并吸引更多的客户参与。

（8）多种网上调研手段相结合。在网站设置在线调查问卷是最基本的调研方式，但并不限于这种方式，常用的网上调研手段除了在线调查表之外，还有电子邮件调查、对访问者的随机抽样调查、固定样本调查等。可以根据调查目的和预算采取多种网上调查手段相结合的方法，以最小的投入取得尽可能多的有价值的信息。

（二）互联网市场调研的特点

与传统市场调研方法相比，利用互联网进行市场调研有很多优点：

1. 调研信息的及时性和共享性

由于网络的传输速度非常快，网络信息能够快速地传送到连接上网的任何网络用户，而且网上投票信息经过统计分析软件初步处理后，可以看到阶段性结果，而传统的市场调研得出结论需经过很长的一段时间。同时，互联网调研是开放的，任何网民都可以参加投票和查看结果，这又保证了网络调研的共享性。

由于企业网络站点的访问者一般都对企业产品有一定的兴趣，都是在对企业市场调研的内容做了认真的思考之后进行回复的，而不像传统的调研方式下为了抽号中奖而被动地回答，所以网络市场调研的结果是比较客观和真实的，能够反映消费者的真实要求和市场发展的趋势。

2. 调研方式的便捷性和经济性

在互联网上进行市场调研，无论是调查者或是被调查者，只需拥有一台能上网的计算机或手机等移动终端就可以进行网络沟通交流。调研者在企业站点上发出电子调查问卷，提供相关的信息，或者及时修改、充实相关信息，被调研者只需在屏幕前按照自己的意愿轻点鼠标或输入填写问卷，之后调研者利用计算机对访问者反馈回来的信息进行整理和分析即可，这种调研方式是十分便捷的。

同时，互联网调研非常经济，它可以节约传统调查中大量的人力、物力、财力和时间的耗费。省却了印刷调研问卷、派访问员进行访问、电话访问、留置问卷等工作流程。调研也不会受到天气、交通、工作时间等的影响。调查过程中最繁重、最关键的信息收集和录入工作也将分布到众多网上用户的终端上完成。信息检验和信息处理工作均由计算机自动完成。所以网络调研能够以最经济、便捷的手段完成。

3. 调研过程的交互性和充分性

互联网的最大优势是交互性。这种交互性也充分体现在网络市场调研中。网络市场调研在某种程度上具有人员面访的优点，在网上调查时，被访问者可以及时就问卷相关的问题提出自己的看法和建议，可减少因问卷设计不合理而导致的调查结论出现偏差等问题。消费者一般只能针对现有产品提出建议，而对尚处于概念阶段的产品则难以提出意见，而在网络调研中消费者则有机会对从产品设计到定价和服务等一系列问题发表意见。这种双向互动的信息沟通方式提高了消费者的参与性和积极性，更重要的是能使企业的营销决策有的放矢，从根本上提高消费者满意度。同时，网络调研又具有留置问卷或邮寄问卷的优点，被访问者有充分的时间进行思考，可以自由地在网上发表自己的看法。把这些优点集合于一身，便形成了网络调研的交互性和充分性的特点。

4. 调研结果的可靠性和客观性

相比传统的市场调研，互联网调研的结果比较可靠和客观，主要是基于以下原因：首先，企业站点的访问者一般都对企业产品有一定的兴趣，被调查者在完全自愿的前提下参与调查，调查的针对性强。而传统的市场调研中的拦截询问法，实质上是带有一定的“强制性”的。其次，被调查者主动填写调研问卷，证明填写者一般对调查内容有一定的兴趣，回答问题相对认真，所以问卷可靠性高。此外，网络市场调研可以避免传统市场调研中人为因素干扰所导致的调查结论的偏差，因为被访问者是在完全独立思考的环境中接受调查的，能最大限度地保证调研结果的客观性。

5. 互联网调研无时空限制性

传统的市场调研往往会受到区域与时间的限制，而互联网市场调研可以 24 小时全天候进行，也不会受到区域的限制。

6. 调研信息的可检验性和可控制性

利用 Internet 进行网上调研收集信息，可以有效地对信息采集的质量实施系统的检验和控制。首先网上市场调查问卷可以附加全面规范的指标解释，有利于消除被访者因对指标理解不清或调查员解释口径不一而形成的调查偏差。其次，问卷的复核检验由计算机依据设定的检验条件和控制措施自动实施，可以有效地保证对调查问卷 100% 的复核检验，保证检验与控制的客观公正性。最后，通过对被调查者的身份验证，可以有效地防止信息采集过程中的舞弊行为。

（三）互联网市场调研的内容

1. 市场需求研究

市场需求调查的目的在于掌握市场需求量、市场规模、市场占有率，以及如何运用有效的经营策略和手段等。

2. 用户及消费者购买行为的研究

具体包括消费者的家庭、地区、经济等基本情况，消费者的购买动机、喜欢在何时何地购买、对于产品价格的承受能力等。

3. 营销因素研究

具体包括产品的调查、价格的调查、分销渠道的调查、广告策略的调查、促销策略的调查等。

除此之外，通过互联网市场调研，还可以进行关于竞争对手和宏观环境等方面的研究。

二、互联网市场调研的方法

（一）网上直接调查

网上直接调查一般只适合于针对特定问题进行专项调查，其中网上问卷调查法是最常用的方法。

1. 主动调查法

调查者主动组织调查样本，完成统计调查的方法称为主动调查法。主动调查法以 E-mail 方式为代表，通过 E-mail 将问卷发送给调查者，被调查者完成后将结果通过 E-mail 返回。

好处：可以有选择性地控制被调查者。

缺点：容易引起被访问者的反感，有侵犯个人隐私之嫌。因此使用该方式时首先应取得被访问者的同意。

2. 被动调查法

调查者将调查问卷链接放在企业网站或门户网站上，等待浏览者点击，被动地等待调查样本造访，完成统计调查。

好处：填写者一般是自愿的。

缺点：无法核对问卷填写者的真实情况，同时为达到一定问卷数量，站点还必须进行适当宣传，以吸引大量访问者。

（二）网上间接调查

网上间接调查主要利用互联网收集与企业营销相关的市场、竞争者、消费者以及宏观环境等信息。企业用的最多的还是网上间接调查方法，因为它的信息能广泛满足企业管理决策需要。

渠道：搜索引擎、新闻资讯、BBS、移动端 App 等，其中搜索引擎是最主要的信息来源。

三、互联网市场调研的实施

（一）根据企业经营目标制订互联网市场调研计划

（1）明确调研目的。明确调研目的是首先要解决的问题，调研目的的确定决不可过于笼统。比较典型的包括了解市场需求，了解消费者购买动机，研究营销因素、宏观环境，研究竞争对手等。

（2）确定调研对象。依据调研目的，就可以决定调查对象。网络调研对象主要包括企业产品的消费者、企业的竞争者、上网公众、企业所在行业的管理者和行业研究机构。

（3）选择调查方法。不同的调研对象适用的调查方法是不同的。如对于现有及潜在的消费者的调研，网上直接调查方法（通过调查问卷）较为合适；而对于竞争对手的调研，网上间接调查方法（通过网络通信）更为合适。

（4）确定调查进度和人员需求。

（5）确定调研预算。将调研所需人力、物力及奖励计划所需各项费用汇总起来，确定调用费用预算。

（二）根据企业计划组织实施互联网市场调研

如果通过网上问卷的方式进行市场调研，通常包括调研问卷设计、制作和发布等几个过程。

1. 设计调研问卷

调研问卷的一般格式：调研问卷一般包括问卷说明、调研内容、结束语三个部分。

（1）问卷说明。问卷说明一般位于卷首，包括称呼、调研目的、填写者受益情况、主办单位和感谢语等。如涉及个人资料，应该有隐私保护说明。

（2）调研内容。调研内容是调研问卷的主体，主要包括根据调研目的所设计的调研问题与参考选择答案等。

（3）结束语。在结束语中，一般再次向填写者表示感谢或致意。此外还可以注明公司的标志性信息。

2. 设计网上调查问卷

网上调查问卷可以直接根据传统的市场调研问卷的形式制作。问卷可由多个问题组成，问题可包括需用户输入信息的填空问题、单项选择问题、多项选择问题，并可指定必答项和非必答项。问卷生成前和生成后都可即时修改。问卷应清楚写明企业的所在地、通讯地址和联系方式。

3. 问卷设计应注意的问题

（1）问题设计应力求简明扼要，一般所提问题不应超过 20 个。

（2）所提问题不应有偏见或误导。

（3）不要诱导人们回答。

（4）问题应是能在记忆范围内回答的。

（5）必须明确提问的意思和范围。

（6）以过滤性的提问方法来展开问题。

（7）避免引起人们反感的问题。

（8）调查表中的所有问题都应能够得到精确答案。

调查问卷制作步骤如表 2-1 所示。

表 2-1　调查问卷制作步骤

阶　段	步　骤	内　容
事前准备	调查目的的确认与明确化	调查目的的确认
		原有资料、信息的分析、设定假说
		汇总、分析方法的确定
调查问卷的设计	决定调查项目和提问项目	决定调查项目
		决定提问项目
	设定问题项目的制作	提问形式、回答形式的推敲
		设定问题方案内容的推敲
		措词用字的检查
		决定回答项目
	提问顺序的推敲	
	进行预备测试（模拟试验）	
事后的检查	调查问卷的完成	根据预备测试进行修正、校对，完成调查问卷

（三）处理分析互联网市场调研资料

1. 处理分析流程

（1）首先进行资料处理工作。对所收集的资料进行去粗取精、去伪存真、由此及彼、由表及里的加工处理。

（2）接着进行资料分析工作，将经过挑选的数据资料导入数据库中，并使用某种分析方法对问卷数据进行加工、分析，得出有关分析数据或图表。

2. 常用的数据分析方法

（1）回归分析：常用最小二乘法或求截距的方法计算回归系数。

（2）判别分析：有距离判别、Fisher 判别、Bayes 判别等。

（3）相关分析：两个变量之间不精确、不稳定的变化关系称为相关关系。

（4）聚类分析：又称群分析和类分析，常用的聚类方法有样品聚类法、系统聚类法、模糊聚类法等。

（5）时间序列分析：一般采用曲线拟合和参数估计方法（如非线性最小二乘法）进行。

3. 常用的分析图表

（1）圆饼图：表示部分与整体的比例关系。

（2）柱形图：清楚地表现各种不同数值资料相互对比的结果，可分为简单柱形图和复合柱形图。

（3）曲线图：表示现象在时间上的变化趋势、现象的分配情况和两个现象之间的依存关系，可分为简单曲线图和复合曲线图。

（4）其他图形：散点图、面积图、高低图、控制图、雷达图、箱图等。

（四）撰写互联网市场调研报告

一份完整的市场调研报告包括题目、目录、概要、正文、结论、建议和附件等几个部分。

（1）题目：依据报告的内容和表达需求，选用标题。其中，调研对象是标题的核心要素。

（2）目录：要写明报告各部分内容的名称，包括题目、大标题、小标题、附件及各部分内容所在的页码，使读者对报告的整体框架有一个整体的了解。

（3）概要：简明扼要地写出时间、地点、对象、范围、目的，说明调查宗旨和采用的方法，介绍全文的主要内容和取得的主要收获，交代主要背景或主要结论。

（4）正文：这是市场调研报告的核心部分。

① 现状部分：指已成为事实的客观情况。

② 预测部分：通过对现状部分资料数据的具体分析和计算，预测出经济活动发展的

趋势和规律。这部分内容是报告的重点所在。

（5）结论：主要依据正文的情况介绍和预测分析，得出调研的结果。

（6）建议：也可写作“对策”“意见”，这部分内容是市场调研报告的最终目的和落脚点。

（7）附件：应将市场调研成文过程中涉及的一些较为重要的原始材料和调查问卷、相关政策法规附在报告后。这部分内容是一份完整的市场调研报告所必需的。

案例阅读

调查宝（www. surveyportal. cn）是一个简单易用的在线问卷调查系统。通过这个系统，用户可以轻松地进行在线调查问卷的设计、调查数据的收集，并进行调查结果分析，生成调研报告。调查宝界面友好、使用简捷，每个人都可以轻易地开展各种调查活动。与传统调查方式和其他调查网站或调查系统相比，调查宝具有快捷、易用、低成本的明显优势。调查宝的基本功能向用户免费开放，同时以有吸引力的价格提供高级版本及增值服务，目前已经被大量企业和个人广泛使用。

其典型应用如下：

HR 管理：员工满意度、员工敬业度、员工忠诚度、职业测评、岗位调查、人才评测

市场营销：产品调查、广告评测、客户满意度、展会调查、渠道调查、市场定量研究

社会调查：社情民意调查、群众满意度评估、幸福感调查、安全感调查、公共绩效评价

教研测评：学术论文、就业跟踪调查、素质测试、投票评选、活动管理、心理测评

使用流程如下：

（1）问卷设计。调查宝的问卷设计界面为所见即所得的设计问卷界面，支持 28 种题型，可以在问卷中设置跳转逻辑、引用逻辑、给选项设置分数等多种功能，同时还提供了数十种专业问卷模板。

（2）个性定义。用户可以对自己设计的问卷进行多种属性的设置，如是否公开、是否设定密码等等，也可以对问卷的外观及完成后的跳转页面等进行个性化的设定，高级版本的用户可以进行更多个性化的功能。

（3）多种方式发送。用户可以通过邮件邀请的方式来发送问卷，也可以将问卷直接分享至微博、QQ、人人网等网络平台，还可以用 iFrame 和 webserveice 等方式嵌入到网站或者博客中。

（4）统计分析。调查宝向用户提供实时的在线单题统计、分类统计、交叉统计等统计方式，允许用户自定义统计分析报表，用户可以在线查看分析，也可以下载分析报告或原

始数据。

(5) 质量控制。调查宝提供了配额管理和自定义筛选规则的功能，可以按照用户的要求严格控制调查的质量，使每一个调查都能够严谨、高效地执行。还可以根据填写问卷所用时间、来源地区和网站等筛选出符合条件的答卷集合。

(6) 下载调查数据：调查完成后，可以下载统计图表到 Word 文件并保存、打印，或者下载原始数据到 Excel 并导入 SPSS 等调查分析软件做进一步的分析。

（案例来源：调查宝官方网站帮助中心 http：//www. surveyportal. cn/help/help. aspx?id=64）

第三节　第三方电商平台账号的开通

第三方电子商务平台是为多个买方和卖方提供信息和交易等服务的电子场所，其最基本的功能是为企业间的网上交易提供买卖双方的信息服务。买方或卖方只要注册就可以在平台发布自己的采购信息或企业产品出售的信息，并根据发布信息来选取自己潜在的供应商或者客户。第三方电子商务平台的主要特性包括保持中立立场以得到参与者的信任、集成买方需求信息和卖方供应信息、撮合买卖双方、支持交易以便市场操作。

买卖双方企业与第三方平台集成，能够很好地利用第三方平台的规模效益，因此，选用第三方电子商务平台是买卖双方企业应用电子商务的一种很好的选择。这种方式使企业不必花费大量资金和人力建立基础设施和进行市场推广，只要企业联入互联网并将企业信息发布在该平台上就可进行互联网贸易。这种方式特别适合我国的中小企业开展电子商务，也是我国目前电子商务发展的主要模式。

根据提供服务的层次不同，可以将第三方电子商务平台区分为简单信息服务提供型和全方位服务提供型。前者主要提供买卖双方的信息，通过中介服务，买卖双方可以在全球范围内选择交易对象，选定后并不直接在网上交易，而是另外接触和签订合同。这种第三方电子商务平台无法全面深入参与交易，提供的只是简单的信息服务。后者是指在网上不但提供信息服务，而且还提供全面配合交易的服务，如网上结算和配送服务等。这类平台要求中介机构对贸易，特别是国际贸易业务要非常熟悉。一些第三方电子商务平台也为企业提供企业需要的相关经营信息、交易配套的服务以及客户管理功能，如行业信息、市场动态、网上签订合同服务、网上支付服务、网上交易管理、企业客户资料管理等。

中小企业利用第三方电子商务平台开展互联网贸易，赢得了更大的发展空间，降低了经营成本，显著提高了经营效率，使中小企业能够集中资金发展企业核心业务，获得了与大企业平等竞争的机会。

第三方电子商务平台在我国电子商务发展中起着不可替代的作用，为中小企业信息化和电子商务提供支撑服务，特别是在我国非常分散、信息化基础不高的中小企业中非常适用。

目前，在国内市场中比较知名的 B2B 第三方电子商务平台主要有阿里巴巴电子商务平台（www.1688.com）、慧聪网（www.hc360.com）、环球资源网（www.globalsources.com）、中国供应商（cn.china.cn）、中国制造网（cn.made-in-china.com）以及各种行业网等，这些平台一般都提供免费注册，但如果想在上面较好地开展业务，则需要缴纳一定的年费。

案例阅读

打开阿里巴巴中国站首页，点击网页左上角的“免费注册”，即可开始注册会员。注册界面如图 2.1 和 2.2 所示。

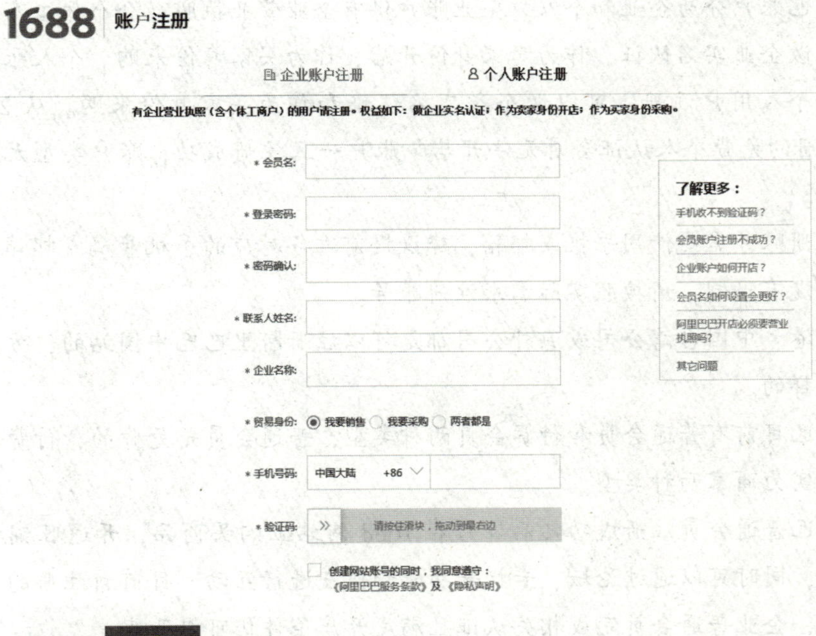

图 2.1　阿里巴巴企业账户注册界面

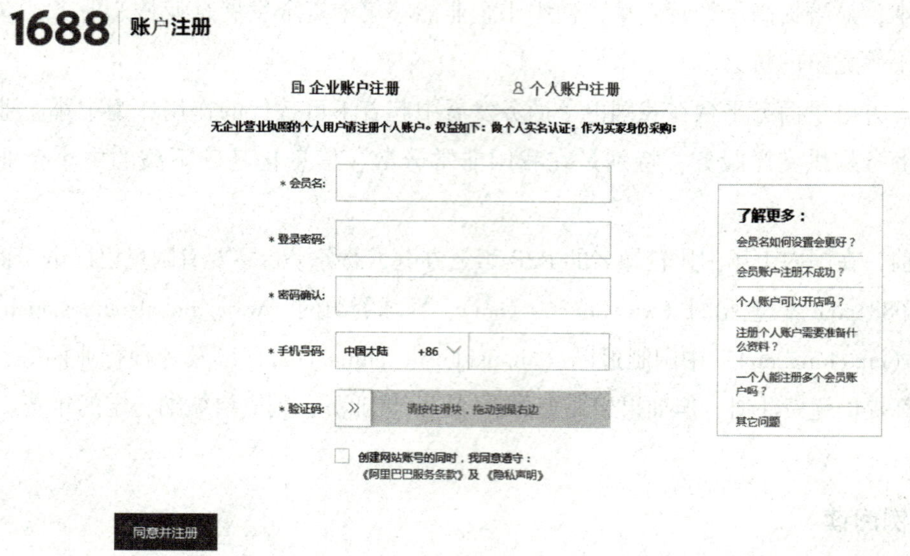

图 2.2　阿里巴巴个人账户注册界面

阿里巴巴账户分为企业和个人。企业账户供有企业营业执照（含个体工商户）的用户注册，可以做企业实名认证、作为卖家身份开店、作为买家身份采购。个人账户供无企业营业执照的个人用户注册，可以做个人实名认证和作为买家身份采购。从 2017 年 9 月 1 日起新注册的免费个人认证会员无法开店。账户一旦注册成功，账户类型无法切换，建议准确选择。

目前注册账号需要使用手机或邮箱，建议提前准备对应的手机号码或邮箱来操作。注册账号数量没有限制，请按照实际需求注册账号。

中国香港、中国台湾公司或海外公司都是可以注册阿里巴巴中国站的，方法和普通会员注册是一样的。

阿里巴巴目前有普通会员和付费会员两种类型，普通会员是免费的，付费会员包括诚信通会员和实力商家两种类型。

阿里巴巴普通会员注册成功之后即可在 1688 网站上购买商品，开通旺铺之后可以发布供应产品，同时可以通过论坛、专栏等功能和商友进行互动。目前新注册的个人普通会员不能开店，企业普通会员完成相关认证且满足开店条件仍可以开店。

诚信通是阿里巴巴针对内贸企业量身打造的电子商务会员服务，包含身份认证和技术服务两部分。在以 1688. com 为主的多个商业场景中，可以享受多项会员服务特权，有效提升品牌曝光及产品推广。诚信通为中小企业提供在互联网多场景的电商解决方案，实现 360 度商机触达，为生意做乘法，快速促成在线交易，打开电子商务大门。诚信通还通过与阿里体系内外的网站合作，打通搜索、社交、lbs（定位）、云等应用体系，帮助征信良好的企业搭建多维度产品价值，促进中小型企业品牌打造，让诚信看得见，让信用化财富。诚信通会员和免费会员权益比较见图2.3。阿里巴巴普通会员注册成功之后，进入诚信通频道（cxt.1688.com）填写相关资料，或通过电话申请、银行/邮局/支付宝汇款和当地授权渠道商等渠道，都可以申请开通诚信通服务。会员付款到账后经过认证，才能正式开通诚信通服务。

图2.3　诚信通会员和免费会员权益比较图

实力商家是1688在2015年推出的全方位体现卖家实力的全新服务，其目的是满足买家对源头品质货源的要求。实力商家需经过严格的资质审核，需为买家提供质量、发货、换货等多样特色的保障服务，同时享受1688提供的专属旺铺、专属图标、流量倾斜及专属服务等权益。

诚信通是实力商家开通的基本条件，两者主要是年费和权限有区别：

年费：新办理诚信通一年6688元，实力商家一年36800元，另外还需缴存16000元保障金。

权益：实力商家在诚信通享受的权益基础上，还有专有的牛头标识、独立的旺铺模板和流量的倾斜等权益。

诚信通企业想要申请成为实力商家，必须具有一定的企业规模，是各行业源头厂家、品牌持有商和品牌代理商中的佼佼者，同时满足在线交易历史情况的一系列条件，按各行业类目要求提供资质材料，交由阿里巴巴实力商家入驻资质审核。大致开通流程：选择行业和店铺类型→提交品牌/厂家、商家、商品资质→等待审核（资料提交之后一般会在7个工作日之内审核完毕）→审核通过→缴纳年费→签署支付宝代扣协议→开通实力商家保障服务（支付保障金费用16000元）→成功开通服务。

（案例来源：阿里巴巴中国站服务中心，https：//114.1688.com/newbie/classify/7.htm？spm=a260a.7768763.1998658834.3.TpcVvJ#ding）

第四节 企业建站

企业建站，是利用最新的无线技术和有线互联网技术打造的新一代集团客户移动商务平台，以托管方式为集团客户建立 WWW 和 WAP 网站，展示企业商品、服务、招聘、公告、供求等相关信息，使企业与其客户和上下游价值链之间能够快捷、广泛地进行信息传递和互动。同时，通过 WAP 和短信互动，还提供客户信息收集、客户关系管理、客户关怀、在线营销等服务。企业建站不但可以宣传企业的形象，同时可以辅助企业的销售，甚至可以通过网络直接帮助企业实现产品的销售，企业可以利用网站进行宣传、产品资讯发布、招聘等等。企业建站的目的就是展现公司形象，加强客户服务，完善网络业务，还可以与潜在客户建立商业联系。

一、企业建站的好处

1. 有利于提升企业形象

一般来说，企业建立自己的网站，不大可能马上给企业带来新客户、新生意，也不大可能马上大幅度提升企业业绩。企业网站的作用更类似于企业在报纸和电视上所做的宣传公司及品牌的广告。不同之处在于企业网站容量更大，企业几乎可以把任何想让客户及公众知道的内容放入网站。此外，相对来说，企业网站建设的费用也比广告方式要低的多。

2. 可以全面详细地介绍公司及公司产品

公司网站的一个最基本的功能，就是能够全面、详细地介绍公司及公司产品。事实上，公司可以把任何想让人们知道的东西放入网站，如公司简介、公司的厂房、生产设施、研究机构、产品的外观、功能及其使用方法等。而且，不仅可以使用文字展示，还可以用图片甚至视频等多媒体来进行全方位展示。

3. 使公司具有网络沟通能力

在中国，人们对互联网络往往有所误解，以为电子信箱就是互联网络。不少公司将电子邮件地址当成网址，并印在名片上。实际上，电子邮件只是互联网络中一个最常用、最简单的功能之一。而流行的企业软文，不仅仅能使企业与客户保持良好的关系，还能吸引更多的潜在客户浏览，从而挖掘潜在客户资源。客户互联网络真正的内涵在于其内容的丰富性，几乎无所不包。对于一个企业来说，其具有网络沟通能力的标志是公司拥有自己的独立网站，而非电子信箱。

4. 实现电子商务功能

企业可以在网站上实现电子商务功能。例如，可以在网站上发布公司新闻及各种行业新闻、动态等；可以发布产品或服务的实时报价，实现在线交易管理等，可以提供在线下载、在线调查、在线招聘、客户留言板、BBS论坛等功能。

5. 可以与潜在客户建立商业联系

这是企业网站最重要的功能之一，也是为什么那么多的国外企业非常重视网站建设的根本原因。现在，世界各国大的采购商都主要利用互联网络来寻找新的产品和新的供应商，因为这样做费用最低、效率最高。原则上，全世界任何地方的人，只要知道了公司的网址，就可以看到公司的产品。因此，关键在于如何将公司网址推介出去。一种非常实用而有效的方法是将公司的网址登记在著名的搜索引擎（如谷歌、百度等）上，并选择与公司的产品及服务有关的关键字，这样可以使潜在的客户能够容易地找到公司和产品。这正是国际商业上通行的做法，而且被实践证明是十分有效的。

6. 可以降低通信费用

对于不少企业来说，每年的通信费用，尤其是涉及进出口的通信费用，是一笔庞大的费用。利用公司网站所提供的多个电子信箱，可以有效地降低通信费用，这是企业网站的一个很实际的好处。

二、企业网站的功能

1. 品牌形象

网站的形象代表着企业的网上品牌形象，人们在网上了解一个企业的主要方式就是访问该公司的网站，网站建设的专业与否直接影响企业的网络品牌形象，也对网站的其他功能产生直接影响。

2. 产品、服务展示

顾客访问网站的主要目的就是对公司的产品和服务进行深入的了解，企业网站的主要价值也就在于灵活地向用户展示产品说明的文字、图片甚至多媒体信息，一个功能简单的网站至少也相当于一本可以随时更新的产品宣传资料，并且这种宣传资料是用户主动获取的，对信息内容有较高的关注程度。

3. 信息发布

网站是一个信息载体，在法律许可的范围内，可以发布一切有利于企业形象、顾客服务以及促进销售的企业新闻、产品信息、促销信息等。

4. 顾客服务

通过网站可以为顾客提供各种在线服务和帮助信息，比如常见问题解答、电子邮件咨询、在线表单、通过在线客服即时信息实时回答顾客的咨询等等。

5. 顾客关系

通过网络社区、有奖竞赛等方式吸引顾客参与，不仅可以起到产品宣传的目的，也有助于增进顾客关系，对产品功能复杂或者变化较快的产品尤其有帮助。

6. 网上调查

市场调研是营销工作不可或缺的内容，企业网站为网上调查提供了方便而廉价的途径，通过网站上的在线调查表或者通过电子邮件、论坛、实时信息方式征求顾客意见等，可以获得有价值的用户反馈信息。

7. 资源合作

资源合作是独具有特色的网络营销手段，为了获得更好的网上推广效果，需要与供应商、经销商、客户网站以及其他内容、功能互补或者相关的企业建立资源合作关系，实现资源共享到利益共享的目的。

8. 网上销售

建立网站及开展网络营销活动的目的之一是增加销售，一个功能完善的网站本身就可以完成订单确认、网上支付等电子商务功能，即企业网站本身就是一个销售渠道。

三、企业网站的类型

据行业特性的差别，以及企业的建站目的和主要目标群体的不同，大致可以把企业网站分为以下几种：

1. 基本信息型

主要面向客户、业界人士或者普通浏览者，以介绍企业的基本资料、帮助树立企业形象为主；也可以适当提供行业内的新闻或者知识信息。这种类型网站通常也被形象地比喻为企业的“WEB Catalog”。

2. 电子商务型

主要面向供应商、客户或者企业产品（服务）的消费群体，以提供某种直属于企业业务范围的服务或交易或者为业务服务的服务或者交易为主。这样的网站可以说是正处于电子商务化的一个中间阶段，由于行业特色和企业投入的深度广度的不同，其电子商务化程度可能处于从比较初级的服务支持、产品列表到比较高级的网上支付的其中某一阶段。通常这种类型被形象地称为“网上××企业”，例如，网上银行、网上酒店等。

3. 多媒体广告型

主要面向客户或者企业产品（服务）的消费群体，以宣传企业的核心品牌形象或者主要产品（服务）为主。这种类型无论从目的上还是实际表现手法上相对于普通网站而言更像一个平面广告或者电视广告，因此用“多媒体广告”来称呼这种类型的网站更贴切一点。

4. 产品展示型

主要面向需求商，展示自己产品的详细情况以及公司的实力，对产品的价格、生产、详细介绍等做最全面的介绍。这种类型的企业站点主要目的是展示自己的产品，在注重品牌和形象的同时也要重视产品的介绍。

在实际应用中，很多企业网站往往不能被简单地归为某一种类型，无论是建站目的还是表现形式都可能涵盖了两种或两种以上类型，对于这种企业网站，可以按上述类型的区别划分为不同的部分，每一个部分都基本上可以认为是一个较为完整的网站类型。注意：由于互联网公司的特殊性，在这里不包含互联网的信息提供商或者服务提供商的网站。

四、建站步骤

建立一个网站就像盖一幢大楼一样，它是一个系统工程，有自己特定的工作流程，企业只有遵循这个步骤，按部就班地一步步来，才能设计出一个满意的网站。

第一步，明确建立站点的目的、目标。

网站的目标就是企业、公司为什么要建立这个网站，通常有以下几个目的：

（1）宣传企业形象。通过站点宣传企业形象是一个投资小、见效快的有效方式，如果能再添加一些网站宣传手段，可以收到意想不到的效果。

（2）推广企业产品。网站还有一个重要功能就是宣传企业自己的产品，企业的产品的图像、介绍等都可以通过网站宣传出去，便于用户直观地了解本企业的产品，一般企业形象宣传和产品宣传都会放到网站中。

（3）销售工具。网站不止是市场推广的平台，也可以是销售平台，也就是常说的电子商务，是否采用网站作为销售工具取决于产品本身的特性，比如音像、图书等商品就适合在网上销售（商品形态不需要看到实物），而像复杂的大型机械设备就不一定适合在网络上销售。

（4）服务客户，作为服务网站。网站还可以成为企业产品的售后服务系统，比如在线答疑、论坛答疑、产品资料、维护手册下载等。

（5）运营平台。网站本身是可运营的，比如电子商务或者手机短信等的运营平台。

（6）技术爱好。对于一些个人或者技术性公司，网站还可以是技术的试验田，成为技术爱好者展示的舞台。

第二步，准备素材。

明确了网站的目的和目标以后，企业就要围绕主题开始准备素材了。常言道："巧妇难为无米之炊"。要想让自己的网站有血有肉，能够吸引住客户，企业就要尽量搜集素材，搜集的素材越多，以后制作网站就越容易。文字方面，包括公司介绍、经营项目、服务宗旨、企业文化、经营理念产品或服务的文字介绍、参数等；图片方面，包括公司的LOGO、横幅广告、公司画册、VI形象设计或其他宣传单张、产品图片等；还可以准备一些视频素材，如公司宣传片、产品功能展示视频等。

第三步，规划域名。

明确了网站建设的目标后，就需要为网站起一个名字，专业术语叫作网站域名。起一个好的域名对于网站的宣传是非常有帮助的，一般的原则是短小、上口，便于记忆，但是随着互联网的发展，好的便于记忆的域名基本都被注册了，而域名又不像人的名字，是不允许重复的，所以起一个好的域名越来越困难。

网站域名规划的基本原则：

（1）简短。成功的域名一般都是非常简单的，一般认为不超过5个单字的域名是一个好的选择，最多不要超过8个单字。

（2）上口。域名是为了让用户记住，容易发音、上口的域名显然容易被记住。

（3）含义。有一个奇怪的现象，成功的网站的域名基本上都是无含义的、新造的单词，比如baidu，由此可见一个域名是否有含义并不是成功的主要标准，而简短和上口反倒更加重要。

（4）地域。网站的目标客户群的区域分布决定了域名选择的地域性，如网站的目标是国内客户，那么使用拼音是合适的，中国人是可以明白其含义的，但如果是面向国外的用户就不是很得体了。

（5）创造。目前简短、有含义的单词基本已经被注册完了，新申请域名基本只有发挥自己丰富的想象进行创造一途（当然，如果有资金，购买也是一个选择）。一般的常用创造方法就是组合法，把几个单词组合在一起产生新的单词。

（6）限制。域名的含义同公司的业务接近对于网站的推广有利，但也限制了公司业务的拓展。

一般企业宣传网站的域名都会选择采用公司的英文名称，如果不幸此域名已经被注册，可以考虑在英文名称的基础上增加或者减少字母；或者更换后缀方式，如.com域名已被注册，可以考虑.cn域名，但这不是一个好方式（容易跟原有域名混淆，增加推广成本）。

一般推广产品的网站可以考虑使用产品名称作为域名，产品名称也是网站域名。

第四步，网站策划。

基于网站的最终目标，网站需要一个策划过程，比如网站的色彩基调、网站的栏目设置等等，网站策划的目的是完成网站的目标而对网站的分类、分类下的内容等的规划性工作。

具体包括的内容：

（1）网站整体风格的确认，一般主要是网站首页风格的确定。

（2）色调。如果公司、企业有自己的CI设计，最好沿用原有CI设计中的元素，用以保证公司整体形象的统一，如果没有标准的CI设计，那么主色调就要看设计者的喜好了。传统企业采用蓝色系、红色系都比较适合，但一定要庄重，不要用太轻浮的颜色。或者根据自己产品的特点来选择色系，比如儿童用品可以用橘红等暖色系，花店可以用绿色等。游戏、摇滚音乐等倾向特立独行的网站甚至可以用黑色系。总之，网站应该确立自己的一个主色调。

（3）排版样式。早些年电脑最普及的解析度是1024×768，之后被1280×1024所取代，目前也有许多人使用1440宽度或1920宽度的解析度。屏幕的解析度尺寸越来越多了，让网站产生要以大尺寸来满足读者的错觉，其实目前的主流网页宽度还是以1000左右为主，并不会随着主流屏幕越来越大而有太大的变更。

（4）导航、内容等的排版方式。导航主要包括横排和竖排，内容主要是二栏式和三栏式。

（5）栏目规划。即勾画出网站的栏目结构图，也叫SiteMap图，可用微软的Viso等工具来描绘出这些结构来。一般要根据网站的总体定位来考虑栏目的设置，同时还要考虑是否要有这些内容，不要贪大求全造成网站上线后很多栏目根本没有内容。栏目是为网站的运营目的服务的，比如网站是为了宣传公司的形象的，那么在主要栏目中包含一个“关于我们”就非常合适，但是如果网站是运营的电子商务网站，“关于我们”就不应该放在主要的栏目中。

网站策划时需要注意以下几点：

（1）有一些网站喜欢在首页放置一些完全无关的内容，比如放置一个天气预报的栏目，就毫无意义，而且显得非常不专业。

（2）有一些网站喜欢采用大量的flash，而且不经过压缩地使用，这样非常消耗带宽，而且一般用户在两三秒无法打开你的页面时就已经失去了兴趣，所以慎用过大的flash。

（3）网站上线前一定要测试一下对于分辨率的支持的问题，目前用户端的机器的分辨率已经多样化了，有宽屏、高分辨率屏等，需要测试网站在各种分辨率下是否都是可以浏览的。

（4）不同浏览器的支持。面向公共的网站，需要考虑不同浏览器的问题，比如对FireFox浏览器的支持等等。

第五步，硬件平台搭建。

任何软件都离不开硬件平台的支撑，网站系统也是如此。而网站除了传统的服务器外还需要公网带宽资源的保障。中小企业选择IDC（互联网数据库中心，全称Internet Data Center）是比较好的，当然大型的企业或者运营单位自己建立一个小型的IDC，然后再单独租赁带宽也是一个选择。选择合适的IDC后，需要确定的是采用主机托管方式还是采用虚拟主机（空间租赁）的方式。如果用户的网站是个测试的站点或者预计流量非常小的站点，可以选择虚拟主机的方式，如果预算充足，建议还是采用主机托管的方式。

第六步，网站建设。

早期简单的HTML建立静态的网站，由于不容易更新，现在已经基本淘汰。大部分网站都选择成熟的内容发布系统，或者自己开发一套简单的内容发布系统来支持自己的网站。

现在也有一些在线智能企业建站系统，该系统能让用户在短时间内迅速架设属于自己公司的企业网站。建站系统易学易懂，用户只需会上网，不需学习编程及任何语言，只要使用该系统平台，用很短的时间、很低的成本就可以建设一个企业网站。例如S-CMS企业建站系统（www. s-cms. cn）。

第七步，上线测试。

网站建设完毕，要发布到 Web 服务器上，才能够让全世界的朋友观看。上传的工具有很多，有些网页制作工具本身就带有 FTP 功能，利用这些 FTP 工具，使用者可以很方便地把网站发布到自己申请的主页存放服务器上。网站上传以后，要在不同浏览器中打开网站，观察显示效果，逐页逐个链接地进行测试，发现问题，及时修改，逐条初始化网站的内容并审核，因为网站上线后，所有内容均可以被外人看到，如果有错误，就不好了。全部测试完毕就可以把网址公之于众，让大家来浏览。

第八步，推广宣传。

对于一个新上线的网站，网站宣传是非常重要的，无论网站的目的是宣传企业还是运营一个电子商务类的平台，都需要大量的宣传。

现有的宣传手段主要有搜索引擎的竞价排名、网站自身的 SEO 优化（搜索引擎优化，全称 Search Engine Optimization）、与别的网站交换链接，以及在各类网络媒体或其他媒体的广告宣传，如门户网站、各大与网站内容相关的论坛、传统的电视、报纸等等。

第九步，维护更新。

网站要注意经常维护、更新内容，保持内容的新鲜，不要一做好就放在那儿不变了，只有不断地给它补充新的内容，才能够吸引浏览者。

思考与练习

一、不定项选择题

1. 互联网商务信息一般分为（　　）个等级。

A. 一　　B. 二　　C. 三　　D. 四

2. 互联网商务信息的特点有（　　）。

A. 时效性强　　B. 准确性高　　C. 便于储存　　D. 加工筛选难度大

3. 互联网商务信息收集的基本要求有（　　）。

A. 及时　　B. 准确　　C. 适度　　D. 经济

4. 企业网站的类型包括（　　）。

A. 基本信息型　　B. 电子商务型　　C. 多媒体广告型　　D. 产品展示型

5. 下列（　　）不属于第三方电子商务平台。

A. 阿里巴巴　　B. 慧聪网　　C. 新浪网　　D. 中国供应商

二、判断题

1. 商务信息收集得越多越好。（　　）

2. 为了尽快更多地通过电子邮件收集商务信息，企业应不分客户，广发邮件。（　　）

3. 调查问卷的设计应注意保护填卷者的隐私。 ( )

4. 企业可以在阿里巴巴等第三方电子商务平台上发布信息，完全没必要自己建网站。 ( )

5. 第三方电子商务平台是中小企业开展电子商务的极佳选择。 ( )

三、问答题

1. 互联网商务信息分哪些级别？

2. 互联网商务信息的收集工具有哪些？

3. 互联网市场调研的原则有哪些？

4. 互联网市场调研有哪几种方法？

5. 企业建站有哪些好处？

四、操作题

1. 用手机下载阿里巴巴 App，并搜索感兴趣的产品信息。

2. 利用调查宝就阿里巴巴或某一家企业或产品的知名度、需求、功能、定价、质量、服务等方面设计一份至少包含 10 个问题的简单的调查问卷，注意要包含问卷说明、调研内容、结束语三个部分。发布问卷给至少 50 位调查者，并形成调研报告。

3. 在阿里巴巴网站上调研三家同类供应商企业，并对其进行比较和分析。

4. 进入阿里巴巴中文站，注册用户并登录。

5. 为自己梦想创办的企业，设计公司名称、网站域名及 logo（企业标志），并规划企业网站。

第三章

互联网销售

【学习目的】

1. 了解互联网销售的概念和特点。
2. 了解互联网销售的过程。
3. 掌握企业、产品和供应信息的发布和推广。
4. 掌握询盘管理。

第一节　互联网销售的概念

一、互联网销售的概念

互联网销售，顾名思义，就是通过互联网进行产品销售，实质就是以互联网为工具进行销售。

互联网销售是互联网营销发展到一定阶段产生的结果，互联网营销是为实现互联网销售目的而进行的一项基本活动，但互联网营销本身并不等于互联网销售。

互联网销售围绕着互联网展开，有以下四大定位：

（1）产品特点定位：知道产品的核心竞争力是什么，也就是通常所说的卖点。例如产品的价格、质量、功能、外观、品牌、服务等。一般来说，符合价格定位区间，在绝大部分客户接受范围内的产品都有一个好的销售量。通过产品优秀的质量和各种功能，给客户提供比竞争对手更多的收益和满足，才能使客户对产品留下好印象。此外，独特的外观、赏心悦目的颜色、值得信赖的品牌、到位的包装及服务等，都是促使产品畅销的因素。

（2）产品人群定位：一定要知道自己的产品是卖给谁的，并对相应的客户群体进行分析，例如客户的性别、年龄、职业、收入、所处地域等。比如从性别上，有男人、女人；从年龄上，有儿童、少年、青年、中年、老年；根据职业，有医生、工人、教师、学生等；根据收入，有高低之分；利用一些数据分析工具，我们还可以了解到客户主要来自全国乃至全世界的哪些地方。我们可以依据客户的心理与购买动机，寻求其不同的需求并不断给予满足。

（3）产品市场定位：要知道产品受欢迎的时间段，例如连衣裙受欢迎的时间为每年的3—8月份，企业可以据此制订生产计划和产品上市时间表。还要知道自己的产品在市场上的占有份额是多少，竞争对手又是谁。俗话说知己知彼百战不殆。企业可以从行业和产品以及销售区域入手，找到向相同的顾客销售基本相同的产品或提供基本相同的服务的直接竞争对手，对他们进行分析，尽量做到产品和服务差异化。

（4）互联网销售方法定位：根据上述条件产品的卖点、客户群体分析、竞争对手及市场分析，选择适合自己的互联网销售方式。企业可以选择成为网上零售商的供应商，这种方式同传统的销售模式并没有很大的区别，厂商不必参与互联网销售管理，是传统企业最容易向互联网销售转型的一种方式；也可以像海尔、苏宁等企业那样，自行建立网上销售型的网站，或者在阿里巴巴等第三方电商平台开设网上商店。

案例阅读

海尔企业购（b2b. haier. com）是海尔集团面向企业/行业用户提供智慧集成解决方案的服务与支撑的组织，为企业提供一站式全程专业采供服务，对公司所有产品与服务在企业/行业用户群的业务有效增长、市场竞争力和客户满意度负责。

从2014年以“海尔企业用户交互平台”为线上B2B业务开始，海尔企业购为地产、公寓、酒店、教育、制造等行业用户提供海尔、卡萨帝、FPA、统帅品牌全系成套家电、智能家电的解决方案和产品，通过线下转单、线上撮合的方式实现销售转化。

海尔企业购，致力于为用户提供专业化一站式智慧集成解决方案，提供从产品选型、方案配置到售后维保、日常运营的定制化、多维度、全品类的管家式服务。涵盖国内20大行业，1095个行业类目，为用户提供安全、便捷、高效的信息服务和数据增值服务。行业内首创商业社群式交互模式，以用户需求为行动指针，融合社会化的电商平台、社群平台、技术平台、应用平台、营销平台、内容平台和新交互平台的优势与创新，透过全方位开放体系，帮助商业用户实现更快的发展，实现万商互联、共创、互赢的价值体系。

海尔企业购询价方式和预售方式销售流程分别如图3.1和图3.2所示。

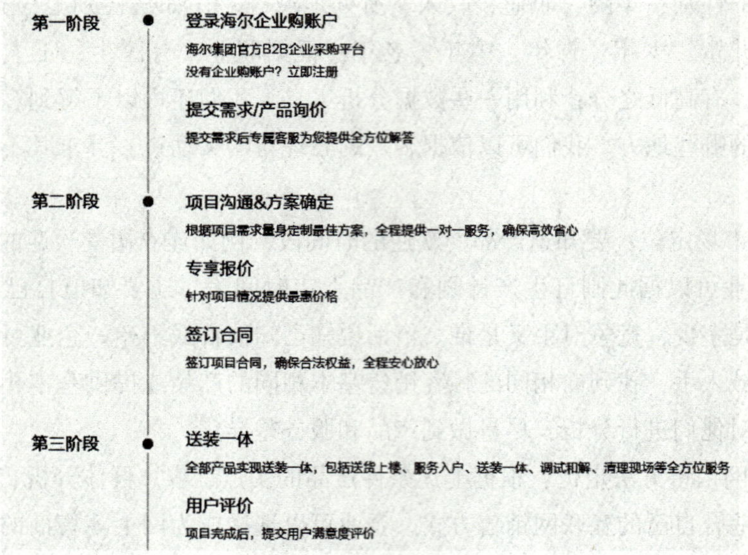

图 3.1　海尔企业购询价方式销售流程

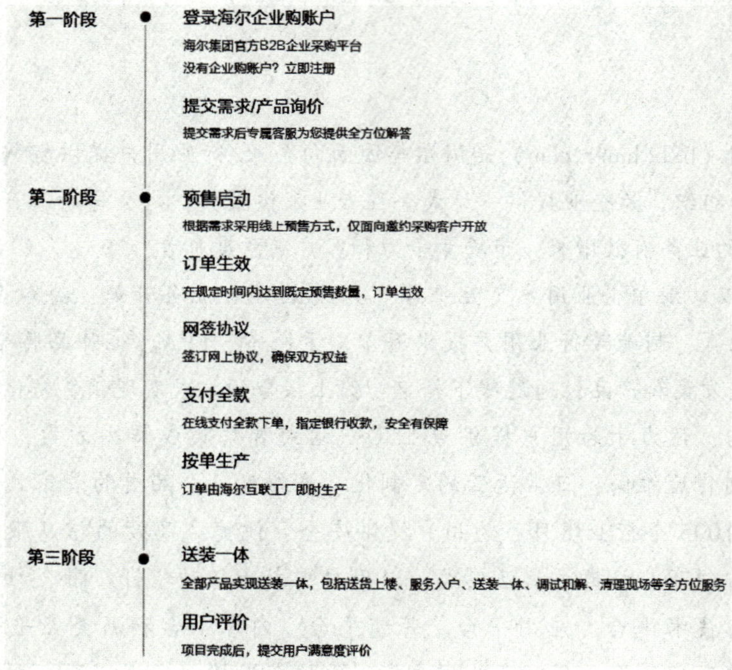

图 3.2　海尔企业购预售方式销售流程

（案例来源：海尔企业购官方网站，http：//b2b. haier. com/serve/3732. html？valkey = 2bdc9451-6208-4215-8dab-9e1e21779a2b）

二、互联网销售的特点

（一）交易成本的节省性

交易成本的节省性体现在企业和客户两个方面。对企业来说，尽管企业上网需要一定的投资，但与其他销售渠道相比，交易成本已经大大降低了，其交易成本的降低主要包括通信费用、促销成本和采购成本的降低。

（二）交易的特殊性

交易的特殊性包括交易主体和交易对象的特殊性。从交易主体来看，随着网民的增加和电子商务的发展，网上购物的人数在不断增加。但是网上购物者的主体依然是具有以下共同特征的顾客群体：年轻、比较富裕、比较有知识的人；个性化明显、需求广泛的人；知识广博、头脑冷静、擅长理智分析和理性化选择的人；求新颖、求方便、惜时如金的人。

从销售对象的特征性来看，并不是所有的商品都适合在网上销售。例如，飞机、汽车等大型交通工具，技术含量高的精密仪器，需要专业鉴定的文玩古物，不方便运输和包装、退换货概率高的易碎品等就不一定适合在网上销售。相反，具有以下特性的商品则非常适合在网上销售：

（1）体积较小。方便运输，降低了运输成本。

（2）附加值较高。因为价值低过运费的单件商品是不适合网上销售的。

（3）具备独特性或时尚性。网上销售量不错的商品往往都是独具特色或者十分时尚的物品。

（4）价格优惠。如果网下可以用相同的价格买到，就不会有人在网上购买了。

（5）通过网站了解就可以激起消费者的购买欲。如果必须要亲自见到这件商品才可以达到购买所需要的信任度，那么此件商品就不适合在网上销售。

（6）网下没有，只有网上才能买到。比如外贸订单产品或者直接从国外带回来的产品。

第二节　互联网销售的过程

在互联网销售中，首先，要找到潜在的客户群和决策人。互联网销售最基础的推广铺垫工作是发信息广而告之。到各大论坛、行业网站、博客和微信等发布信息，一方面推广产品，另一方面也可以宣传企业自身。之后与网友互动交流，找到潜在客户和企业的相关决策人。其次，接近客户，让你的目标客户发现你的商品。在确定目标客户后，就可以开始进行商务谈判，直至签署合同了，接着进入履行合同的环节。所以，互联网销售一般分三个步骤：第一步是将自己的企业全面快速地搬到互联网上；第二步是通过多种互联网营销工具和方法来推广和维护自己的企业网站或店铺；第三步是网站流量监控与管理。

一、将自己的企业全面快速地搬到互联网

无论是企业自建网站，还是利用第三方电子商务平台开设店铺，供应商都需要在网上详细地留下公司资料和产品信息，真实地展现产品和推广企业。

（一）公司资料

买家在查找浏览信息时，会以各种方式查看资料，判断卖家的诚信度高低。所以供应商必须真实、详尽地填写信息。填写时应注意以下几点：

（1）注册信息是最基本的资料，会转化成其他形式多处展现。供应商填写时必须真实、完整，从而获得良好的第一印象。

（2）与客户在线沟通时，买家可以直接查看到企业信息。所以注册登录信息时，要尽可能地真实、详细。

（3）制作网络名片，使个人和公司信息随处展现，增加客户的真实感和亲切感。

（4）公司介绍要全面展现公司状况、企业理念、企业文化等。无论在搜索还是浏览时，买家都会查看该信息，进行深入了解。所以填写真实、详细并做必要的包装，将大大增加信任感。

案例阅读

一、公司简介成功样例

1. 生产加工企业/公司简介范本

我公司创建于1992年，位于有中国泵阀之乡之称的温州永嘉县瓯北镇，是一家生产蝶阀、球阀、止回阀、旋塞阀、闸阀等阀门产品的专业厂家。公司拥有现代化标准厂房10000多平方米，员工200多名，其中工程师10名，技术人员28名。拥有完整、科学的质量管理体系，通过了ISO 9001国际质量体系认证。公司拥有大量先进、专业的生产设备和检测仪器，产品零部件采用先进数控机床进行加工，现代化的制造车床设备共计200余台（套）。产品广泛应用于国内大型电站配套工程、污水处理工程、市政工程、化工、炼油、冶金、化肥、造纸、医药等行业。产品畅销国内市场，出口多个国家和地区。欢迎各界朋友莅临，进行指导、参观和业务洽谈。

2. 经销批发企业/公司简介范本

本公司成立于2001年，位于中国最大的塑料原料集散地——浙江余姚，是一家专营各类进口、国产塑料原料的贸易公司。本公司经销韩国、沙特阿拉伯、新加坡、印度、俄罗斯等国进口塑料原料，并与国内南京扬子、扬巴、上海金山、北京燕山等石化公司建立了长期稳定的供销关系，长期经销以下塑料原料：ABS、AS、GPPS、HIPS、PC、POM、

PMMA、HDPE、LLDPE、PP 等，品种齐全、价格合理。公司年销售量万吨以上，年销售额过 1 亿元。本公司实力雄厚，重信用、守合同，保证产品质量，以多品种经营特色和薄利多销的原则，赢得了广大客户的信任。

3. 招商代理企业/公司简介范本

本公司是一家集生产加工、招商代理的有限责任公司，普洱茶养生面、驿道普洱茶、招商代理是本公司的主营产品。总部坐落在美丽的云南，拥有众多加工基地，是一家经国家相关部门批准注册的企业。我公司以雄厚的实力、合理的价格、优良的服务与多家企业建立了长期的合作关系，现面向全国诚招各级代理。我公司秉承长远共赢的原则欢迎各界朋友前来参观、考察、洽谈业务。

4. 商业服务企业/公司简介范本

本公司成立于 2003 年，是经上海市工商部门批准注册的经营国内航空货运及全球性快件递送的专业快递物流服务公司，具有国内航空货运销售代理和经营国际快递资质，总部设在上海。公司自备汽车、摩托车等车辆提送货物，并开发了系统软件，配合电脑操作，可以使您的货物得到全程监控。公司同各航空公司货运部逐渐建立了良好的合作关系，具有绝对优势的国内航空运输价格，且已经形成了较为完善的快递货运网络，提供全方位的空运、快递、货运“提—运—送”一站式门对门服务，可提供代收货款、运费到付及异地调货等服务。公司拥有一支素质良好、精干高效的专业快递物流队伍，以客户为核心，以最专业的精神为您提供安全、经济、专业的快递物流服务。

二、不成功的公司简介样例

公司简介内容过于简单或仅填写单纯的产品介绍，都是不成功的公司简介，如图 3.3 所示。

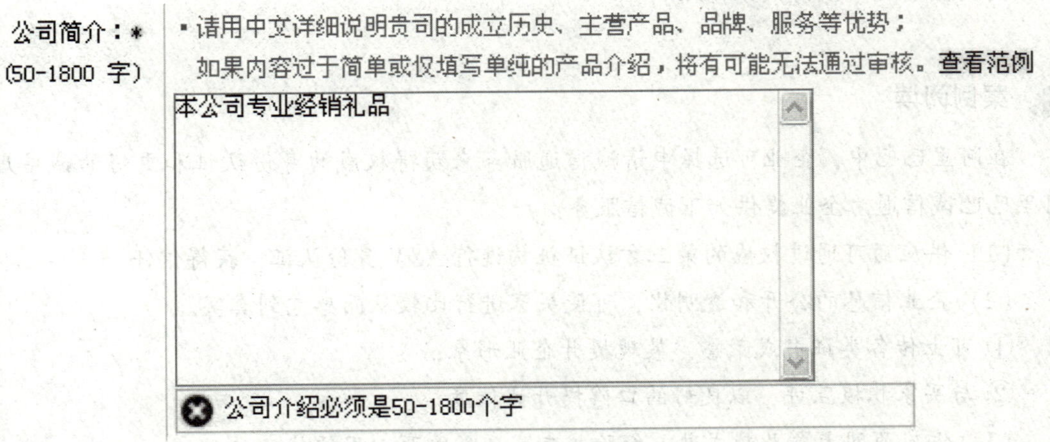

图 3.3　不成功的公司介绍样例

（案例来源：中国供应商客服中心，https：//cn. china. cn/bangzhu/detail/d1153475. html）

（二）产品信息

详细的产品描述、直观的产品图片展现，都会大大提高真实性，赢得买家信任。发布产品信息时，应注意以下几点：

（1）详细地描述产品规格、型号、性能等信息，提高买家对产品的认识和信任。

（2）在网上，买家不能亲眼看到和触摸产品，心中不免会有担忧。如果能选配产品图片，并多角度、分整体和细节进行展现，会增强产品效果和可信度。所以可配合商品信息上传产品图片。目前，越来越多的网站和第三方电子商务平台都支持短视频的上传和展示，企业可以将公司宣传片、产品功能和使用介绍拍成短视频，以增加买家的信任和对产品的了解。

（3）将固定电话、传真、E-mail、手机号码等联系方式填写完整、正确，方便买家马上联系企业并取得买家的信任。

（4）在网上靠前的推荐信息，买家比较信任。所以可定期重发信息，优先陈列。

（三）变更资料

当公司资料和产品信息发生变动时，应及时更新相关信息，真实地传达给客户。

（1）公司或申请人资料发生变化，要及时更改网上信息，可避免客户验证身份时出现不必要的误会。

（2）产品改进或新产品推出时，应及时更改产品信息或添加新信息，同时配上相应图片或视频进行全方位展现，更直观、真实、准确地传达给买家。

（四）身份认证和诚信

基本资料和产品信息在网上贸易中对于建立诚信还是不太够的。采购商在选择供应商时是非常稳重和谨慎的。如果可以提供权威、客观的身份认证和诚信评价，将有助于提高供应商的诚信度，获得买家青睐。

案例阅读

在阿里巴巴中，企业可选择申请诚信通服务来获得权威的身份认证和更好的诚信度。阿里巴巴诚信通为企业提供如下诚信服务：

（1）供应商可通过权威的第三方认证机构进行 A&V 身份认证，获得信任。

（2）企业信息的公开和透明化，可使买家进行比较从而感觉到真实。

① 可上传各类证书或荣誉，展现提升企业形象；

② 与买家积极互评，以良好的口碑提升诚信度。

（3）供应商网上贸易越成熟、经验越丰富，采购商心里便越安心。

① 将以往的网上交易活动及时记录发布，通过实例体现活跃性和丰富经验。

② 充分掌握网上贸易的操作技巧和概念，可方便、熟练地与采购商进行交易，博得信任。

（案例来源：百度百科，https：//baike. baidu. com/item/%E7%BD%91%E7%BB%9C%E8%B4%B8%E6%98%93/5730793？fr=aladdin）

二、通过多种互联网营销工具和方法来推广和维护自己的企业网站或店铺

我们在互联网做的任何宣传和推广活动都必须以企业的网站或店铺为核心。在1688市场上，会做营销推广的和不会做营销推广的店铺，在销售业绩上千差万别。常用的互联网营销工具和方法有搜索引擎营销、网络广告、B2B平台推广、即时通讯工具推广、BBS论坛推广、博客推广、微博推广、SNS营销、电子邮件推广、问答推广、交换链接、网络视频营销、口碑推广、病毒式营销、事件营销等。下面简要介绍一些常用的互联网营销工具和方法。

（一）搜索引擎营销

搜索引擎营销，英文为Search Engine Marketing，我们通常简称为“SEM”。就是根据用户使用搜索引擎的方式利用用户检索信息的机会尽可能地将营销信息传递给目标用户。简单来说，搜索引擎营销就是基于搜索引擎平台的互联网营销，利用人们对搜索引擎的依赖和使用习惯，在人们检索信息的时候将信息传递给目标用户。搜索引擎营销的基本思想是让用户发现信息，并通过点击进入网页，进一步了解所需要的信息。企业通过搜索引擎付费推广，可以让用户直接与公司客服进行交流、了解，实现交易。搜索引擎广告的优势是相关性，由于广告只出现在相关搜索结果或相关主题网页中，因此，搜索引擎广告比传统广告更加有效，客户转化率更高。搜索引擎营销分两种：SEO与PPC。

SEO（Search Engine Optimization）即搜索引擎优化，通过了解各类搜索引擎如何抓取互联网页面，如何进行索引以及如何确定对某一特定关键词的搜索结果排名等技术，对网页进行优化，提高在搜索结果页的排名，从而提高网页访问量，最终提高网站的销售能力和宣传能力。搜索引擎优化不仅可以让企业网站在搜索引擎上有良好表现，而且可以让企业网站与用户沟通取得良好效果。

PPC（Pay Per Click），按照点击付费，是指购买搜索结果页上的广告位来实现营销目的。各大搜索引擎都推出了自己的广告体系，相互之间只是形式不同而已。企业网站付费后才能被搜索引擎收录并靠前排名，付费越高者可能排名越靠前。企业还可参加竞价排名服务，为自己的网页购买关键字排名，按点击计费。企业可以通过调整每次点击付费价格，控制自己在特定关键字搜索结果中的排名，并可以通过设定不同的关键词捕捉不同类型的目标访问者。

PPC又叫关键字广告，它的优势如下：

（1）有助于提升企业的网络知名度。搜索引擎具有绝对领先的网络商业流量，搜索引擎关键字营销是互联网营销中最重要的部分之一。网站在搜索引擎网站中的排名直接影响企业的网络知名度。

（2）有更好的针对性和目标性。只有当网民使用了企业购买的关键字时，企业相关信

息才会出现在搜索结果页面的显著位置，而使用这些关键字的浏览者往往是对这些信息感兴趣的人，因此，关键字广告具有很强的针对性和目标性。

（3）有较为明确的效果。关键字广告一旦投放，关键字的选择和排名直接影响到企业知名度的网络排名和网站流量，效果较为迅速和直接，短期见效不是不可能。

（4）关键字广告成本较低，容易控制成本预算。点击付费广告的特点是展示免费，点击付费，关键字的选择和广告预算随时变化，自由掌控。

（5）关键字广告具有良好的投资回报率。相对于报纸、杂志、电视等传统媒体动辄上万的广告投入，搜索引擎广告更经济，具有良好的投资回报率。

目前在国内最流行的点击付费搜索引擎是百度（www. baidu. com），值得一提的是即使是做了PPC付费广告和竞价排名，最好也对企业网站进行搜索引擎优化设计，并将网站发布到各大免费的搜索引擎中。

在搜索引擎营销中，关键字的选择非常重要。关键字可以是公司名称、产品或服务品牌，也可以是一句能够引起浏览者注意的话语，还可以是与企业营销活动相关的公众感兴趣的关键字，例如有公司或产品形象代言人的企业，就可以用形象代言人的姓名作为关键字。在关键字的选择上，要注意以下几点：

（1）选择相关的关键词。对一家企业来说，挑选的关键词当然必须与自己的产品或服务有关。不要听信那些靠毫不相干的热门关键词吸引更多访问量的宣传，那样做不仅不道德，而且毫无意义。必须承认，有时这种做法的确能提高网站的访问量，但是来到你网站的用户根本不是精准用户，只会在几秒钟内关闭你的网页增加你网站的跳出率。

（2）选择具体的关键词。必须注意的是选择关键词的时候避免选择含义宽泛的一般性词语作为主打关键词，正确的做法是根据企业网站的性质和产品或者服务的种类制订出具体的主打关键词，比如一家牛奶产品加工厂，“牛奶产品”显然不是他们网站的适合关键词，“无糖牛奶”或者“低脂牛奶”更加适合作为主打关键词。

（3）选用较长的关键词。网站的大部分流量都来自网站的内页，通常情况之下通过比较长和明确的关键词来到自己的网站，对于流量相当重视的网站，就可以通过对长尾关键词的细致研究来实现网站盈利。如可以用“games”的时候，尽量不要选择“game”。因为在搜索引擎支持单词多形态或断词查询的情况下，选用“games”可以保证你的网页在以“games”和“game”搜索时，都能获得被检索的机会。

（4）巧用错拼单词和错别字。有些字很容易被误用，有些单词经常被用户拼错，考虑到一般人不会以错别字作为自己的目标关键词，因此如果聪明的企业发现了这一诀窍，以错拼单词或错别字优化企业的网页，那么一旦遇到用户再以这个错别字进行搜索，就会高高在上，昂然屹立于搜索结果的前列。

（5）避免使用热词。热词就是搜索量高的词，例如“衬衫”“T恤”。这一类的关键词的搜索结果基本上都是几万甚至是几十万的级别。所以，要尽量避免使用热词，因为它的竞争实在是太激烈了。

（6）利用竞争对手的关键词设置。每个行业都有很多企业，这些企业相互竞争，互相促进。在互联网时代，很多企业都是利用平台，建立官网、商铺，通过优化，提升商铺、产品信息的排名。这些都可以在网上看到，因此，可以去他们的网站看看，看设置的关键词是什么，有什么借鉴的地方。当然，也不可以盲目，比如选取关键词，在百度搜索选择排名靠前的10~20名的网站进行了解，也可以在阿里巴巴、天猫、京东等平台搜索关键词进行借鉴，再结合企业及产品等情况，选取企业的关键词。

（二）网络广告

网络广告就是在网络上做的广告。通俗地讲，通过网络广告投放平台来利用网站上的广告横幅、文本链接、多媒体的方法，在互联网刊登或发布广告，通过网络传递到互联网用户的一种高科技广告运作方式。

1. 网络广告的优越性

（1）覆盖面广，观众基数大，传播范围广阔。

（2）不受时间限制，广告效果持久。

（3）方式灵活，互动性强。

（4）可以分类检索，广告针对性强。

（5）制作简捷，广告费用低。

（6）可以准确地统计受众数量。

2. 网络广告的作用

几乎所有的互联网营销活动都与品牌形象有关，在所有与品牌推广有关的互联网营销手段中，网络广告的作用最为直接，其作用包括以下几个方面：

（1）品牌推广。在所有的网络营销方法中，网络广告的品牌推广价值最为显著。同时，网络广告丰富的表现手段也为更好地展示产品信息和企业形象提供了必要条件。

（2）网站推广。网络广告（如网页上的各种BANNER广告、文字广告等）通常会链接到相关的产品页面或网站首页，用户对于网络广告的每次点击，都意味着为企业网站带来了访问量的增加。

（3）销售促进。用户受到各种形式的网络广告吸引而获取产品信息，这已成为影响用户购买行为的因素之一，尤其当网络广告与企业网站、网上商店等网络营销手段相结合时，这种产品促销活动的效果更为显著。

（4）在线调研。企业可以网络广告链接到在线调查问卷进行推广，从而迅速获得用户群体的反馈信息，大大提高市场调查的效率。

（5）顾客关系。网络广告所具有的对用户行为的跟踪分析功能为深入了解用户的需求和购买特点提供了必要的信息，这种信息不仅是网上调研内容的组成部分，也为建立和改善顾客关系提供了必要条件。网络广告对顾客关系的改善也促进了品牌忠诚度的提高。

（6）信息发布。通过网络广告投放，不仅可以将信息发布在自己的网站上，也可以发布在用户数量更多、用户定位程度更高的网站，从而获得更多用户的注意，大大增强网络营销的信息发布功能。

3. 网络广告的常见形式

网络广告的常见形式包括弹出式广告、通栏广告、按钮广告、分类广告、摩天楼广告、旗帜广告、巨幅广告等，如图 3.4 所示。

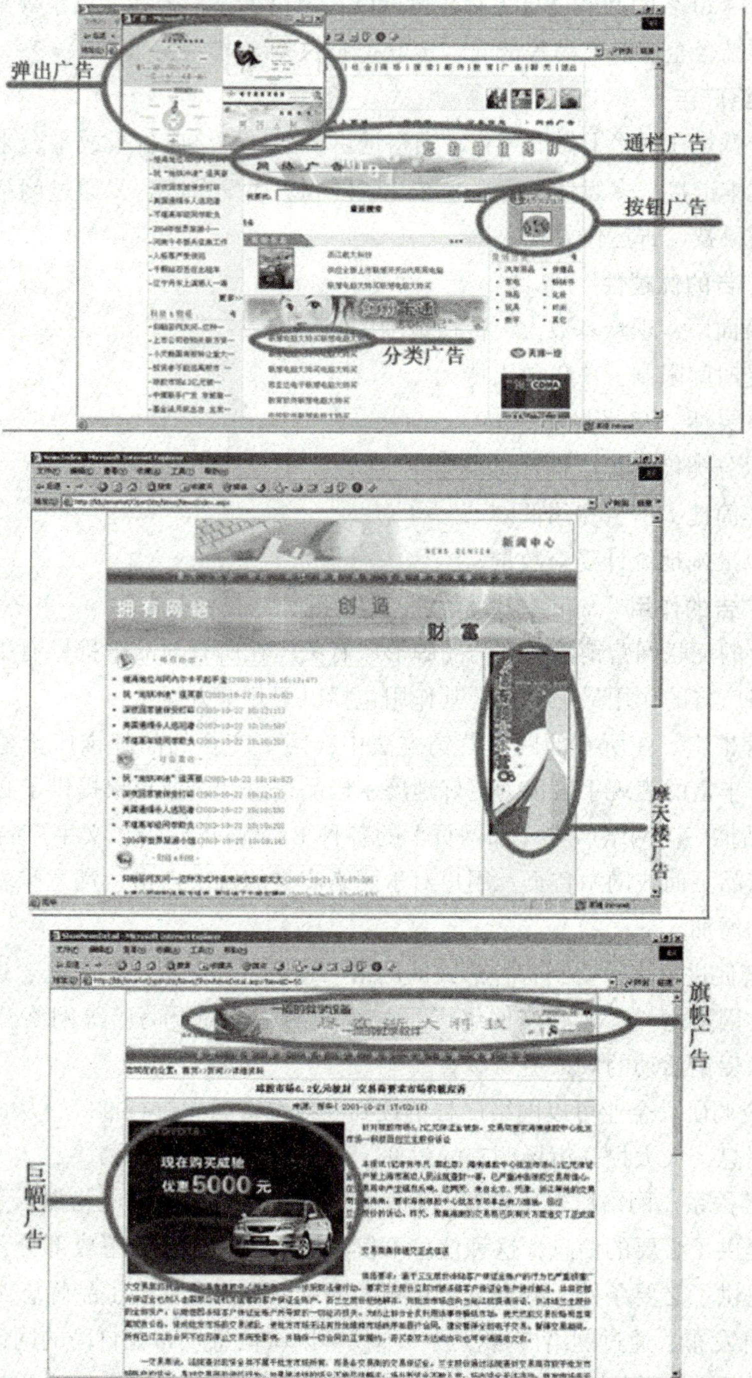

图 3.4　网络广告的常见形式

通栏广告：占据大部分甚至全部页面宽度的图片广告，具有极强的视觉效果。

弹出广告：可以是图片，也可以是图文介绍，在页面下载的时候同时弹出的第二个迷你窗口。

按钮广告（Button）：动态的图片推广方式，尺寸从 88×31 到 120×60 不等。

分类广告：极具成本效益的推广方式，精彩的文字创意会收到意想不到的效果。

摩天楼广告：出现在文章页面的两侧，竖型的广告幅面。

巨幅广告：新闻内容页面中出现的大尺寸图片广告，用户认真阅读新闻的同时会对广告投以更多的关注。

旗帜广告（Banner）：位于页面的最上方，具有较强的视觉冲击力。

除了以上介绍的几种广告类型，网络中还存在流媒体广告、全屏广告、视频广告、对联广告、翻卷广告等诸多广告形式。

4. 网络广告投放计划的步骤

网络广告投放计划一般分为如下几个步骤：

第一步，确立网络广告目标。

第二步，确定网络广告预算。

第三步，广告信息决策。

第四步，网络广告媒体资源选择。

第五步，网络效果监测和评价。

（三）B2B 平台推广

互联网时代不可能一家独大，既然存在互联网，就会存在多个平台，企业可以通过多个平台形成矩阵，对自己的店铺和产品进行推广。既可以选择综合类 B2B 平台进行推广（如慧聪、马可波罗、世界工厂网等），也可以选择专业性 B2B 网站进行推广。比如，做不锈钢的企业，可以找中国不锈钢网，如果是做鞋服的企业，那就可以找中国鞋服网。当然也可以找区域性的网站，如华南城网、怀鸽五金网等等。

要有目的性及针对性地选一家平台去推广，选择标准有以下几点：

（1）一定要和企业所在的行业息息相关。换句话说，就是不要到处乱发，为了引流（引来流量）而引流。如果乱引流，把不相关的客户拉来了，结果都不成交只看热闹，就大大降低了我们的引流效果，并且还会降低店铺的转化率。

（2）找百度权重不错的网站进行引流，因为可以借力。比如，企业所在的网站权重为 5，而要去的网站权重为 7，那么到这个平台去引流就对了。如果去百度权重为 1 或者是为 0 的网站去引流，那么结局就只有一个，那就是守株待兔。

（3）平台要有一定的管理能力和一定的人气。现在很多人都在做微商，做商城，但真正做得好的流量大的平台不多，有人气的微商更是少之又少。所以有人气和有管理能力非常重要。

我们知道，B2B 平台大大小小几千上万个，选择适合自己的 B2B 平台非常重要，可以通过以下的一些技巧找到想要的 B2B 平台。

比如，先去百度一下，查找自己行业的网站。也可以查找一下黄页，黄页就像是一个百科全书，只要是想要的基本都能找到。还可以到第三方网络平台去找，如亿邦动力网，这里汇集了很多信息，可以直接从这里找到自己想要的 B2B 网站。

案例阅读

黄页 88（hao. huangye88. com）列举了很多可以选用的 B2B 引流平台，企业可以去这些 B2B 平台上注册，如图 3.5 所示。

网站名称	网站评分	百度收录速度	谷歌收录速度	类型	可发数量	用户印象	快速发布
黄页88网	★★★★☆ 7.9（949）	8.0	7.7	B2B网站	不限制	百度收录快，免费，操作方便	点击发布
马可波罗网	★★★★☆ 7.3（223）	7.5	7.3	B2B网站	少于10条	百度收录快，免费，操作方便	点击发布
一呼百应	★★★☆☆ 6.5（161）	6.5	6.5	B2B网站	少于20条	百度收录快，免费，操作方便	点击发布
志趣网	★★★★☆ 7.0（117）	7.0	7.0	B2B网站	不限制	百度收录快，操作方便，免费	点击发布
久久信息网	★★★★☆ 6.7（105）	6.7	6.6	分类信息	少于10条	百度收录快，免费，排名效果好	点击发布
KVOV网	★★★★☆ 7.2（113）	7.3	7.3	分类信息	不限制	百度收录快，免费，好搜收录快	点击发布
58同城	★★★★☆ 6.8（106）	6.9	6.7	分类信息	少于1条	百度收录快，免费，好搜收录快	点击发布
易登网	★★★★☆ 6.9（53）	7.0	7.0	分类信息	少于5条	百度收录快，好搜收录快，排名效果好	点击发布
勤加缘网	★★★★☆ 7.0（114）	7.2	7.0	B2B网站	少于30条	百度收录快，操作方便，免费	点击发布
八方资源网	★★★★☆ 7.5（102）	7.7	7.5	B2B网站	少于5条	百度收录快，操作方便，好搜收录快	点击发布
世界工厂网	★★★★☆ 7.1（286）	7.2	7.0	B2B网站	少于10条	百度收录快，免费，排名效果好	点击发布
慧聪网	★★★★☆ 7.0（108）	7.0	6.9	B2B网站	少于5条	百度收录快，免费，好搜收录快	点击发布
阿里巴巴	★★★★☆ 7.0（101）	7.1	6.8	B2B网站	少于10条	百度收录快，操作方便，好搜收录快	点击发布
百姓网	★★★★☆ 7.4（148）	7.6	7.4	分类信息	少于10条	百度收录快，免费，操作方便	点击发布
中国制造网	★★★★☆ 7.0（79）	7.2	7.0	B2B网站	少于10条	百度收录快，操作方便，免费	点击发布
列表网	★★★★☆ 6.8（57）	6.8	6.8	分类信息	不限制	百度收录快，排名效果好，免费	点击发布
环球经贸网	★★★★☆ 6.6（110）	6.7	6.5	B2B网站	少于40条	百度收录快，好搜收录快，免费	点击发布
中国供应商	★★★★☆ 7.2（131）	7.4	7.2	B2B网站	少于5条	百度收录快，操作方便，排名效果好	点击发布
第一枪网	★★★★☆ 7.4（102）	7.5	7.4	B2B网站	少于1000条	百度收录快，免费，排名效果好	点击发布

图 3.5　黄页 88 列举的部分 B2B 平台

（案例来源：黄页 88 官方网站，http：//hao. huangye88. com/）

注意：找到了这些 B2B 网站，那么企业一定要去注册并且发布产品信息，很多平台都可以注册免费会员。有些小网站看到企业发布信息之后，还会自动帮企业将信息收录在他们的网站上，这样其实也省去了自己注册的麻烦。当然大网站没人帮企业注册，要自己去注册。另外，注册了就尽量多发信息，这样就能快些被百度等搜索引擎收录。

（四）即时通讯工具推广

现在，越来越多的人使用微信和 QQ 等即时通讯工具进行交流，即时通讯方便、快捷、费用低已经成为共识，于是，即时通讯工具推广被运用的频率也越来越多、范围越来越广。

微信营销是网络经济时代企业或个人营销模式的一种，是伴随着微信的火热而兴起的一种互联网营销方式。微信不存在距离的限制，用户注册微信后，可与周围同样注册的“朋友”形成一种联系，订阅自己所需的信息，商家可以通过提供用户需要的信息，推广自己的产品，从而实现点对点的营销。微信营销主要体现在以安卓系统、苹果系统的手机或者平板电脑中的移动客户端进行的区域定位营销，商家通过微信公众平台，结合转介率微信会员管理系统展示商家微官网、微会员、微推送、微支付、微活动，已经形成了一种主流的线上线下微信互动营销方式。

微店是帮助卖家在手机上开店的软件。微店是移动端的新型产物，任何人通过手机号码即可开通自己的店铺，并可以通过一键分享到 SNS 平台来宣传自己的店铺并促成交易，降低了开店的门槛和复杂手续，回款为 1~2 个工作日。微店后来演化成三级分销，三级分销里面的商城可以直接上架企业店铺的商品，或者直接打通这个系统，让客户在哪里都可以下单。最关键的一点不要忘记，就是要给企业店铺引流，这个非常重要。

在微信上，不能尽发一些枯燥无味的广告，那样会让人反感，引来别人的删除和屏蔽。要发一些有可读性的信息，吸引大家的兴趣，偶尔插播一下小广告，让大家既不反感又不会忘记。与做别的推广一样，先让人家产生好感，再去推荐东西，效果会更好。

微信朋友圈也是推广的宝地。千万不要上去就发图片和链接做广告，这样会让人非常反感。睿智的做法是可以将日常生活和工作融合在一起，除了发工作的环境、公司产品外，还要发一些自己的照片进去，以增加朋友的信任感。有了信任感做生意就很容易，没信任感做生意就有点难度。例如，如果放三张照片在一条信息中，那就可以在三张图片中放入一张产品信息；如果是六张图片，就可以放一张或者是两张产品信息在这条信息中。

QQ 群和微信群其实是一个巨大的宝库，懂营销的人将会在群里起到很好的作用，甚至产生巨大的经济效益。

不会做的人进群就发广告，那样的结局就只有一个——给人一个非常反感的印象，被踢出群。具体要怎么操作才能做到既宣传自己又能够发广告呢？这就需要动脑筋了。

记住，一定是先付出先分享才有效。操作方法是先去 QQ 和微信搜索群，然后进入相关行业群（如自己行业上下游的群，如果进入自己的行业群，群成员基本都是自己的竞争对手，而进入相关行业群则都是需要企业产品的准客户或现有客户）。进群一定要非常谦虑，也就是说可以告诉群主是进来学习或者说是进来找资源的，那样群主或者管理员就会让你进去。通过之后，第一件事是先加群主或者管理员为好友。打好关系后再进入主题：告诉群主或者管理员，如果群不是很活跃，想给他做次活动活跃下群气氛，不知道是否可以？群主和管理员肯定希望把群内的气氛带动起来，也希望能搞些活动带动人气。当群主或者管理员确定日期之后，就要精心准备好分享内容。分享的时候就可以做软广告，告诉大家你是谁、来自哪里、是做什么的、今天分享的主题是什么，然后开始分享。但是最好不要还没分享好就做广告，一定要先分享，然后分享得精彩一点，让大家觉得学到了东西。这样大家就记住你了，在分享结束时你自然而然就可以给出你的联系方式了，那时候你就可以做自己的广告。因为大家认识你了，并且是群主允许的，所以这个时候你做任何广告大家都会信服你，因为你是专家了。切记不要不经过群主或者管理员同意就开始分享。有人会说：当我分享完之后加我的人依然很少怎么办？这个时候就简单了，你去加别人也有借口了。你可以告诉别人自己就是刚才分享或者上次分享什么什么内容的某某某。

（五）BBS 推广

BBS，即论坛。企业可以利用论坛这种网络交流的平台，通过文字、图片、视频等方式发布企业的产品和服务的信息，从而让目标客户更加深刻地了解企业的产品和服务，最终达到企业宣传企业的品牌、加深市场认知度的目的。目前国内较活跃的论坛有天涯论坛（bbs. tianya. cn）、地区性论坛（如深圳论坛 szbbs. sznews. com）、行业论坛（如机锋论坛 bbs. gfan. com、深圳房地产信息网论坛 bbs. szhome. com）等。很多人认为论坛时代已经过去了，殊不知其仍有着重要地位，有很多人通过论坛找到了自己需要的商家。

BBS 推广的注意事项：

（1）企业首先要在全国各大知名专业性网站注册账号。根据企业的不同产品注册相关论坛账号，更加利于产品的推广营销。

（2）企业账号每个论坛要不低于 10 个，这个是保证前期宣传的条件。不同产品、不同营销事件，需求的账号数量不定；如知名品牌进行论坛推广不需过多账号，即可产生效应；而普通企业在论坛推广产品时，则需要多一些账号配合。

（3）企业要在各大型论坛有专门的人员管理账号、发布帖子、回帖。很多企业都有专人负责论坛推广，经常发帖，回帖是为了融入论坛，积累更多的威望，在进行论坛推广时，可以有很多资源辅助。

（4）企业策划的题目要新颖，也就是要有创意性，要有一定的创意性才会吸引读者。营销主题比较重要，也是开展论坛推广的关键；策划主题如果比较好，不需费力即可达到预期的效果。

（5）企业策划的题目要有一定的吸引性，标题要有一定的号召性，可以吸引读者。标题是敲门砖，标题要有一定的含义，让读者产生阅读欲望而进一步想得到答案。

（6）企业策划的内容一定要具有一定的水准，网友看了之后觉得有话要说才行。论坛推广现阶段已经很热，网友也深知论坛推广的目的。

(7) 企业人员要积极参加回复、鼓励其他网友回复，也可以用自己的账号回复。网友的参与是论坛推广的关键环节，如果策划成功，网友的参与度会大大提升。通常企业在论坛做营销活动居多，可利用一些公司产品或礼品鼓励网友参与。

(8) 企业人员要正确地引导网友的回帖，不要让事件朝相反方向发展。具体情况具体分析，有时在论坛产生争论也未必是件坏事，特别是不知名企业，通过论坛可能演变成大范围病毒式传播，知名度会有很大提升。

(9) 企业要仔细监测论坛推广的效果，同时注意改进。这相当于一个细致的数据分析和用户群体分析。通过一次营销，可以总结出很多问题，下次策划时可以借鉴。不同领域的用户群体习惯不同，方式方法并不通用。

(10) 企业要及时和论坛管理员沟通交流，熟悉各大论坛的管理员和版主有助于论坛推广的开展。

在论坛写帖子，数软文推广最好。给大家推荐几种形式，以供参考。

(1) 原创帖。这里的原创是指非常熟悉自己所在的版块，内容尽量要“软”并且原创，不要抄袭别人的帖子。

(2) 连载帖。如果企业写的帖子是精华帖，很多人看了觉得非常有意思，有种意犹未尽的感觉，那么他就会期待企业下面的连载。特别是当你写的是干货贴时，这种感觉更加强烈。这样也更有利于引流和增加粉丝。

(3) 预言帖。这种帖子有点难写，因为必须要有两把刷子，让人信服。先要有大量的粉丝，然后有一个大众关心的话题，且这个话题很多人都想要了解，但是大家又都不能把控。比如，2019 年网红很火，很多人都想去做网红，但快速并且顺利地当上网红就不是谁都能做到的。当企业提出这个话题时，就会有很多人关注，预测如果能成真，那企业的粉丝就会越来越喜欢，越来越信赖你。

(4) 经验帖。它是纯经验分享的帖子，里面可以是企业怎么攻克难关的故事。这种帖子其实不必拘泥于模式，关键在于所分享的内容是否精彩。

(5) 搞笑帖。它的内容就比较好弄，有不少渠道可以做到。如果管理者是个段子手，那可以自己编这些帖子。假如不擅长写作，那也有很好的方法，可以百度一下搞笑、幽默、小品的段子，然后复制过来后稍加修改。

现在网络比较发达，想要什么东西只要百度就能找到，所以素材不是问题，关键是怎么将之变成自己的内容。另外，无论什么帖子，无论什么格式，最终别忘记出发点，企业的目的是给店铺引流。所以故事要有，软文也要软，要让别人看后有感觉，知道企业在做广告但又不骂他，反而相信他，找他买东西，这就是软文的最高境界了。

（六）博客推广

博客推广是公司、企业或者个人利用博客这种网络交互性平台，发布并更新企业、公司或个人的相关概况及信息，并且密切关注并及时回复平台上客户对于企业或个人的相关疑问以及咨询，并通过较强的博客平台帮助企业或公司零成本地获得搜索引擎的较前排位，以达到宣传目的的营销手段。博客其实在早几年的时候非常流行，有很多人通过博客营销赚了钱。博客有新浪博客（blog. sina. com. cn）、中金博客（blog. cnfol. com）、天涯博客（blog. tianya. cn）等等，当然还包括阿里巴巴博客（现在叫专栏，lightblog. 1688. com）。

企业选择博客时也有一定的技巧，不是什么博客都是乱写的。一定要选权重高、人流量大的博客，最好和自己行业息息相关。

博客用软文写是最好的方式。

博客的写法方式：

（1）写帖可以用小学写作文那种总分总结构。

（2）开头要起到提纲挈领的作用，最好用自己的话写。一篇文章开头不好，下面是很难让人看下去的。

（3）第一段话最好能有关键词，并且做好超链接，链接到企业的店铺上面。

（4）有关键词时，最好将关键词和其他词区别开。要么加粗，要么换颜色，这样对于搜索引擎来说很容易辨别，也能强化人们对于产品或者公司的印象，达到被搜索引擎收录并让别人记住的目的。

（5）全文密度不宜过紧也不宜过松。一篇帖子中不要出现太多关键词，如果通篇是关键词或者超链接，很容易让人"触雷"，让搜索引擎"触雷"，导致物极必反的后果。关键词密度为2%~5%最适宜。开头有关键词，中间有，结尾再加上。不要密度过大，也不要一放超链接就连着放。

（6）建议用非专业人士的口吻写专业人士的事，也就是要让人看懂，不要让人一知半解。最好不要用专家或者行家的口吻，一定要和客户做朋友，用他们的话表达才好。

案例阅读

企博网（全称"企业博客网"，www. bodu. com），是全球第一家企业博客、职业博客、经理人博客平台，主要为企业创建企业博客并开展博客营销以及为各行各业的职业人士开通职业博客服务，从而促进职业人士之间的互动、交流。创立至今，已吸引了全国 90 多万家企业开通企业博客并进行博客营销，它标志着中国电子商务 2.0 模式的开端，并必将成为电子商务发展的主流方向。同时，企博网已拥有 50 万来自各行各业的职业人士，如职业经理人、企业家、商人、教师等。

企博网将最新的博客技术与商人及企业的实际需求相结合，立足于商人和企业的实际需求，推出了企业博客的个性化服务。它弥补了传统电子商务模式中商务应用的缺陷，同时融入了西方在博客模式应用中的成功案例和经验，推出了以行销（marketing）为核心内容的企博客服务。

企业博客区别于一般的博客，突破了常规的电子商务服务功能，提供了符合企业和商人实际需求的商务应用。它不是简单地在原来电子商务网站的论坛中增加一个“博客”功能或者成为“商人文集”，而是开创性地将“博客”的概念与电子商务有机地结合在一起，为企业构建了一个真正意义上的网上商务与办公门户。它涵盖了企业的全部网上商务活动，并不只是限于“发布文章和日志”，而是覆盖了与商务活动有关的各个方面，是一个名副其实的“一站式”企业的商务门户。

（案例来源：百度百科，https：//baike. baidu. com/item/%E4%BC%81%E5%8D%9A%E7%BD%91/847749）

（七）微博推广

微博推广以微博作为推广平台，每一个听众（粉丝）都是潜在营销对象，企业可以利用更新自己的微型博客向网友传播企业、产品的信息，树立良好的企业形象和产品形象。每天更新内容就可以跟大家交流，或者提出大家感兴趣的话题，这样就可以达到营销的目的。

现在微博推广是一种很热的营销手段，很多企业会选择用微博来推广自己的公司。现在新浪微博（weibo. com）、腾讯微博（t. qq. com）都十分受热捧。这些微博的模式都一样，规定字数只能在140字以内。企业微博推广的一个很关键的原则就是“一切围绕客户”。企业可以在客户不同的消费阶段与客户进行互动，并逐步建立情感关系。在消费者认知阶段，可以主动发现客户潜在的需求，帮助消费者了解品牌和产品的基本功能；在消费者购买阶段，可以有针对性地回答客户咨询，促进购买决策的达成；在消费者使用阶段，通过贴心的互动让客户有更好的体验；最关键的是要倾听客户怎么评价产品和使用体验，并给予关注和奖励，促使客户更有动力向身边的朋友推荐。

当企业的粉丝够多时，就不用怕企业网站没人来浏览。有足够的粉丝，企业的推广自然会有效果。

案例阅读

2014年举办的俄罗斯索契冬奥会是一次全球性的体育盛会，吸引了全球目光。而在北京时间2014年2月8日凌晨的开幕式上却出现了戏剧性的一幕，奥运五环有一个环没有打开。如图3.6所示。

图3.6　俄罗斯索契冬奥会现场图片

敏感的企业开始抓住机会借势营销，红牛也借势推广其“能量”诉求，吸引体育爱好者的目光。

五环变四环是一次失误，是不完美和瑕疵，社交媒体上对此有很多的“负能量”话语。“#五环变四环# 打开的是能量，未打开的是潜能。”红牛企业翻转了网友的“负能量”认知，从“能量”“潜能”正能量的角度出发，对这次事件给出正面、积极的看法，并很好地传播了产品功能，如图 3.7 所示。

图 3.7　微博推广成功案例

（案例来源：新浪微博，http：//blog. sina. com. cn/s/blog_ 6205702a0102xbm6. html）

（八）SNS 营销

SNS 全称 Social Networking Services，即社会性网络服务，专指旨在帮助人们建立社会性网络的互联网应用服务。SNS 的另一种常用解释：全称 Social Network Site，即“社交网站”或“社交网”。SNS 营销指的是利用这些社交网站建立产品和品牌的群组、举行活动、利用 SNS 分享的特点进行病毒营销之类的营销活动。

常见的 SNS 平台有校园类 SNS 网站，如人人网（www. renren. com）、朋友网（www. pengyou. com）等；商务类 SNS 网站，如若邻网（www. wealink. com）、人和网（www. renhe. cn）等；娱乐类 SNS 网站，如开心网（www. kaixin001. com）等；读书、学习类 SNS 网站，如豆瓣网（www. douban. com）等；婚介类 SNS 网站，如世纪佳缘（www. jiayuan. com）、珍爱网（www. zhenai. com）等；综合类 SNS 网站，如 Facebook 等。

（1）SNS 营销的作用

①传播速度非常快。

②SNS 现在虽说用户慢慢在减少，但是影响力还在，它的营销效果没变，因为它需要人和人之间的互动与传播。

③互联网最大的好处就是很多东西都是免费的，我们说的 SNS 也是一样，给我们减少了很多销售成本。

（2）SNS 营销推广的步骤

①选择一个对的、适合自己的平台，在这个平台上深耕耘。了解平台规则，为平台做点贡献，甚至无条件宣传这个平台，从而达到宣传自己的目的。

②长期坚持，任何一件事情要想成功，必须要坚持。

我们要做好一件事，如果“三天打渔，两天晒网”，那这件事一定做不好。如果我们坚持做并且做成行家，那我们一定能在这个行业有所建树。因为坚持了才能成功，而不是因为成功才坚持。

③多分享有价值的东西，不要发赤裸裸的广告，没有人喜欢看广告。多分享经验，如做化妆品的可以在淘宝网商相关的帮派中发发网店的经营技巧，在消费者帮派中发发如何美白、如何去痘的内容，产品宣传不可过，点到即止，最好就一句话。只需要给用户一个追溯到你的接口，因为用户从企业真诚分享的内容中获得帮助后，会从接口索引到企业那边了解更多的内容。发出长篇广告，大家反而没了兴趣。补充一下，不管什么地方都欢迎各大网商分享自己的经验和技巧，纯经验文章会让大家印象深刻。加上有可读性的软广告，这样就能达到广告的目的。

④多互动。互动可以增强企业与其他人的感情，可以通过互动了解别人，也可以通过互动来活跃气氛，增加知名度，从而达到宣传自己的目的。

（九）电子邮件推广

电子邮件因为有方便、快捷、成本低廉的特点，是目前使用最广泛的互联网应用，是一种有效的推广工具。电子邮件推广常用的方法包括邮件列表、电子刊物、新闻邮件、会员通讯、专业服务商的电子邮件广告等。拥有潜在用户的 E-mail 地址是开展 E-mail 营销的前提，这些地址可以是企业从用户、潜在用户资料中自行收集整理的，也可以利用第三方的潜在用户资源。如果邮件发送规模比较小，可以采取一般的邮件发送方式或邮件群发软件来完成，如果发送规模较大，就应该借助于专业的邮件列表发行平台来发送。

需要说明的是，基于用户许可的 E-mail 营销与滥发邮件不同，许可 E-mail 营销比传统的推广方式或未经许可的 E-mail 营销具有明显的优势，用户可以在事先许可的前提下，通过电子邮件的方式向目标用户提供有价值信息的同时附带一定数量的商业广告信息。未经用户许可的电子邮件，通常被归纳为垃圾邮件，不但使用户反感，而且对企业本身形象也有负面影响。

采用电子邮件推广时，应注意以下事项：

（1）发邮件前要得到对方的允许。我们在回复客户邮件的时候可以在邮件中设一个控键，让客户选择是否接受我们发给他的同类商品信息（默认为接收），控件可以自动将用户的信息返回到我们的系统中。

（2）邮件内容要有趣，吸引人。邮件视觉效果、文字内容、产品信息三个方面可以分别建出模板，一劳永逸。

（3）在邮件的最后要附上一段，告诉别人如果不再想收到邮件该怎么做。可以让客户到我们的网站去取消（最好设置在那种需要客户仔细浏览网页才能找到的位置），这样有助于提高网站流量和浏览质量。

（4）邮件要短。没人喜欢看冗长的邮件。可以弄些超链接让客人直接点进你的公司网站了解更多信息。

（5）客人的邮件一定要在一个工作日内回复。

（6）一定要用可以区分的公司和部门的专用企业邮箱。

（7）绝对不要发垃圾邮件。

（8）发往海外的邮件，不要全用大写的字母写，这让人感觉你是在大叫，显得很粗暴。

（9）不要用缩写。这是懒惰的表现。客人不喜欢和懒人做生意。他们会想：出口商居然懒到用 B. Rgds 代替 Best Regards，那么他们肯定也会懒得去做一个好产品。

（10）不要用 goldentextile@ qunin. com 之类的免费邮箱，不安全。

（11）不要让你的客人去猜他们的回复会发到哪儿去。例如，如果用 webmaster@ qunin. com，那么邮件就有可能被公司的任何部门接收，客人想知道谁收到并负责处理他们的邮件，一定要用 sales@ qunin. com 的邮箱。

（12）邮件中不要出现彩色字和艺术字，这是幼稚和不专业的表现，通篇用一个字号和黑色。

（13）不要用黑色背景（黑底白字），这同样是不专业的表现，而且阅读起来很困难，坚持用白底黑字。

（十）问答推广

问答推广就是利用问答网站这种网络应用平台，以回答用户问题或者模拟用户问答的形式进行宣传，从而达到提升品牌知名度、促进产品销售目的的活动。问答的平台有很多，比如百度知道（zhidao. baidu. com）、新浪爱问（ishare. iask. sina. com. cn）、天涯问答（wenda. tianya. cn）、搜狗问问（wenwen. sogou. com）、阿里巴巴的生意经（baike. 1688. com）等等。一问一答就有了互动，引来了流量，有了流量才有成交的机会，才会引来相应的消费群体。很多网站都有问答板块，只要将这些板块中的一个或者几个用好了，便会有很多的流量，成交量也一定少不了。

阿里巴巴平台就是一个很好的地方，可以展示自己的“肌肉”，也会引来不少关注的客户。有一位姓王的阿里巴巴企业老板，她以前的所有生意几乎全部来自阿里巴巴生意经，她疯狂到几乎每天凌晨三四点钟睡。然后有一次客户在凌晨 2 点多找到她。她问：“你怎么找到我的？”客户回答：“我是通过生意经找到你的。”

百度知道可以做到自问自答，但是要掌握技巧。比如，不能用同一个 IP 地址，不能刚提出问题就马上去回答，一定要隔上几天。还有一种方法是自己提问让自己的亲朋好友去回答，最好是百度级别比较高的好友。答案应该是软广告，不要是赤裸裸的广告，那样一般通过不了或者很难通过。高手回答的时候成功率为 90%以上，因为他们懂得怎么规避百度的制约，让回答更有效。

案例阅读

图 3.8 所示的案例既宣传了公司，又回答了问题，这就是我们想要的软文效果，回答中虽然没有给直接的链接，但却告知了品牌（品牌信息在图 3.8 中被隐去）。

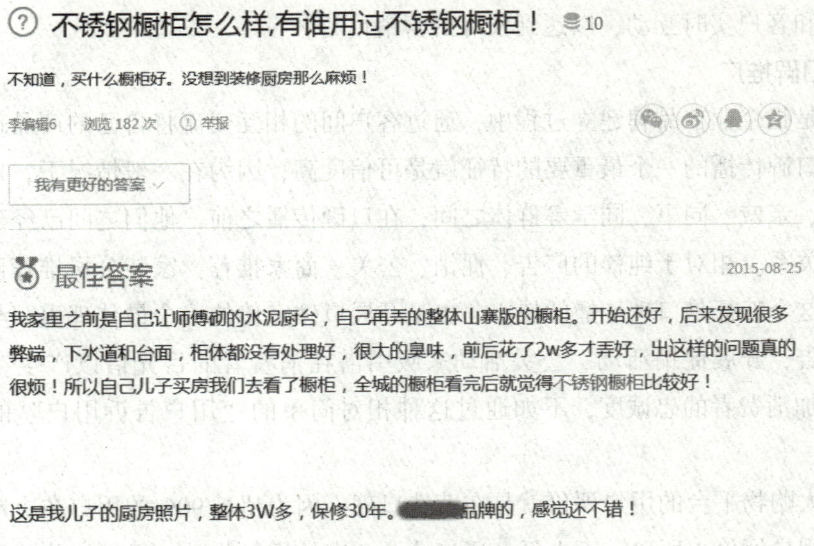

图 3.8　问答推广案例

（案例来源：百度知道，https：//zhidao. baidu. com/question/649008985327130325. html？fr = iks&word = % B2% BB% D0% E2% B8% D6% B3% F7% B9% F1% D4% F5% C3% B4% D1%F9%2C%D3%D0%CB%AD%D3%C3%B9%FD&ie = gbk）

（十一）交换链接

交换链接也称为友情链接、互惠链接、互换链接等，是具有一定资源互补优势的网站之间的简单合作形式，即分别在自己的网站首页或者内页放上对方网站的 LOGO 或关键词并设置对方网站的超级链接，使得用户可以从合作网站中看到自己的网站，达到互相推广的目的。交换链接主要有几个作用，即可以获得访问量、增强用户浏览时的印象、在搜索引擎排名中增加优势、通过合作网站的推荐增加访问者的可信度等。值得一提的是，交换链接的意义已经超出了增加访问量，更重要的是提高了业内的认知和认可程度。

交换链接发展到今天，已经不限于仅在网站上设置到对方网站的超级链接了，而是广泛运用到各类移动端 App，例如在车主无忧 App 中，就有通往支付宝、51 信用卡、优酷视频等应用的链接。

（十二）网络视频营销

网络视频营销指的是企业将各种视频短片以各种形式放到互联网上，达到一定宣传目的的营销手段。网络视频广告的形式类似于电视视频短片，平台却是互联网。“视频”与“互联网”的结合，让这种创新营销形式具备了两者的优点。它具有电视短片的种种特征，例如感染力强、形式内容多样、肆意创意等，又具有互联网营销的优势，例如互动性、主动传播性、传播速度快、成本低廉等。可以说，网络视频营销可以将电视广告与互联网营销两者集于一身。企业可以将宣传片、形象片、产品直销片等录制成视频或制作成 flash 动画、三维动画等，投放在各种视频播放平台上，如爱奇艺、优酷、抖音等，还可以借助直播等形式，和客户实时互动，以达到较好的营销目的。

（十三）口碑推广

口碑推广是指企业在品牌建立过程中，通过客户间的相互交流将自己的产品信息或品牌传播开来。口碑传播的一个最重要的特征就是可信度高，因为在一般情况下，口碑传播都发生在朋友、亲戚、同事、同学等群体之间，在口碑传播之前，他们之间已经建立了一种长期稳定的关系。相对于纯粹的广告、促销、公关、商家推荐、家装公司推荐而言，可信度要更高。这个特征是口碑传播的核心，也是开展口碑宣传的一个最佳理由，与其不惜巨资地投入广告，开展促销活动、公关活动来吸引潜在消费者的目光借以产生“眼球经济”效应，增加消费者的忠诚度，不如通过这种相对简单的“用户告诉用户”的方式来达到这个目的。

像现在各大购物平台的用户评价就是在营造口碑，因为超过 90%的用户在决定网购之前，都会去看用户评价。所以，不少平台通过给予一定的积分奖励、提供抽奖的机会等方式激励买家参与评价。

（十四）病毒营销

病毒营销（viral marketing，又称病毒式营销、病毒性营销、基因营销或核爆式营销），可以利用公众的积极性和人际网络，让营销信息像病毒一样传播和扩散，营销信息被快速复制，传向数以百万计的观众。病毒营销是一种常见的互联网营销方法，常用于网站推广、品牌推广等。也就是说，病毒营销是通过提供有价值的产品或服务，“让大家告诉大家”，通过别人为你宣传，发挥“营销杠杆”的作用。病毒式营销已经成为互联网营销中最为独特的手段，被越来越多的商家和网站利用。病毒式营销也可以说是口碑营销的一种，它利用群体之间的传播，让人们建立起对服务和产品的了解，达到宣传的目的。由于这种传播是用户之间自发进行的，因此是几乎不需要费用的互联网营销手段。

（十五）事件营销

所谓事件营销，是指企业通过策划、组织和利用具有新闻价值、社会影响以及名人效应的事件，吸引媒体、社会团体和消费者的兴趣与关注，以求提高企业或产品的知名度、美誉度，树立良好品牌形象，并最终促成产品或服务的销售的手段和方式。由于这种营销方式具有受众面广、突发性强，在短时间内能使信息达到最大、最优传播的效果，可以为企业节约大量的宣传成本等特点，近年来越来越成为国内外流行的一种公关传播与市场推广手段。

案例阅读

2008 年中国汶川遭遇了前所未有的 8.0 级地震，5 月 18 日在央视为四川汶川大地震举办的赈灾晚会上，王老吉公司向地震灾区捐款 1 亿元，成为国内单笔捐款数额最高的企业。此举让含着眼泪收看晚会的全中国电视观众赞叹不已。王老吉是一个民营企业，一亿的数额有可能是企业一年的利润，企业如此慷慨的行为让所有人为其叫好。

然而没多久，网络上就出现“让王老吉从中国的货架上消失！封杀它！”的帖子，在这样的风口浪尖，到底是谁敢“没良心”地说话。但仔细阅读后发现，该帖子是醉翁之意不在酒：“一个中国的民营企业，一下就捐款一个亿，真够恨的！平时支持的那些国外品牌现在都哪去了，不能再让王老吉出现在超市的货架上，见一罐买一罐，坚决买空王老吉的凉茶！”

这样的一个封杀贴，一时间出现在所有知名网站、社区、论坛和博客上，一时间，王老吉在多个城市都出现了断货的情况。这就是事件营销、病毒式营销的力量，王老吉用 1 亿元人民币感动了 3 亿网民，进而感动了全体中国人。而为地震捐款出 1 亿元人民币，为其带来的不是花 1 亿元人民币广告费就能赢得的品牌美誉度。

（案例来源：百度文库，https：//wenku. baidu. com/view/21a786be5ff7ba0d4a7302768e9951e79b8969d4. html）

三、网站流量监控与管理

通常我们采用流量监控、分析系统和在线客服系统来实现网站流量监控和管理。企业网站需要一套功能齐全的在线客服系统，以此来帮助我们能够及时将有效的流量（潜在客户或意向客户）转换为网上销售量。

第三节 企业网上店铺

企业网上店铺是发布企业信息的平台，是提升企业形象的最佳途径，是提升企业市场竞争力的重要渠道。现在各大第三方电子商务平台基本上都能为各类企业提供专业、丰富的企业建站模板，只需要免费注册成为网站会员，即可开通网上店铺，免费发布企业产品和企业新闻。

下面，以阿里巴巴为例，介绍企业网上店铺的开通及站内推广。

一、阿里旺铺简介

阿里巴巴店铺，又叫旺铺，它是企业营销型建站产品，类似企业在线下生意的门市部，旺铺开启后企业可以把产品展示上去，供消费者浏览和购买，打开网上贸易之路。

阿里旺铺为企业提供8大核心服务，帮助企业在电子商务中快速成长：

（1）依托阿里巴巴大市场，吸引更多客户。网站不应该是信息的孤岛，更应该开在人气旺盛的地方。将企业网站建在阿里巴巴，在免费共享阿里巴巴海量买家资源的同时，更可借助阿里巴巴的品牌影响力，获得更多客户和商机。

（2）超强网站外观设计，打造企业级形象展示平台。向客户展示企业和产品形象是企业成功交易的第一步。超强网站外观设计，可按企业喜爱的方式设计企业网站，全面展示企业和产品形象，让企业脱颖而出。

（3）图片管家，海量存储空间免费托管企业的产品图片。海量图片存储空间，让企业的产品图片想存多少就存多少。提供超强相册展示功能，多种展示效果随意选择，让买家通过相册浏览一目了然地快速了解企业产品。

（4）诚信档案，树立网商信誉，赢得客户信赖。诚信为商人立足之本。在阿里巴巴建立企业的诚信档案，在旺铺中多维度地全面展示企业在网上贸易过程中的信用情况，积累网商信用，赢得客户信赖。

（5）生意参谋，为营销出谋划策。在竞争越来越激烈的今天，谁的营销做得更精准，谁就能赢得市场先机。推广效果如何，目标客户在哪里，他们喜欢什么？生意参谋为企业出谋划策，助企业明明白白做生意、清清楚楚拿订单。

（6）精准营销，抓住潜在买家。精准营销，实时跟踪来访者浏览行为，帮企业实时分析来访者购买意向，精确识别访客信息，主动与访客取得联系，抓住更多生意机会。

（7）顶级域名，树立企业独立品牌形象。客户无需记忆较长的二级域名，直接通过顶级域名即可访问企业的网站，独立展示企业和产品信息，树立企业独立品牌形象，彰显企业实力。

（8）企业邮局，让企业和客户没有距离。无需自己购入硬软件设备和设置专门的技术人员，即可拥有以企业域名为后缀的电子邮件系统，享受安全、稳定超大容量的企业邮局服务，节省企业运营成本，让企业和客户没有距离。

二、阿里旺铺的开通

目前，旺铺有两个版本：旺铺入门版和超级旺铺 2.0。

（一）旺铺入门版

旺铺入门版是阿里巴巴为了扶植中小网商，免费提供给普通会员使用的旺铺产品。开通旺铺入门版可以享受零成本建站服务，降低创业成本，适合入门级创业网商群体使用。它是专为普通会员提供的入门级建站推广服务，为更多的普通会员提供了一个低门槛的网络推广平台。在旺铺入门版中，会员可使用免费模板、页面管理、板块管理等旺铺基础装修功能，同时可以免费使用 500MB 的图片存储空间，以及生意参谋等基础功能。

普通会员满足以下条件即可免费开通旺铺入门版（诚信通会员只要在会员服务期内，旺铺都是自动开通的）：

（1）符合《阿里巴巴中国网站规则》中关于开通旺铺的相关条件，如经阿里巴巴排查认定，该账户实际控制人的其他阿里账户未有过特定严重违规行为的处罚或发生过严重危及交易安全的情形。

（2）完成企业名称认证。

（3）完善旺铺信息（公司介绍或旺铺介绍+联系方式）。

开通旺铺入门版的步骤：

（1）进入“我的阿里”找到并进入“旺铺”服务，即可看到开通旺铺需要做的对应操作。

（2）在页面上点击对应按钮进行以下两步操作。

①“完成身份验证”：点击“开始身份认证”，进入实名认证页面，选择完成企业名称认证。

②“完善旺铺信息”：完成企业名称认证之后需要发布公司介绍。

完成以上操作后，即可免费开通旺铺入门版。

注意：

（1）2017 年 9 月 1 日起，新注册的免费个人认证会员关闭卖家功能（即无法开通旺铺、发布信息、发布黄页）。同时，历史注册的免费个人认证会员，还未开通旺铺或者已开通而不符合条件被暂停的，9 月 1 日起也无法再开通。

（2）旺铺入门版开通后，请确保已完善旺铺信息且拥有 5 条及以上已上网供应信息，连续 30 天不符合该使用条件，旺铺入门版将会被关闭。

（二）超级旺铺 2.0

超级旺铺 2.0 是阿里巴巴旺铺在旺铺标准版和超级旺铺 1.0 之后，迄今为止的最高版本，旺铺标准版和超级旺铺 1.0 现在已经停止售卖，目前也暂不支持单独订购超级旺铺 2.0，企业加入诚信通后，即可获得超级旺铺 2.0 使用权。和旺铺入门版相比，超级旺铺拥有更多高级装修的功能、更大的存储空间和更精准的营销推广服务，超级旺铺 2.0 和旺铺入门版的功能比较如表 3-1 所示。

表 3-1　超级旺铺 2.0 和旺铺入门版的功能比较

		旺铺入门版 普通会员完成身份认证并完善旺铺信息即可免费开通	超级旺铺2.0 诚信通会员专享 购买诚信通服务即可开通
旺铺装修	主题风格	15 套主题风格	80 套主题风格
	板块管理	✓	✓
	板块总数	20 个	50 个
	供应产品分类背景	—	✓
	页面管理	✓	✓
	招牌风格	✓	✓
	主题图片	支持 1 张主题图片展示	支持 4 张主题图片滚动展示
	自定义背景	—	✓
	自定义布局	—	✓
可用页面	销量排行榜	✓	✓
	首页	✓	✓
	供应信息	✓	✓
	公司介绍	✓	✓
	联系方式	✓	✓
	公司相册	✓	✓
	公司动态	✓	✓
	会员专区	✓	✓
	留言板	✓	✓
	诚信档案	—	✓
	自定义页面	—	2 个

续表3-1

		旺铺入门版 普通会员完成身份认证并完善旺铺信息即可免费开通	超级旺铺2.0 诚信通会员专享 购买诚信通服务即可开通
可用板块	招牌	✓	✓
	导航栏	✓	✓
	供应产品-自动	✓	✓
	最新产品	✓	✓
	产品分类	✓	✓
	产品搜索	✓	✓
	公司介绍	✓	✓
	公司动态	✓	✓
	联系方式	✓	✓
	友情链接	✓	✓
	相册列表	✓	✓
	推荐相册	✓	✓
	证书荣誉	—	企业诚信通会员可使用
	自定义内容	—	2个
高级装修	炫彩滚动主题	—	✓
	炫相册	—	✓
	私密空间	—	✓
	在线制作招牌	—	10个
	在线制作主题	—	10个
	供应信息分类	—	✓
	大图轮播橱窗	—	✓
	智能推荐橱窗	—	✓
	通栏板块	—	✓
	公司视频	—	✓
	公司地图	—	✓
	公司风采	—	✓
	营销海报	—	✓
旺铺服务	存储空间	200MB存储空间	5G存储空间
	精准营销	—	✓
	询盘管理	—	✓
	营销推广	—	✓
	顶级域名	可购买	可购买

三、旺铺的装修

在网上做生意，建立有自己企业特色的网站相当重要，独特的外观设计，可以带给客户不一样的视觉感受。

具体操作步骤如下：

（1）登录【我的阿里】—【我的旺铺】—【旺铺装修】。

（2）选择左侧导航栏的“旺铺装修”，进入个性化风格设置页面。

（3）网站的外观设置包括“页面管理”“模版管理”“自定义风格”。在个性化风格设置页面顶部点击“模板管理”，选择一套合适的风格（如图 3.9 所示）。

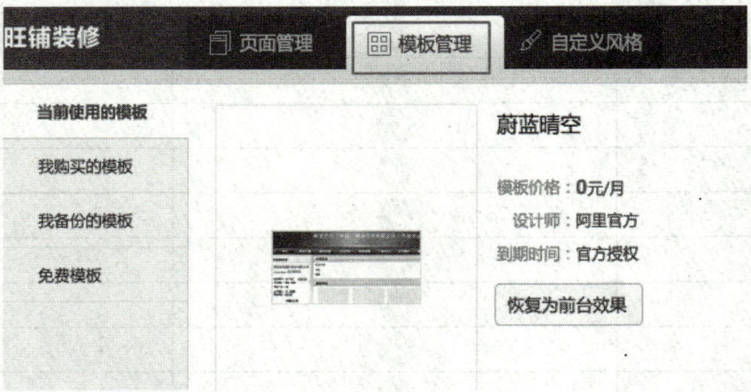

图 3.9　旺铺模板管理

（4）还可以点击“自定义风格”—“旺铺背景”进行背景模式、背景色、背景图的设置，将鼠标放在“主题图片”上时界面变灰，点击右上角的“设置”按钮进行设计，使网站的风格更适合公司的产品和形象。

（5）将鼠标放在“招牌风格”板块上，界面变灰，点击右上角的“设置”按钮，可对招牌上显示的公司名称的字体、大小、是否加粗、斜体及文字的颜色进行设置。

（6）点击“页面管理”—“旺铺基础页面”设置栏目的页面名称、位置排序、是否显示在导航上等（如图 3.10 所示）。

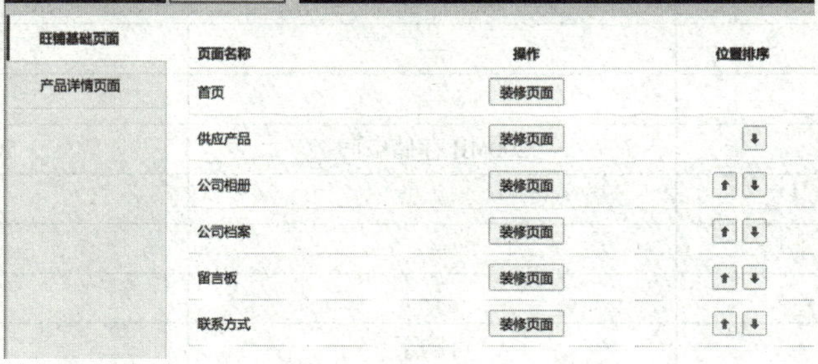

图 3.10　旺铺基础页面管理

（7）将鼠标放在相应板块上，界面变灰，点击右上角“设置”按钮进行相应的设置，“删除”按钮可以删除板块，“上、下、左按钮”可以移动板块，也可以根据需要“添加板块”（如图 3.11 所示）。

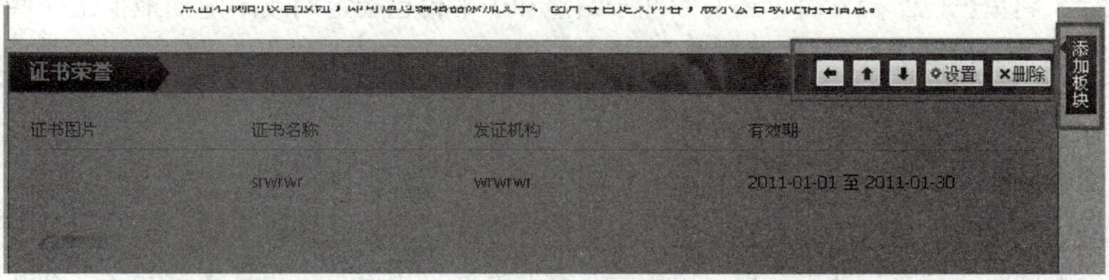

图 3.11　旺铺板块设置

（8）若要应用所做的设置，点击“发布”按钮，让设置生效（如图 3.12 所示）。

图 3.12　旺铺发布界面

四、旺铺的站内推广

（一）尽可能使公司在搜索结果中排名靠前

在阿里巴巴中，公司搜索的排序包括相关性、诚信和保障、信息质量和服务质量 4 个主要方面。其中相关性、诚信和保障、服务质量的含义与产品搜索排序相同（下一节将详细阐述）；信息质量方面，排序的主要因素是公司信息的整体完整度和旺铺内的信息质量。

我们建议如实填写公司名称、主营产品、省份、城市信息，并且填写完整的公司信息，进行优质的公司介绍。发布与公司业务相关的产品信息，提升旺铺内信息质量的平均分，成为诚信通会员，通过认证结果体现信用情况；对于诚信通会员，建议加入诚信保障。

（二）参加阿里巴巴的各种营销活动

一家店铺要做好，一定需要很多的活动和营销，这些活动的作用：第一，极大地吸引顾客的兴趣；第二，增加客户的黏度；第三，增加店铺的曝光度、展现量和转化率。阿里巴巴常见的一些营销活动包括包邮、满减、清仓、混批、优惠券、满就送、会员体系、打折、上新、店庆、秒杀等。

（三）参加阿里巴巴的营销推广

营销推广也是电商需要做的一件非常重要的事。营销推广的作用一是增加店铺的曝光量、展现量；二是让店主花最少的钱得到最大效益；三是可以连接阿里巴巴市场与客户。阿里巴巴常用的推广活动有一分钱拿样、免费拿样、一件代发等。

（四）阿里巴巴子平台和活动专场

除了阿里巴巴平台本身，还有一些子站点和子平台也会定期或不定期地推出一些活动专场，供企业报名加入。

1. 产业带

阿里巴巴中国产业带是阿里巴巴一个全新的子站点（类似天猫与淘宝的关系），聚合了特色产业带的好商好货，帮助买家直达原产地优质货源，帮助卖家提升竞争力，降低竞争成本。同时，联合产业带当地政府和第三方服务商合作运营，实现优势共享。入驻产业带的好处有：

（1）加入产业带，将有机会获得橱窗位。奖励橱窗产品是卖家自主打造爆款的营销工具，设置为橱窗的产品能得到搜索加权。

（2）设置完成产业带广告牌和旺铺标签后，将有机会获得橱窗位奖励。

（3）入驻产地专属频道、产地专属域名，享受独立流量，不参与大市场竞争，更容易获得曝光机会。

（4）搜索结果有产地认证专属标识，可以提升卖家关注度。

（5）在大市场搜索勾选上“产地货源”可获得展示机会。

（6）定向推荐到淘宝卖家中心后台，为 900 万名淘宝店主供货。

2. 淘工厂

淘工厂是连接电商卖家与工厂的加工定制平台。一方面，可以解决电商买家找工厂难、试单难、翻单难、新款开发难的问题，为电商买家提供小单、快单、好单的生产加工服务；另一方面，可以将线下工厂产能商品化，通过淘工厂平台推向广大的电商卖家，从而帮助工厂获取订单，实现工厂电商化转型。淘工厂目前分两种形式，一种是快捷淘厂，工厂自己填资料然后通过审核就可以。另外一种是联合工厂，联合工厂有一些要求，类似于抱团发展的模式，允许商会里一些定位相同或互补的商家自愿组织一些类似企业。

3. 快订

快订，指卖家通过阿里巴巴快订平台发布的承诺以一定的成团标准向阿里巴巴买家聚集采购订单，并根据其承诺的可订产品数量、产品价格、交易方式、发货时间、品质标准等内容销售前述订单产品。

“成团”：指卖家在快订方案中所承诺的产品活动条件，如产品在活动限定时间内依据快订方案聚集的采购订单量（以买家付款为条件，下同）达到卖家所承诺的最低订货数量，则代表活动产品成团，卖家应按照其承诺生产、发货（一旦成团，不论后续成团订单是否发生退货/退款，卖家均应按照承诺生产、发货）；反之，如未达到卖家所承诺的最低订货数量，则代表活动产品不成团，并且在活动结束后的 2 小时内买家已付款项将全部退还买家。如卖家在快订方案中承诺对活动产品的最低订货数量无要求，则视为卖家接受无条件成团，即只要活动期间有买家针对活动产品下单付款，则卖家均应按照其承诺生产、发货。

“快订权益”：指买家因卖家的快订方案所能享受到的新品订货、订货价格、货源特供、设计师品牌产品、买断专享等相关的承诺服务。

4. 伙拼

伙拼，旨在帮助买家找到百里挑一、真心价低的好货源，是用拼单的方式聚合买家需求的交易中心服务，包含“单品团”专场、“厂商直供”专场、“疯狂夜惠”专场，及未来伙拼活动新增的专场。

“单品团”是伙拼旗下专门针对热门爆品打造的活动专场，旨在帮助买家找到百里挑一、真心价低的好货源。

“厂商直供”是伙拼旗下专门针对实力生产厂家与品牌商打造的活动专场，聚合实力生产厂家和品牌商，通过限时促销、特价等形式，帮助买家找到优质低价的品质货源，建立稳定的买卖关系。

“疯狂夜惠”是伙拼旗下专门针对阿里巴巴无线 App 的活动专场，旨在聚合实力商家，通过限时促销、特价等形式，帮助买家找到优质低价的货源，建立稳定的买卖关系。活动时间为每期伙拼活动（不含“厂商直供”专场活动）最后一天的 19：00—24：00。

5. 闪电批

“闪电批”是一个“让利营销”平台，主要依靠底价吸引买家，从而带动本商品数据（销量、评价）的积累或者店铺其他关联商品的销售。通过这种方式可以让商家迅速曝光并成长起来。

目前只有以下行业开通了“闪电批”：男装、女装、内衣、配饰、鞋靴、箱包、童装、母婴用品、玩具、日用百货、餐饮生鲜、食品饮料、美妆日化、家纺家饰数码家电等，其他行业暂时没有开通，所以不能报这个活动。

注意：“闪电批”主要适合爆款商品预热（数据沉淀）或者关联商品销售（利润）。涉及的商品可能会亏本，但是其短期流量的大规模爆发，会带来即时大量后续增量的感知和促进关联商品的交易。故会场流量会很大，但是对于商品的要求也会很高（3 折封顶）。

6. 今日团

“今日团”又称无线每日清仓栏目，是阿里巴巴手机客户端核心品牌栏目。无线流量与日俱增，同时无线买家一直都有购买底价清仓商品的需求，因此每日清仓应运而生。

“今日团”和“闪电批”类似，但主要是以清仓为主。主要行业有服装、美妆、鞋靴、户外、箱包、配饰等。如果没在这几个行业的商家，就没办法参加这个活动。

（五）商友圈、生意经、专栏

这三个地方是商人聚集比较多的地方，我们可以运用病毒式营销、事件营销、口碑营销等方法进行博客推广、BBS 推广和问答推广。

“专栏”（以前叫博客）被誉为商人的博客，汇集了全中国最多的商人。很多人通过博客营销赚了很多钱。

“商友圈”就是以前的论坛，三年以前聚集了绝大部分的论坛爱好者。

“生意经”的权重是7，与百度平齐，所以工业品商家把它作为主战场是一个相当不错的选择，并且它不难做，只要学会技巧就可以做到首页。做生意经一定要用长尾词去问问题，然后可以叫自己的朋友回答，并把答案发给朋友，类似于百度知道，效果不错。

（六）实力商家

实力商家是1688 推出的全方位体现卖家实力的全新服务，其目的是满足买家对源头品质货源的要求。实力商家需经过严格的资质审核，为买家提供多样特色的保障服务，享有如下权益：

（1）覆盖全网的实力商家独特专属标识，不仅展示了企业与众不同的尊贵身份，也让买家轻松识别，增加下单机会。

（2）排名优先专享置顶，实力商家在产品或商家搜索排名上可获得优先展示，专享搜索结果前排固定位置（2~4 位）及自然结果额外加权，专享搜索结果页置顶推广，并可自定义营销模板内容。超大曝光位，彰显企业实力。

（3）全天候的阿里巴巴绿色服务。

实力商家不仅仅把企业的真实实力展示于人前，其特有的实力商家保障服务，更是通过为买家提供质量保障、发货保障、换货保障的特色优质交易服务，让买家感受到实力商家的与众不同。

①质量保障，若买家在线购买的商品质量与卖家承诺的不一致，买家可发起质量问题投诉。

②发货保障，买家在线购买商品后，卖家将在双方约定的交期内发货。

③换货保障，买家在线购买商品，在签收后的约定时间内若对商品不满意，可免费更换。

目前实力商家有四种类型：

（1）源头厂家。用户为具有一定生产加工规模的企业诚信通会员，经营主体的经营范围应包含生产加工资质。

（2）官方旗舰店。拥有自有品牌（商标为 R 或 TM 状态）或由权利人独占性授权的企业诚信通会员。若经营多个自有品牌，各品牌归同一实际控制人。（此种类型无法经营加工产品）

（3）品牌专营店。持他人品牌（商标为 R 或 TM 状态）授权文件的企业诚信通会员。若代理他人品牌同时持有自有品牌，需申请品牌专营店。（此种类型无法经营加工产品）

（4）实力卖场。经营多个行业、多个品牌、多个工厂货源的组货批发商，为采购买家

提供一站式的多种需求的服务产品的供应商。(此种类型无法经营加工产品)

只要加入了实力商家，在同等条件下，如果店铺的单品和其他同行单品权重相似或者稍低于其他同行，就会获得此条件下的特权，排名会排到同行前面（当然内部也有一个竞争机制，抢到前三位的商家必须在交易量及活跃度各方面都非常好）。如果不能排在前三位，那么在标王、实力商家、数字营销上也会优先显示。如果是有实力有条件的商家，建议加入实力商家，因为流量各方面的资源现已向实力商家倾斜。

（七）精准营销

精准营销是阿里巴巴批发市场为商家准备的一款查询客户信息的工具，对于查询客户信息有很好的作用。它的位置为“我的阿里——应用——编辑应用”，点击就可以看到精准营销这一选项，第二个入口在“千牛”上面。

点击进入精准营销后，我们可以看到客人是哪里的、是怎么进来的、之前关注哪些产品，以及在阿里巴巴的交易量、到访时间、看了店里的哪个产品。还可以从综合意向分析出客人的下单率有多少。如果该客人多次看了企业的店铺，下面还有一个行为轨迹，显示客人浏览过的产品。这个工具可以帮助企业和客户立即洽谈，并且进行各种询盘管理。

第四节　供应产品信息

为了让客户全面了解企业的所有产品，企业需要将生产研发或供应的产品信息发布上网，从而让买家快速地找到，提高信息的曝光率，增加成交机会。

下面，以阿里巴巴为例，介绍阿里巴巴供应信息的发布及站内推广。

一、阿里巴巴发布产品的步骤

发布供应产品信息，可以按以下步骤操作：

1. 开始发布

点击 1688 首页上方【我的阿里】—【卖家中心】-【发布供应产品】，进入 1688 卖家工作台，点击“我要发布”按钮，进行发布产品，如图 3. 13 所示。

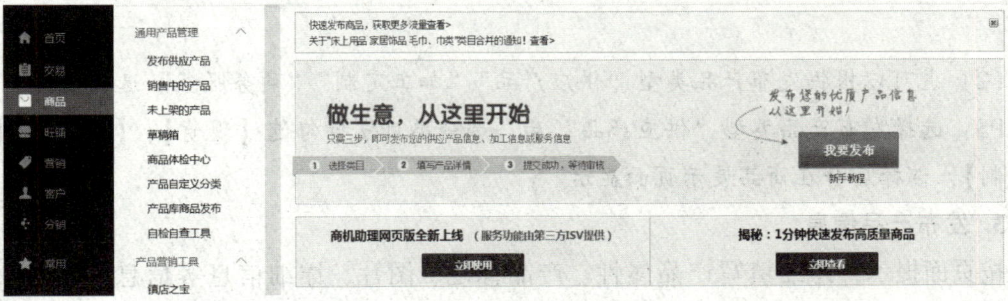

图 3. 13　进入发布供应产品界面

温馨提醒：为了让产品更好地展示，需要先开通旺铺才可以继续发布产品信息。

2. 选择产品类目

为产品信息选择合适的类目，如图 3.14 所示。

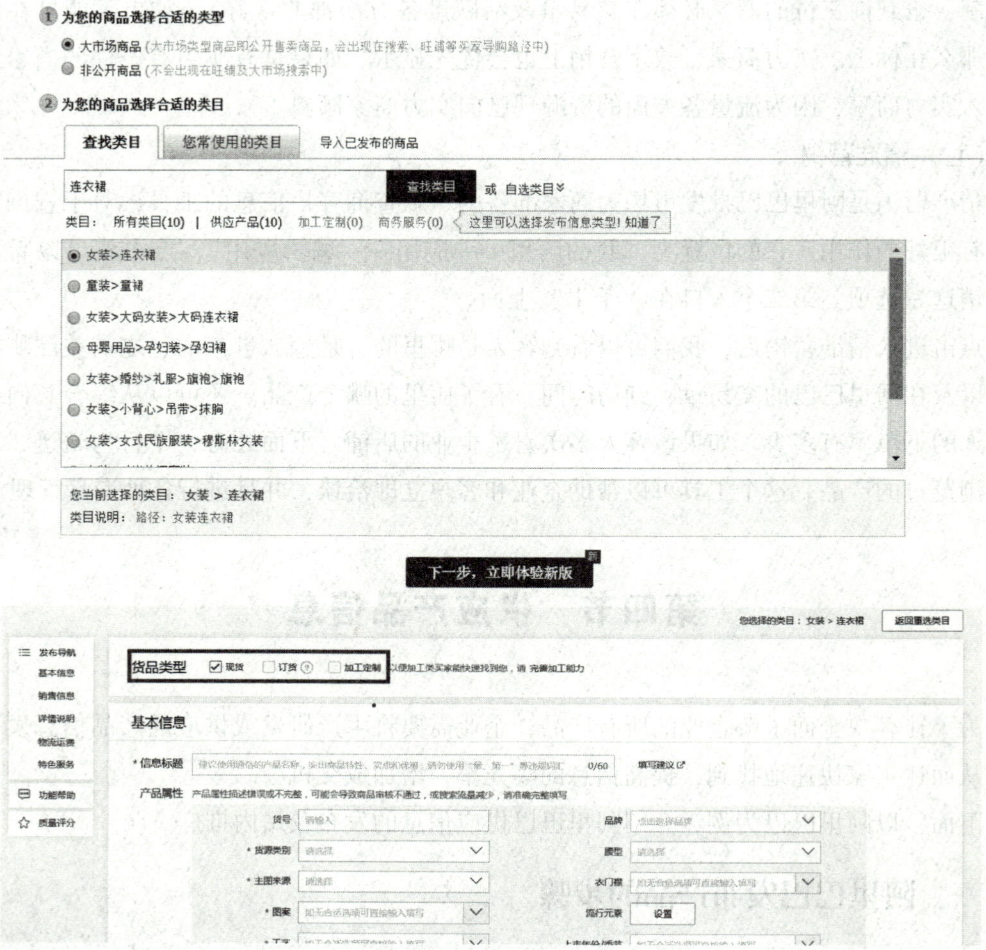

图 3.14　选择产品类目界面

【温馨提示】

（1）可以自主“查找类目”，在搜索框中输入产品关键词，然后在所有类目中查找类目。

（2）也可以根据发布产品类型“供应产品”“加工定制”“商务服务”选择类目。

PS：选择发布产品类型“供应产品”后，部分类目支持勾选【现货】、【订货】、【加工定制】，选择后会在商品展示页面显示。

3. 发布产品信息

按页面提示，详细填写产品属性、产品标题、图片、详细信息等信息，如图 3.15

所示。

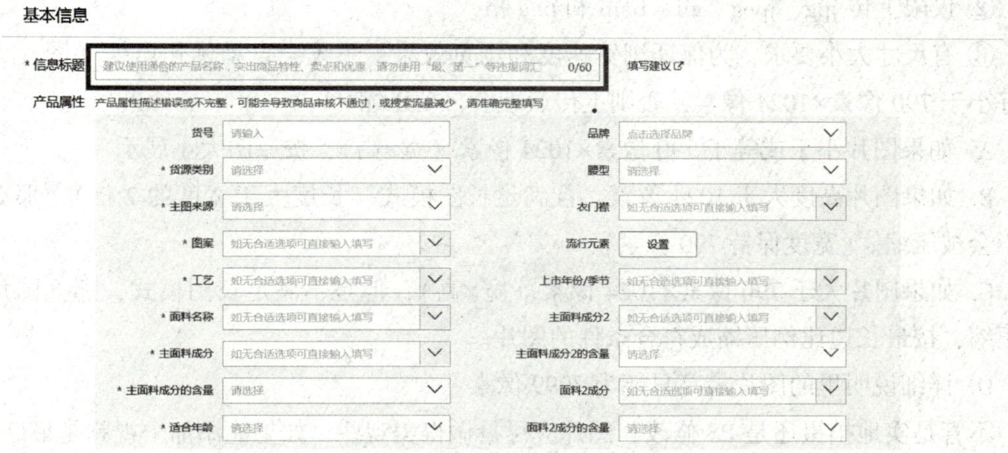

图 3.15　产品信息详情页面

（1）信息标题

标题是信息内容的核心浓缩，表述清晰并且包含关键信息的标题能让用户更容易地掌握产品具体情况，从而引起买家更多的兴趣。一个吸引人的信息标题必须注意以下几个方面：

① 标题中只含有一个产品，并使用通俗的产品名称。

② 标题中修饰成分得当，突出产品最具竞争力的功能特性。

③ 标题尽可能标明产品优惠政策和低价促销信息。

④ 信息标题中不能有重复或是显示重复的词，不然无法拿到五星。

温馨提示：

① 产品信息标题中最多可包含 60 个英文字符（即 30 个汉字），可以包含空格。

② 可借助阿里指数（http：//index. 1688. com/）查找选用热门关键词。

（2）产品属性

要把产品参数尽可能地写清楚，以便客户全面了解，促成交易。在信息发布过程中，产品属性是非常核心的填写内容。买家在搜索时会根据某些属性进行进一步的筛选，正确地填写产品属性可以提高信息在搜索时的命中率，大大提高曝光机率，也能够让买家在第一时间全面地了解产品。优质的产品属性能帮助买家更多地了解产品信息，优质属性主要包括以下两个方面：

① 产品属性的填写要真实有效，要尽可能描述出产品的有效属性。

② 非必填项属性建议也可以填写得更完整，有利于提升产品丰满度。

（3）详细说明

供应产品的"详细说明"中上传的图片要求：

① 单张图片最大为 5MB（在未安装 flash10 的情况下单张最大只能上传 1MB）。

② 仅限上传 jpg、jpeg、gif、bmp 和 png 格式。

③ 有尺寸大小要求，为保证浏览速度和浏览效果，系统会自动优化压缩（图片大小最好小于 790 像素×1024 像素，否则上传后即会自动压缩）。

A. 如果图片小于或等于 790 像素×1024 像素（宽×高），按原图大小展示。

B. 如果图片高度大于 1024 像素，且满足长图模式（长度大于宽度的 2 倍），那么图片不会被压缩。(宽度保持 790 像素)

C. 如果图片大于 790 像素×1024 像素（宽×高），但是不满足长图模式，那么图片会被压缩，按最长边比例压缩成符合条件的图片。

D. 详细说明里的图片最高只能为 7999 像素。

不管是实地拍摄还是 PS 修改，图片应尽量做得美观些，如果能添加个视频是最好的。

4. 产品销售信息

在发布产品页面的产品销售信息板块，勾选“支持网上订购”，并按实际情况填写产品的价格。零售要注意在价格区间设置好起订量和价格，而批发的起订量就要设置得高些。也可以点击“增加价格区间”按钮，填写两个及以上价格区间，体现量大价优的批发特性，更能吸引买家选择企业的产品，如图 3. 16 所示。

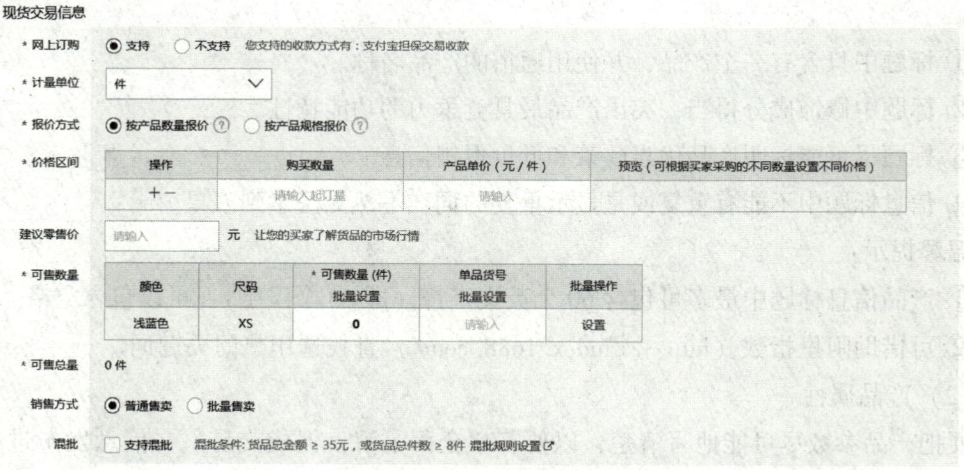

图 3. 16 产品销售信息设置界面

【温馨提示】如果需要发布的产品涉及品牌，需要预先查看 1688 准入品牌有哪些。

5. 完成发布

填写物流运费信息及其他信息后，点击“同意服务条款，我要发布”，如图 3. 17 所示。

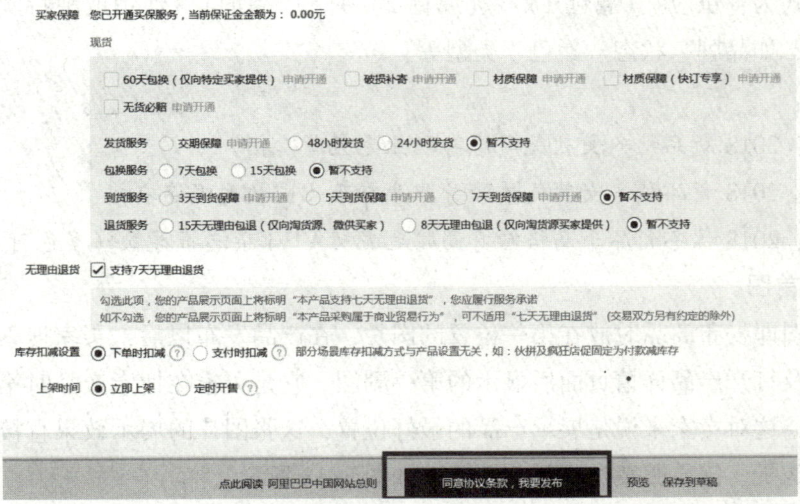

图 3. 17　确认发布产品界面

6. 注意事项

（1）如果还是普通会员，需要加入诚信通后才能开通旺铺和发布产品信息。

（2）若目前使用的账户为淘宝卖家账户，则无法发布产品信息，需要重新注册账户才能发布。

（3）每天最多可以新发 1000 条产品信息，在冶金矿产、橡塑、能源、化工、精细化学品，这几个行业一级类目下每个会员发布的产品信息条数上限为 2000 条。

（4）如果需要批量发布产品，可以直接在商机助理中进行操作。

（5）新发产品、修改产品的审核时间是工作时间（周一到周五 9：00—17：00）2 小时内，非工作时间 24 小时内发布上网。审核期间，可以进入“未上架的产品”中找到正在审核中的信息。已经发布成功的产品，在阿里巴巴搜索页面会有一定的延迟，建议关注 2~3 天。

二、优质产品发布案例

优质的供应产品信息，不仅能体现出卖家专业、用心的形象，更容易赢得买家信任，吸引买家眼球，提高买家下单订购的可能，同时，还将有更多机会被网站抽到做专题页面的推广或推荐。下面，分别以服装类、小商品类、工业品类、原材料类、包装类和数码家电类为例，介绍优质产品信息的发布要点。

（一）服装类产品

1. 产品标题

一个好的标题，字数不应太多，应尽量准确、完整、简洁，做到用一句完整的语句描述产品。

一般格式为：供应+（属性 1）+（属性 2）+（产品词）+促销或独特卖点。还可包含其他信息，如品牌、状态、颜色、类型等。

【举例】

基础版：2018 新品秋冬女款气质修身职业毛呢背心裙

升级版：2018 新品秋冬女款气质修身职业香奈儿同款毛呢连衣裙

加强版：2018 秋冬新品千鸟格修身高腰毛呢裙 VIVI 杂志推荐款（多色可选）

2. 产品首图

产品首图即发布商品时放在第一位置的图片，在产品发布以后，买家搜索时首先看到的图片，以及打开产品详情页面后显示的第一副图。它是买家在搜索产品时第一时间可以看到的图片，这对卖家来说是展示产品的最好位置，这张图片的展示效果直接决定了买家是否有兴趣购买。优质服装类产品首图标准如图 3.18 所示。

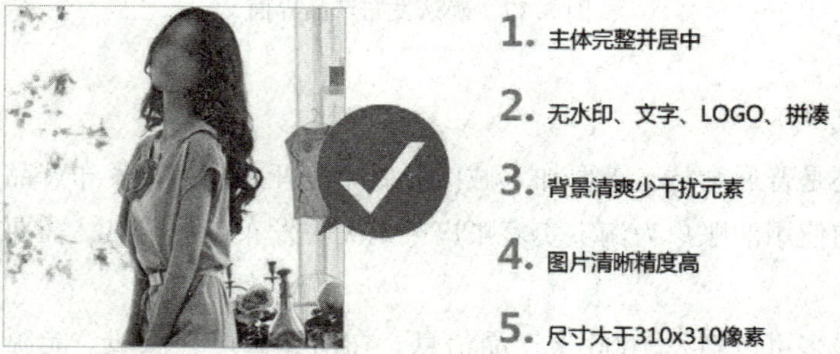

图 3.18　优质服装类产品首图标准

服装类产品优质案例如图 3.19 所示。

图 3.19　服装类产品首图优质案例

服装类产品首图错误案例如图 3.20 所示。

图 3.20　服装类产品首图错误案例

3. 产品详细说明

一般来说，买家想在详情页面看到如图 3.21 所示的内容。

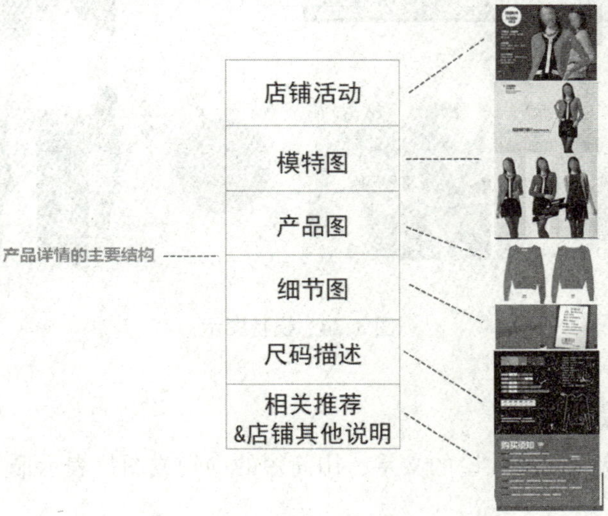

图 3.21　服装类产品详情的主要结构

（1）店铺活动

店铺活动主要用来营造店铺气氛、发布最重要的活动通告、突出主推产品的卖点，在流量高的时候可以加入关联营销，如图 3.22 所示。店铺活动案例如图 3.23 所示。

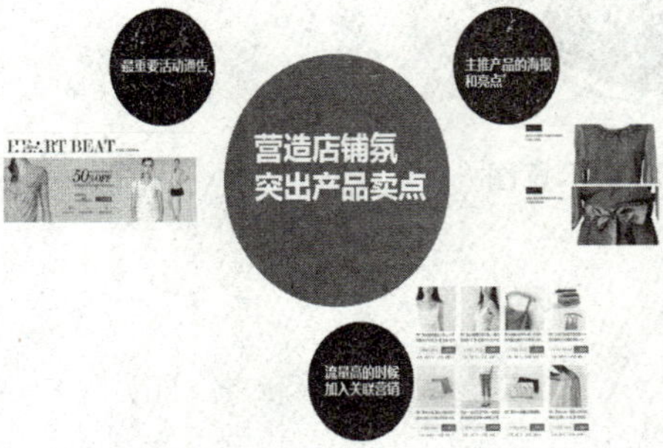

图 3.22　店铺活动

图 3.23　店铺活动案例

（2）模特图、产品图

一般来说，买家想看到服装的多角度展示、服装服饰搭配或关联推荐、不同颜色的上身效果和模特的身高尺码等信息，如图 3. 24 所示。

图 3. 24　模特图示

（4）文字瘦身

买家一般不喜欢看长篇大论的文字，用简短的词句或图片表示最好，如图 3. 25 所示。

图 3. 25　文字瘦身示意图

(5) 细节图

细节决定成败。一个好的产品细节图可以让买家看清楚衣服的做工，材质，领口、袖口等部位的特殊设计，衣服配件的好坏等，如图 3. 26 所示。

图 3. 26 服装类产品细节图案例

(6) 尺码描述

尺码描述必须清晰准确，如图 3. 27 所示。如果能配上图 3. 28 所示的图形化尺码，更能帮助买家理解。

图 3.27　尺码描述示例

图 3.28　图形化的尺码

(7) 相关推荐、店铺其他说明

可以在产品详情页面放上店铺同类产品的相关推荐（如图 3.29 所示）、彰显产品品质的相关证书（如图 3.30 所示）和购物须知（如图 3.31 所示）等内容。

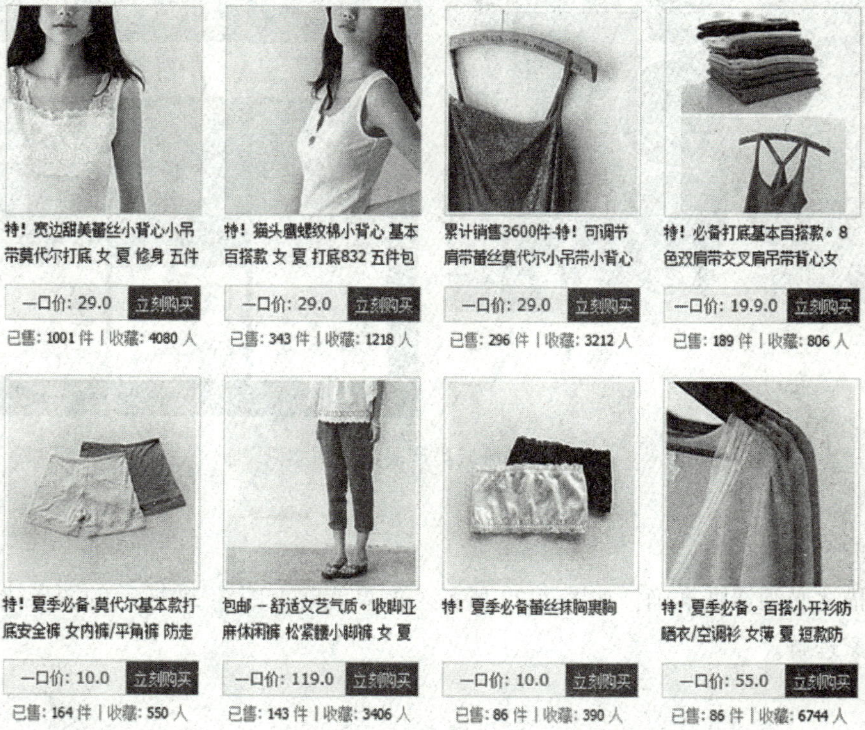

图 3.29　店铺同类产品的相关推荐

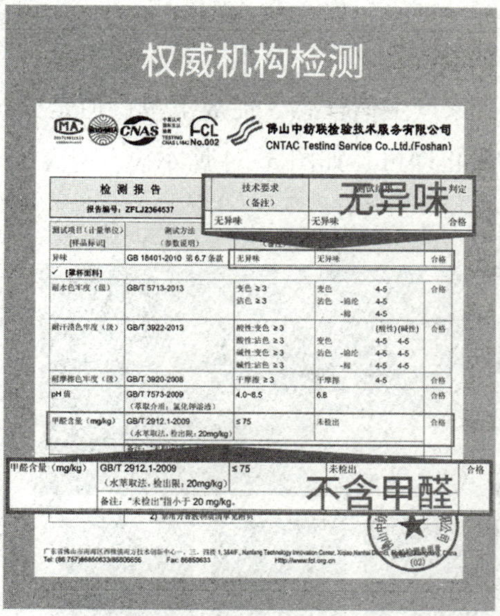

图 3.30　相关证书

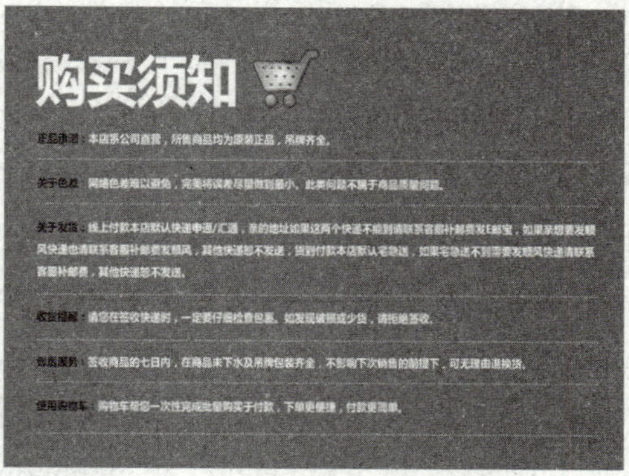

图 3.31　购物须知

（二）小商品类产品

1. 产品首图

优质小商品类产品首图标准和优质案例如图 3.32 所示，错误案例如图 3.33 所示。

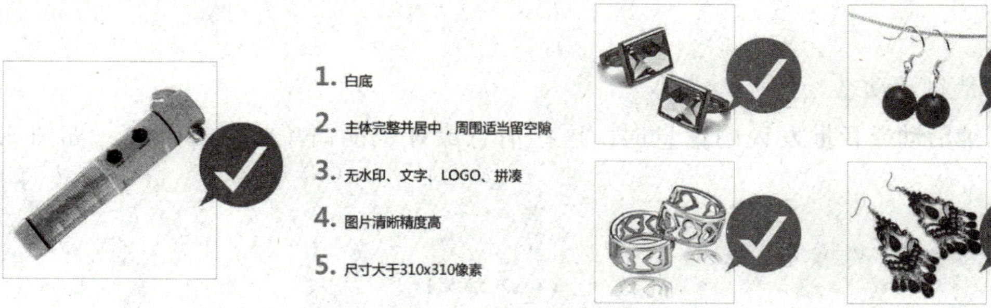

图 3.32　优质小商品类产品首图

图 3.33　小商品类产品首图错误案例

2. 产品详细说明

（1）公司信息

公司信息的展示有助于展现公司实力，使得买家产生信任感，促成下单。但是公司信息不宜展现过多，最好展示的比重是10%，点到为止即可，如图3. 34所示。

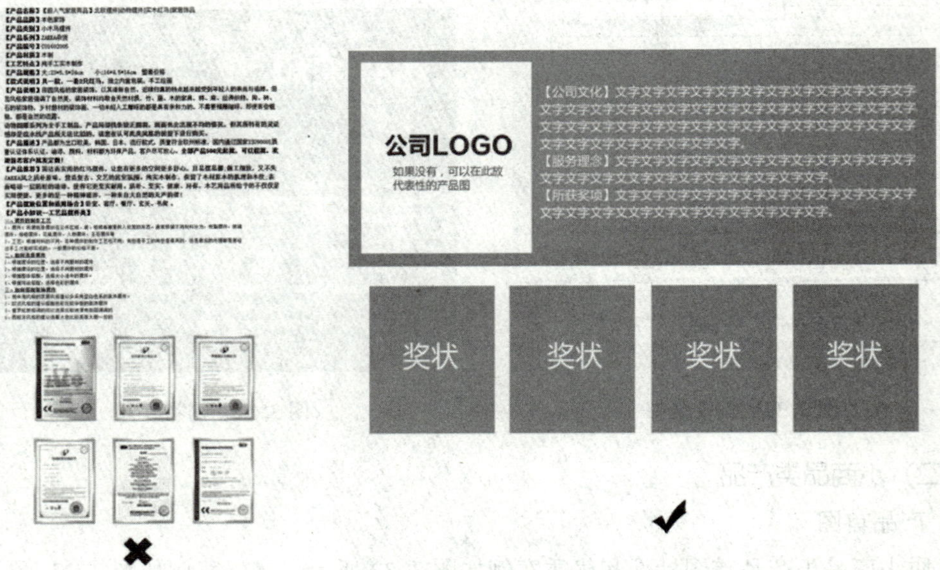

图 3. 34　公司信息

（2）店铺活动

有店铺活动或者批发说明信息时，这些信息最好也能简单地告知买家，如图3. 35所示。

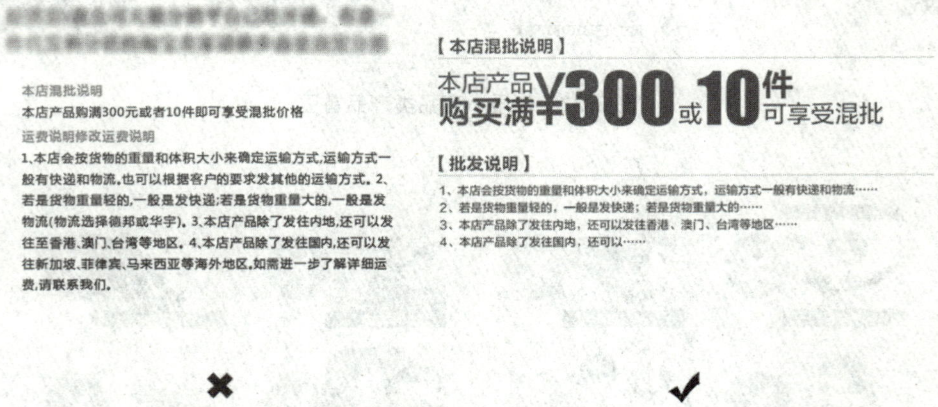

图 3. 35　店铺活动或批发说明

（3）展示优质产品图

注意事项一：如果产品图有水印，且打在关键部位，会破坏产品的整体展示，如图3. 36 所示。

注意事项二：如果产品图像素较低，会影响视觉效果以及买家的购买欲，如图 3. 37 所示。

注意事项三：背景运用的恰当与否直接影响产品的展示效果，如图 3. 38 所示。

注意事项四：合理排布图片，减少页面长度，不要堆砌图片，如图 3. 39 所示。

图 3. 36　水印影响产品整体展示案例

图 3. 37　像素影响视觉效果案例

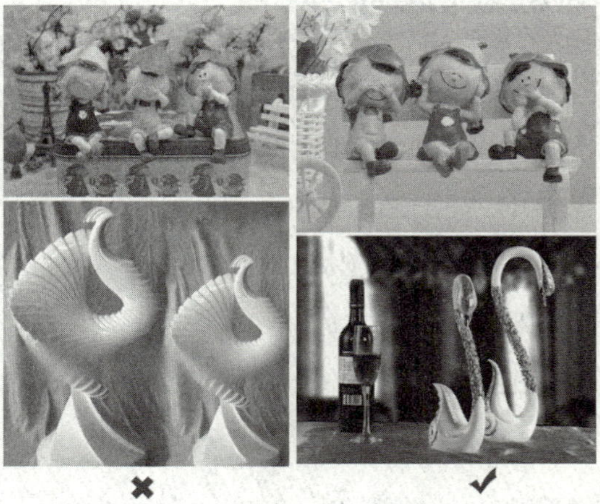

图 3. 38　背景运用影响产品展示效果案例

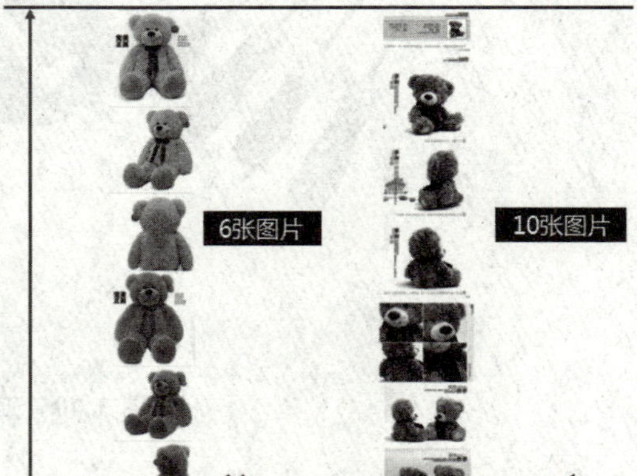

图 3. 39　排布图片案例

（三）工业品类产品

1. 产品标题

（1）标题填写原则

① 字数不应太多，应尽量准确、完整、简洁。

② 不允许堆砌产品关键词，一条信息标题就写一个产品。

（2）如何填写专业的信息标题

关键词：标题中最多允许出现两个产品关键词，且必须为同义词，例如

•正确：供应螺丝刀或 供应螺丝刀,螺丝起子（同个产品不同叫法）

•错误：供应螺丝刀、助焊笔（两个不同的产品）

品牌、型号：标题中只允许出现一个品牌或型号，品牌、型号不同，即为不同单品，例如

•正确：供应3M8210防护口罩或供应3M防护口罩8210

•错误：供应3M防护口罩，9010,8210（型号不同，既为不同产品）
供应防护口罩，3M8210，UVEX/优唯斯2100（品牌、型号不同）

修饰词：标题中的修饰词不超过 5 个，且不允许用符号或关键词进行分隔。例如

•正确：供应太阳能热水器专用电动排空阀DC5V

•错误：供应阀门、电动排空阀、太阳能热水器专用阀门（堆砌）

2. 产品主图

工业类产品首图标准如图 3.40 所示，优质产品首图和错误案例如图 3.41 所示，在首图中，工业产品主图摆放方法如图 3.42 所示。

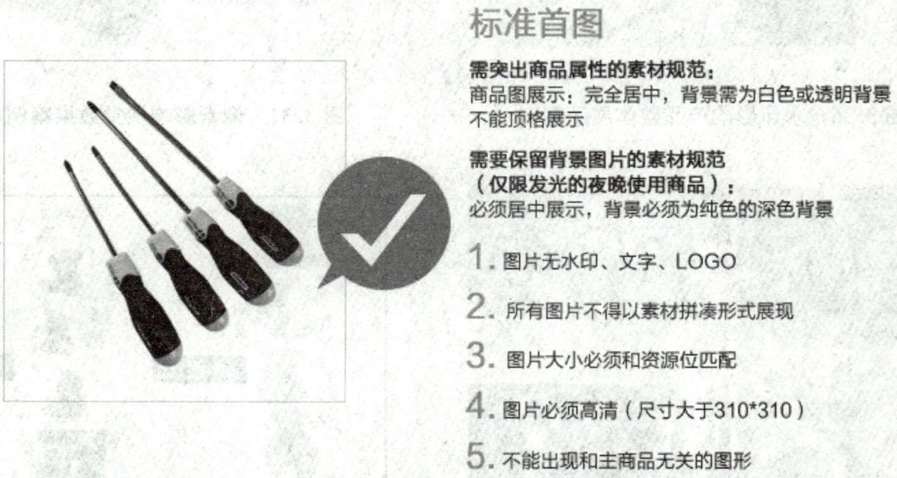

图 3.40　工业类产品首图标准

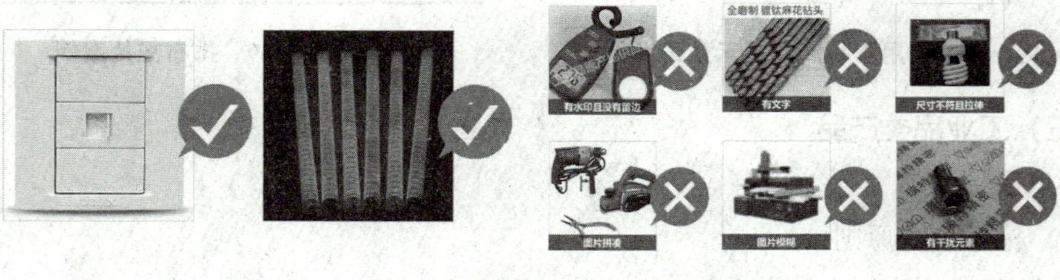

图 3.41　工业类产品主图优质 vs 错误案例

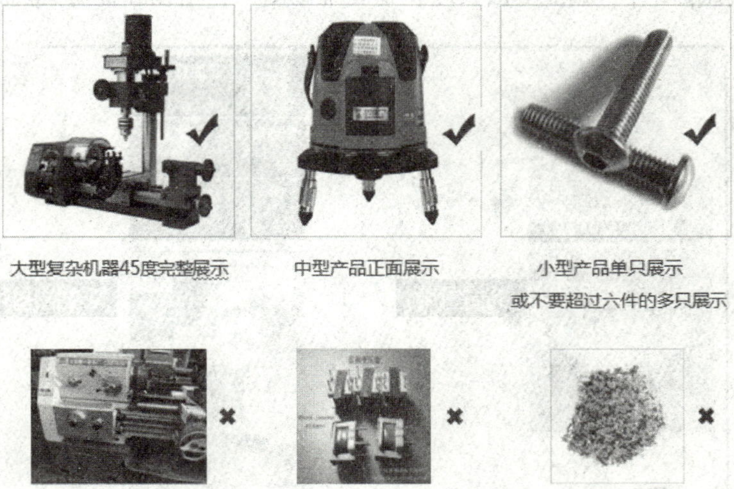

图 3.42　工业品主图产品摆放方法

3. 详细说明

（1）合理的信息结构可以帮助买家快速了解产品，如图 3.43 所示。

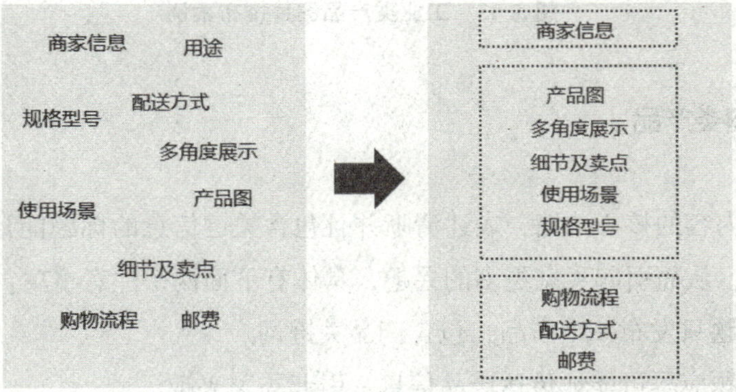

图 3.43　信息结构示意图

（2）优质的视觉设计可以激发买家的下单欲望，错误和优质案例如图 3.44 所示。

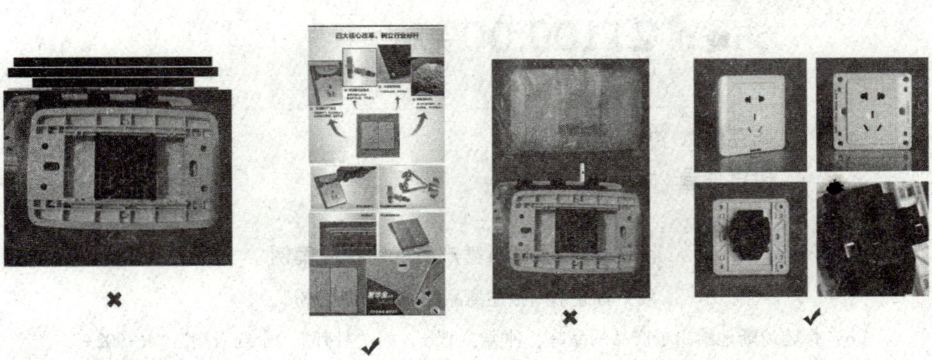

图 3.44　视觉设计错误和优质案例

（3）合理排布图片，减少页面长度，不要堆砌图片，错误和优质案例如图 3. 45 所示。

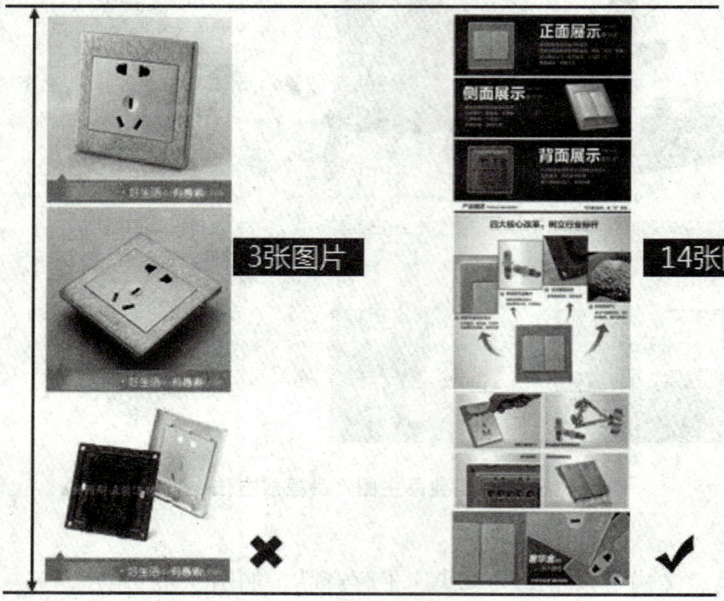

图 3. 45　工业类产品图片排布案例

（四）原材料类产品

1. 标题

标题是信息内容的核心浓缩，表述清晰并且包含关键信息的标题能让用户更容易地掌握产品具体情况，从而引起买家更多的兴趣。具体有下面两个注意事项：

（1）一个标题只发布一个产品，包含产品关键词。

（2）信息标题应尽可能地传达产品信息，引起买家兴趣。

原材料类产品标题优质案例和反面案例分别如图 3. 46 和 3. 47 所示。

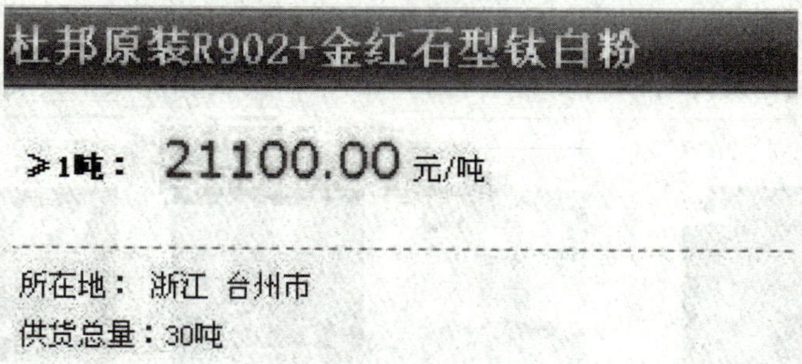

图 3. 46　原材料类产品标题优质案例

（a）标题清晰描述商品种类为“钛白粉”。

（b）标题清晰地给出了产品的品牌、种类、型号，如“杜邦”“金红石型”“R-902+”。

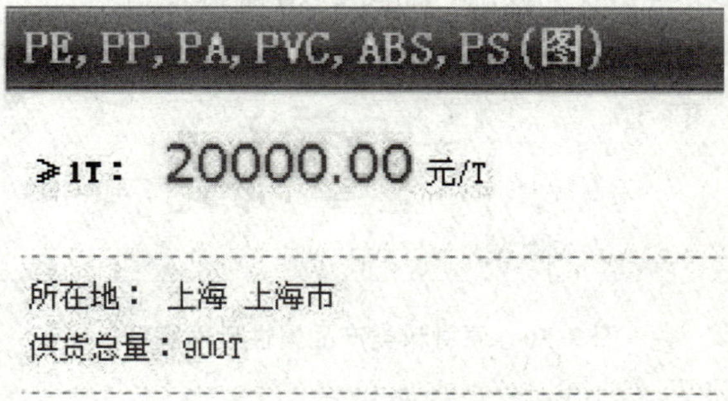

图 3.47 原材料类产品标题反面案例

一个标题发布多个产品，买家无法很好的定位产品。

2. 属性

在发布信息的过程中，产品属性是非常核心的填写内容。买家在搜索时会根据某些属性进行进一步的筛选，正确填写产品属性可以提高信息在搜索时的命中率，大大提高曝光机率，也能够让买家在第一时间全面了解产品。要把产品参数尽可能地写清楚，以便客户全面了解，促成交易。凡是有红色 * 号标记的都要填写，全面填写产品属性，能够让顾客更清晰地了解您的产品性能、质量，促成销售，而且顾客对产品的认可度也会不一样。

网站提供给买家筛选属性页面如图 3.48 所示。

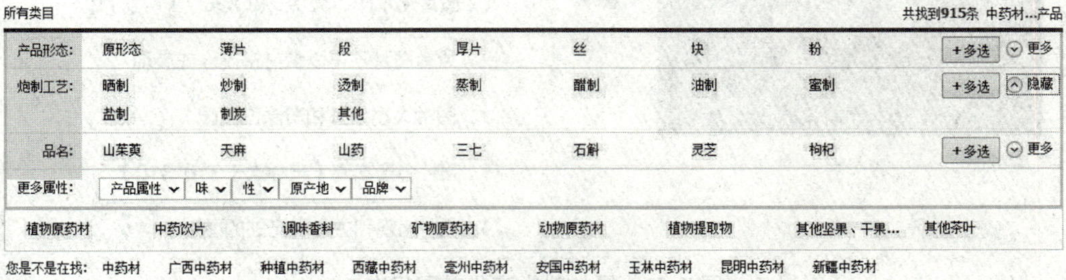

图 3.48 原材料类产品买家筛选属性页面示例

优质属性既利于买家决策，也节省了与卖家关于产品信息的沟通成本，如图 3.49 所示。

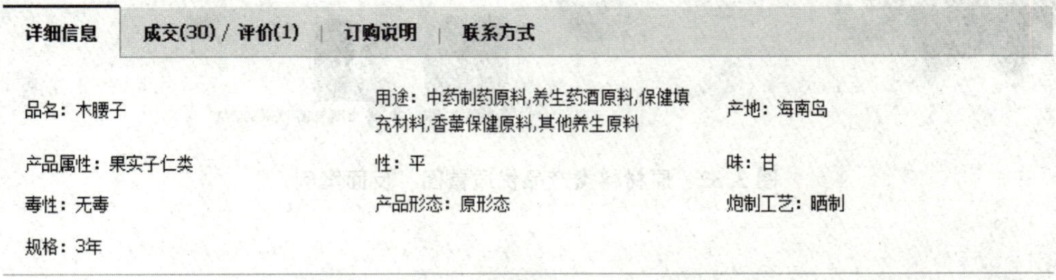

图 3.49 原材料类产品属性优质案例

反面案例参数填写不足，且不精确，如图 3. 50 所示。

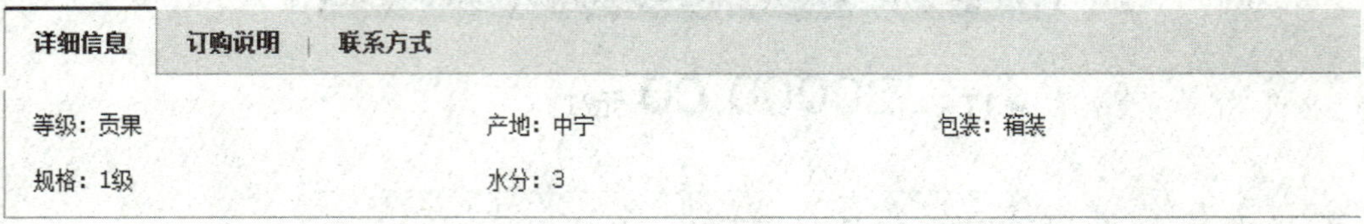

图 3. 50　原材料类产品属性反面案例

3. 产品首图

原材料类产品首图标准如图 3. 51 所示，优质原材料类产品首图和错误案例如图 3. 52 所示。

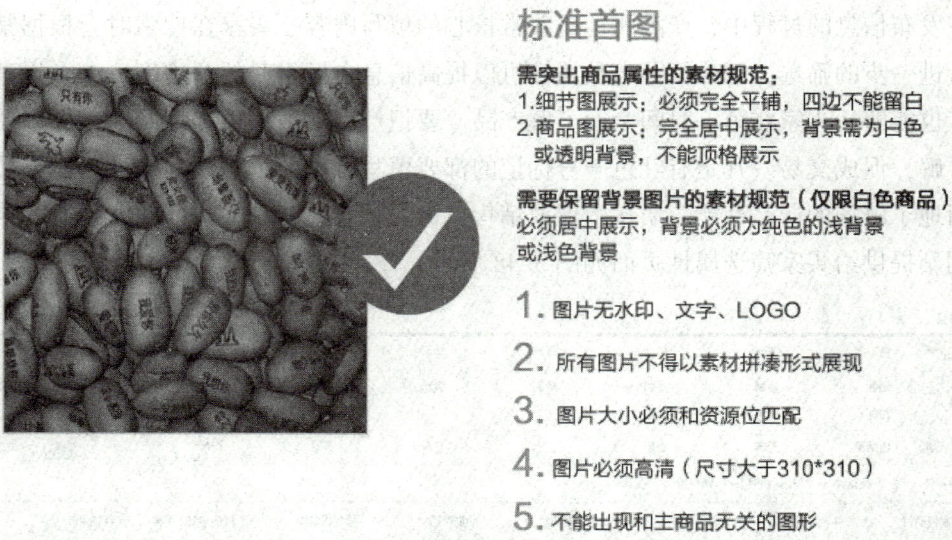

图 3. 51　原材料类产品首图标准

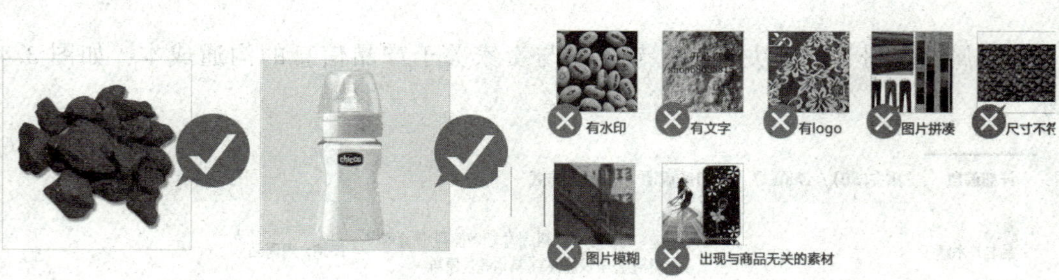

图 3. 52　原材料类产品优质首图、反面案例

4. 详细说明

查看信息的详细说明，是买家了解产品的重要途径，在详细说明中插入产品细节图、产品参数表格或增加更多的产品描述，突出产品的优势和特点，可以让买家更了解产品。

在如图 3.53 所示的优质案例中，产品简介配上精美的图片，让买家更愿意继续了解产品，进而下单。而在反面案例中，杂乱无章的文字描述加上随手拍的图片，让人产生不了购买欲望。

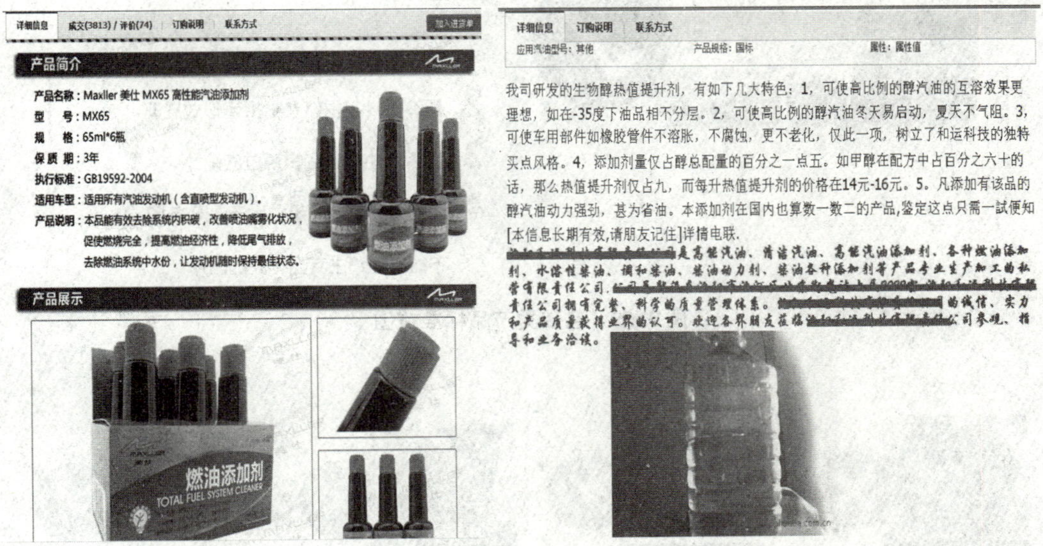

图 3.53　原材料类产品的优秀详细说明、反面案例

（五）包装类产品

1. 产品标题

一个吸引人的信息标题包含通俗的产品名称、富有竞争力的功能特性和促销信息，如图 3.54 所示，包装类产品的优质标题和反面案例如图 3.54 所示。

优质标题案例	vs	反例
【现货】供应国企 YB 出品无麻点气泡黑点容量精准高档 50ml 茶色精油瓶		供应精油瓶
红色淘宝胶带 警示语胶带 4.5*2.5 肉厚 160 米 重 350g 印字胶带		供应胶带
【现货】优质三层邮政 10 号纸箱 175*95*115 100%实物拍摄		供应 10 号纸箱
【工厂直供】 38*52CM 破坏性封口快递袋 快递塑料包装袋 100 只		供应塑料包装带

图 3.54　包装类产品的优质标题、反面案例

2. 产品首图

包装类产品首图标准如图 3. 55 所示，错误首图案例如图 3. 56 所示。

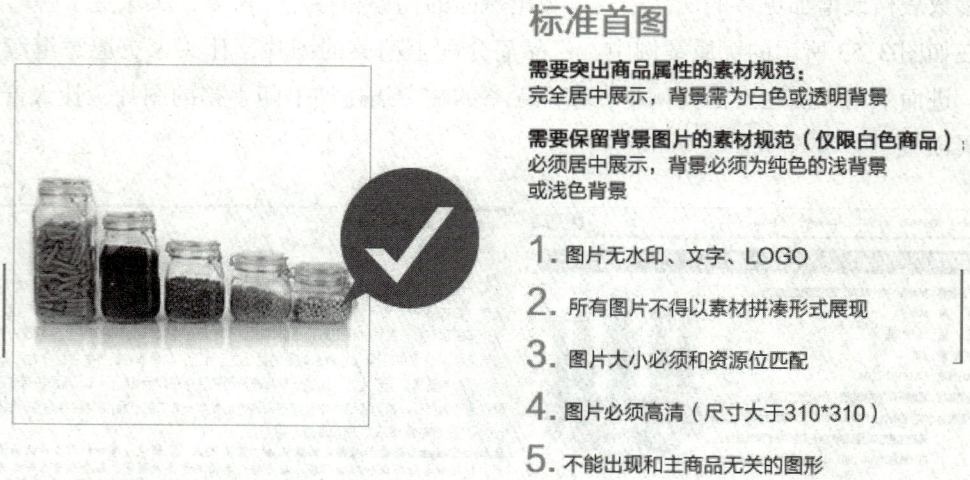

图 3. 55　包装类产品标准首图

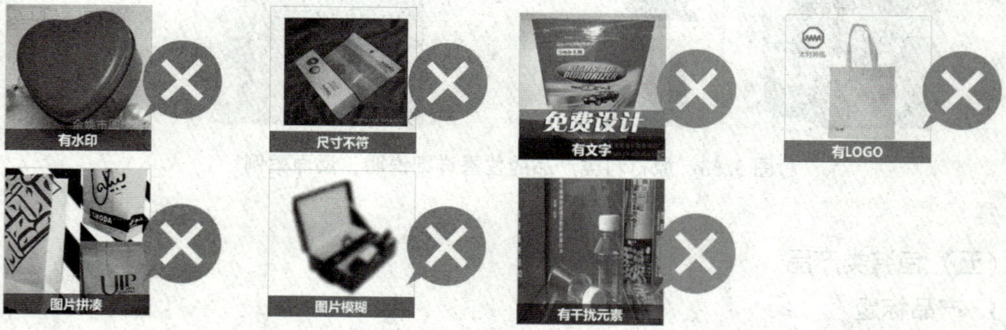

图 3. 56　包装类产品首图错误案例

3. 产品说明

应注意在详细说明中补全产品参数及尺寸，信息应清楚明了，不能自相矛盾，如图 3. 57 和图 3. 58 所示。

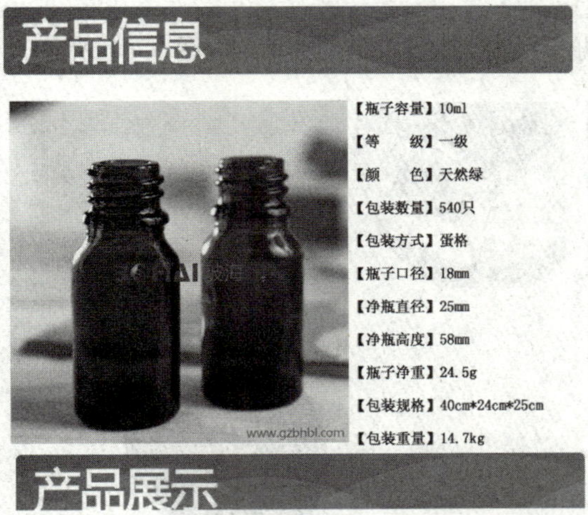

图 3.57 包装类产品说明优质案例

图 3.58 包装类产品说明反面案例

（六）数码家电类产品

1. 产品标题

标题统一为“品牌+型号+信息标题内容”，优质标题案例和反例如图 3.59 所示。

优质标题案例	vs	反例
艾美特 FS4023T2-11 电风扇 家用落地扇批发 16 寸定时超大风量		艾美特风扇
美的 FN487 批发团购 4L 电饭锅		美的电饭锅
【免费拿样】三叶落地扇 FS40-6 全国联保 秒杀美的 今日特惠		三叶落地扇

图 3.59 数码家电类商品优质标题案例、反例

2. 产品首图

数码家电类产品首图标准如图 3.60 所示。

图 3.60 数码家电类产品首图标准

3. 产品详细说明

（1）商品特征。应包含图文介绍+产品功能+规格参数+细节展示，如图 3.61 所示。

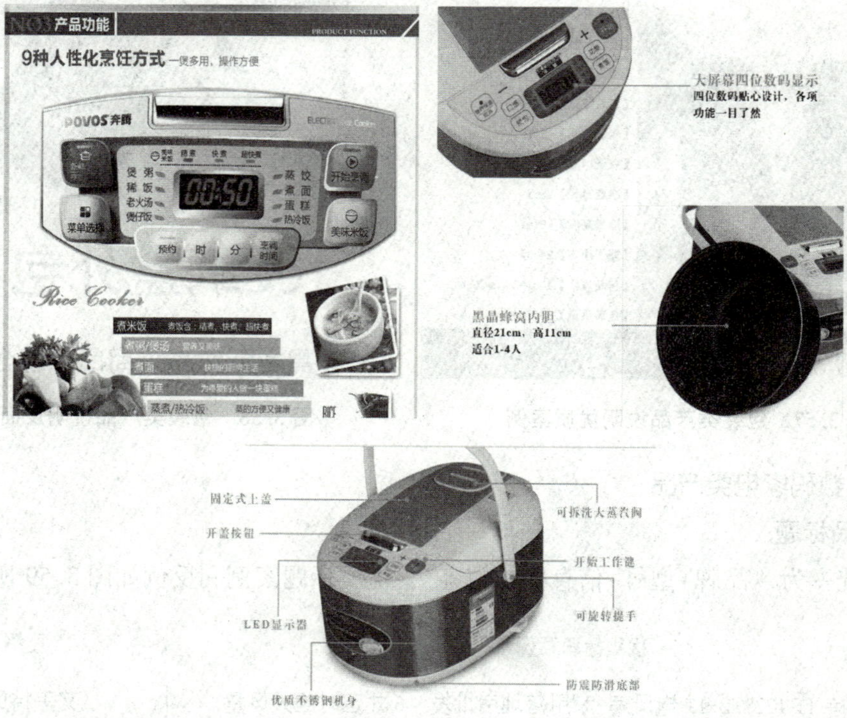

品　　名:	半球微电脑方形电饭煲	控制方式:	微电脑式
额定功率:	500W	电　　源:	200V~50HZ
容　　量:	3L	适合人数:	1~4人
毛　　重:	2.6KG	内胆尺寸:	直径200mm 高100mm
产品尺寸:	301X261X202mm	包装尺寸:	408X298X228mm
功　　能:	粥/汤、蛋糕、煲仔饭等	售后服务:	全国联保1年（凭保修卡）
材　　质:	外壳：不锈钢　内胆：超固蜂窝黑金刚		
附　　件:	蒸笼，饭勺，量杯，电源线，说明书及保修卡		

图 3.61　数码家电类产品特征案例

（2）使用说明。应包含产品使用特殊注意事项+维修事项，如图 3.62 所示。

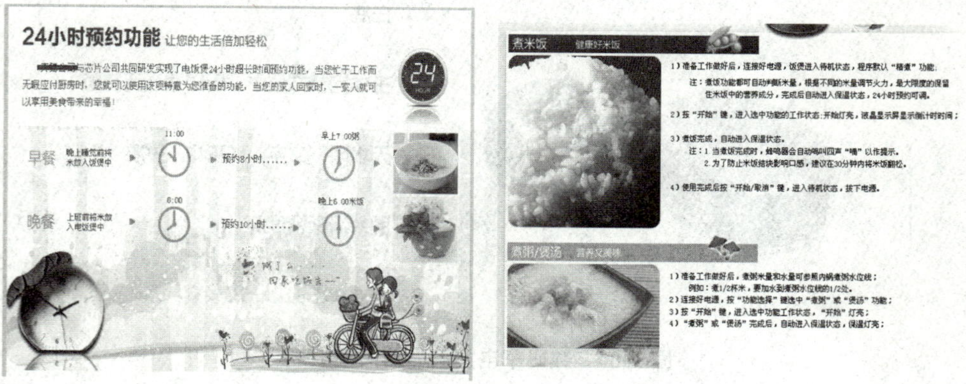

图 3.62　数码家电类产品使用说明案例

(3) 发货清单。单件包含主体及附件清单，如图 3.63 所示。

(4) 物流信息。发货物流费用计算方式及优惠活动等，如图 3.64 所示。

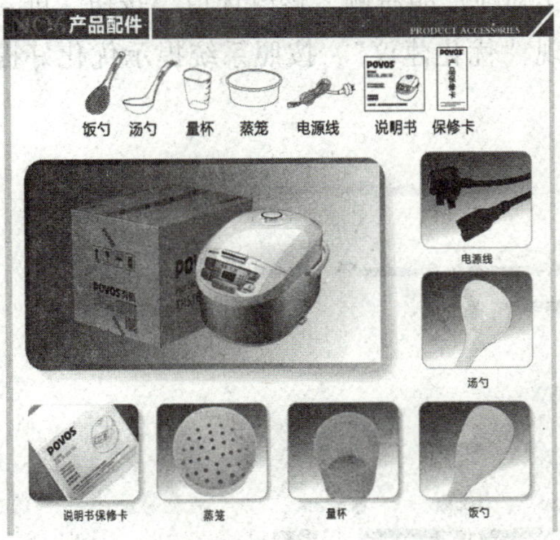

图 3.63　数码家电类产品发货清单案例

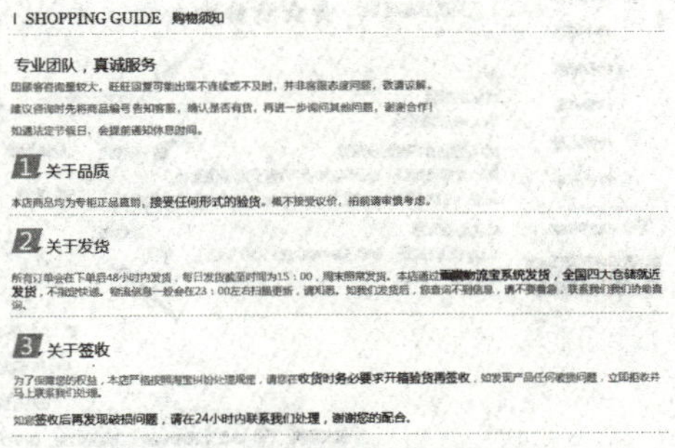

图 3.64　数码家电类产品物流信息案例

三、供应产品的管理

供应产品发布后，可以点击首页上方【我的阿里】-【卖家中心】-【管理供应产品】，对上架的产品进行重发、修改、下架、删除操作，对未上架的产品可以进行上架、删除操作。

操作步骤如下：

1. 在【销售中的产品】页面，可以对已经发布上网的产品信息进行“重发”“下架”“修改”“删除”等操作，如图 3.65 所示。

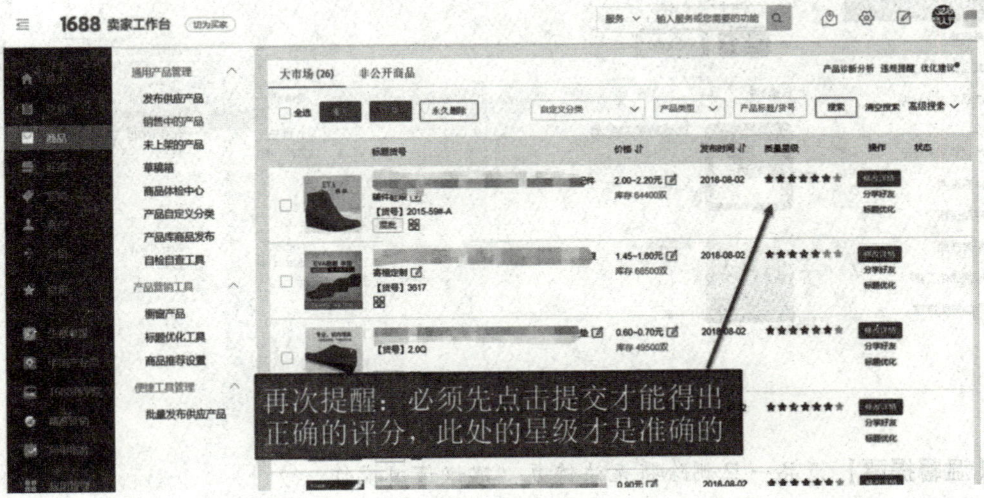

图 3.65　已发布产品的重发、下架、修改、删除页面

值得一提的是，在此处可以看到已发布产品的信息质量星级，信息质量星级是对信息质量的一种展示。星级等级分为七档，五星以上的都属于高质量的信息，企业应努力确保产品保持五星级及以上。如果星级不够，可点击对应产品右侧“修改详情”按钮，进入产品修改页面，点击左侧的“质量评分”，会出现“优化建议”，按照系统提示优化好提交发布即可，如图 3. 66 所示。

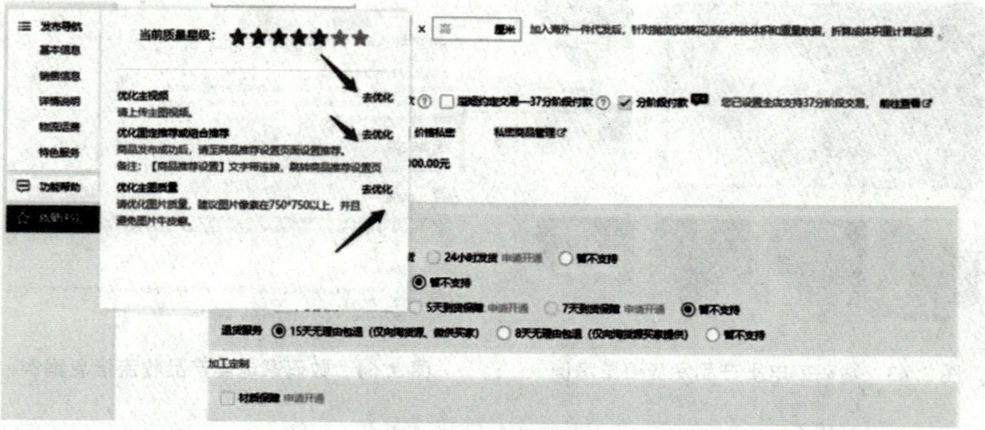

图 3. 66　修改产品信息提高质量星级页面

2. 在【未上架的产品】页面，可以对下架的产品信息进行“上架”“删除”“修改”等操作，如图 3. 67 所示。

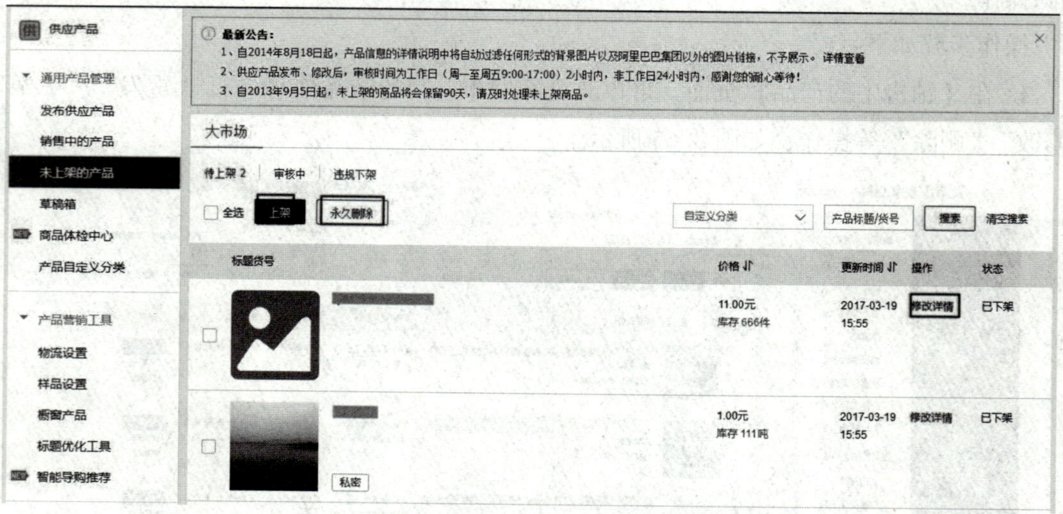

图 3. 67　未上架产品操作界面

【温馨提醒】产品一旦删除将无法恢复，建议谨慎操作。

四、产品信息的推广

（一）在搜索结果中排名靠前

在产品搜索中，影响排序的主要因素有相关性、交易因素、信息质量、公司因素、点击转化率、服务质量、个性化、反作弊等几个方面。

（1）相关性是指用户输入的关键词和搜索返回的产品搜索结果的匹配程度。当用户输入一个关键词，如“连衣裙”的时候，返回的产品中会包含“连衣裙”这个关键词，这就是相关性的原始含义。相关性是排序中最重要、最基础的因素，产品信息和用户输入的关键词匹配是排名靠前的基础。相关性好，排名才有可能靠前；相关性不好，则一定不会排名靠前。而且用户看到的往往是用户关键词所对应行业的产品信息，不相关行业的产品信息一般不会展现出来。相关性因素在很大程度上保证了产品信息的搜索排名是在相似行业、类似产品之间进行，不大会产生“服装”与“钢材”之间的排名类比情况。目前相关性主要与产品标题、产品类目和产品属性有关。

（2）交易因素指产品的历史在线交易记录在搜索排序中会得到体现。在线交易记录是指在阿里巴巴中国站通过支付宝交易的记录，不包括网上银行交易和现金交易。拥有线上交易记录的产品信息在同等条件下的搜索排名将会靠前，获得更多曝光机会。目前排序是通过交易模型，用几十个交易特征来计算出一个综合的交易权重，并把这个权重引入到具体的排名当中。在这些特征当中，最重要的特征主要是交易笔数、交易人数、回头客、交易转化率、好评率和其他特征（诸如客单价、退货率、退款率、旺旺回复速度等）。

（3）信息质量指产品信息的质量情况，包括信息完整度、描述是否清楚、图片是否清晰等。信息质量高，店铺的权重会比同等条件下信息质量不高的店铺高。

（4）公司因素是一个统称，主要包括诚信与保障、公司交易、橱窗、实力商家等。

（5）一条产品信息在产品搜索中得到曝光的机会越多，那么被买家点击的机会也应该更多，搜索的点击转化率也越高。如果曝光很多，但没什么人点击，那么这个产品排到前面肯定是有问题的。所以，标题描述清楚、图片主体明确、图片清晰，才能吸引买家眼球，增加点击量。

（6）服务质量是指卖家在售前咨询、售中、售后服务阶段所提供的服务，能否符合买家的需求。目前，旺旺是否保持在线并及时回复其他用户咨询，是考量服务质量的重要部分。保持旺旺在线并及时回复旺旺上的用户咨询，是很有必要的。

（7）目前在搜索中也逐步开始加入个性化的因素。目前个性化主要是聚类分层，即将部分行为表现类似或偏好相同的买家聚成一类，然后当这一类人在使用搜索时，给予更加符合他们偏好或者需求的产品信息。个性化目前还处于探索阶段，面向的用户群体量还比较小，后续排序会逐步加大对这块的投入，在排序上挖掘更多的个性化特征作用。

(8) 反作弊。针对搜索规则之外一些不合理的行为进行识别，然后在排序中予以惩罚，保证市场的公平公正，让诚信经营的卖家的权益得到有效保障。目前搜索反作弊主要包括以下几个方面：交易反作弊、点击反作弊、堆砌反作弊、类目反作弊、价格反作弊、信息除重等。

(9) 其他因素包括随机因素、主营产品违反诚信规则的相应处罚等。建议发布专业内容，不要频繁重发信息，保持产品的信息新鲜度及真实价格，产品描述保持最新即可。诚信通会员要珍惜橱窗、搜索推荐和优先展示的机会，将最好的产品展示给买家。熟悉电商平台的诚信规则，不要发布违反国家法律法规、反党言论、涉嫌侵害他人利益、干扰平台运营秩序或违背禁售限售规则的产品信息，否则将会受到相应的平台规则处罚。

总体来说，信息标题与买家搜索的关键词相关性高、发布信息的会员具有诚信方面的保障、历史在线交易情况良好、信息质量好、服务质量好的信息才有机会排名靠前。

除此之外，据统计，影响浏览量还有一个重要因素，就是商品的下架时间（也与商品发布时间有关）。商品发布的时间是卖家必须掌握的一个非常重要的环节，将上架/下架时间定在什么时候，关系到商品被浏览和有效浏览的数量，进而直接关系到商品的销售量。据统计，从一天的时间上讲，商品发布的最佳时间是上午 9–11 点，下午 4–6 点，晚上 9–11 点。从一周的时间上讲，星期二至星期四是商品的最佳发布时间。但是由于销售的商品不同，针对的客户群必然不同，而不同的客户群的上网时间也是存在差异的，所以，要先掌握商品的买家群体，再确定商品发布期间，才能将商品浏览量转化为商品有效浏览量，进而才可能转化为成交量。

（二）关联营销

关联营销是指一个产品页同时放了其他同类、同品牌可搭配的有关联的产品。一般来说，关联营销可以做三种模式，即页头、页中和页尾三种位置。

(1) 页头关联营销。这种关联营销比较常见，也是很多商家常用的方式之一。页头有个不好的地方，就是当客人进入详情页之后，还没看到产品怎么样，就先看到店铺的产品推荐。

(2) 页中关联营销。这个位置是在详情页的中部，这个地方用的人稍微少点，也就是放在中间的人很少，但并不代表没有作用。它也有一些作用，只是稍微弱化一点罢了。

(3) 页尾关联营销。这种关联营销用的人非常多，因为这个最符合人的习惯。当客户进入店铺看完产品后，花 5~10 分钟看详情页，看完有意向下单了，就不在乎再多花 1 分钟看关联营销，所以，这种关联营销的效果非常好。

阿里巴巴有一个工具——导购推荐。在发布信息时可以点一下导购推荐，然后选择 8 件产品（不要乱选，一定是店铺的爆款、主推款或者是想要主推的预备爆款）。

根据选择的产品，关联营销可以分为三种方式：

(1) 互补关联营销，也就是说关联营销的产品和详情页当中的产品处于一种互补关系。

（2）替代关联营销，也就是说关联营销内的产品可以替代在详情页中的产品。

（3）潜在关联。例如一个客户进到店铺里，他买了一件衬衫，那么他可能因为不会搭配，而选择再购买模特身上的裤子或者是鞋子，这就是潜在关联营销。

关联营销数量不要太多，控制在5~12件关联营销产品即可。太少可能显得单薄，太多会让客户觉得很烦。关联的产品一定要有内在逻辑性，有相辅相成的效果。

（三）站内付费推广

阿里巴巴的付费推广方式有标王和数字营销两种。

1. 标王

标王是阿里巴巴为那些想提升曝光率和询盘量的中小企业量身打造的、固定搜索排名第一位的服务，它可以稳抓买家流量。标王有三大优势：

（1）超大超精准的流量。买家主动搜索产品关键词时，在第一位展示标王的产品信息，100%覆盖买家，只给想买的人看。

（2）位置稀缺，体现品牌。每个关键词仅开放一个独家推广位，有独特标王标志，帮助打造行业品牌优势。

（3）费用可控，省时省力，无需重复操作。绑定一次，连续投放一个月，点击不收费。

2. 数字营销

数字营销，原名网销宝，通过对产品关键词的设置，综合信息质量、与关键词的匹配度以及关键词的出价综合评判，把产品信息排名到阿里巴巴搜索首页。现在，数字营销已经成为企业在阿里巴巴全链路的推广平台。目前，数字营销有营效宝、首位展示、1688分销客、钻石展位、搜索展播、线下展位、品牌宝和品牌专区等服务。

（1）营效宝，通过对关键词进行实时竞价（或关键词包月购买形式的定位推广），提升产品信息排名，获得更多的展现机会和精准流量。除了在1688平台展现，还有机会获得其他网站的展现机会。营效宝是搜索推广，其核心价值是排名靠前，更多曝光，全网引流，多渠道推广，展示免费，点击付费，数据监测，成本可控。

（2）首位展示，按月购买，推广信息在1688搜索结果首页第一位固定展示。当买家在1688上搜索产品关键词时，产品将带有“皇冠”标志，并在搜索结果页左侧第一位连续展示一个月，且购买到的首位展示关键词其他客户无法再购买。其核心价值是尊享标志，彰显实力，包月展示，点击免费，操作简便，省时省力。

（3）1688分销客，是阿里巴巴1688推出的按实际交易效果分佣的推广模式（CPS），网罗站外B类生态媒体及推广者，帮助商家打造专属推广。商家对商品设置佣金，分销客选品后在自有渠道（如QQ群、微信群等）进行推广，交易成功后，商家再支付给分销客相应的佣金收入，如订单发生退款，则商家无需支付推广佣金费用。真正的不成交不花钱。其核心价值是按订单金额分成，成本可控，海量分销，排名开钱，大平台，大流量，有保障，成交效果清晰可见。

（4）钻石展位，在 1688 首页焦点图的第 2、3、4 轮播位核心资源及站内热销频道等核心固定位，为企业提供精准品牌展示的推广服务。通过定向精准人群，帮助具备生产经营实力的商家，推广展示品牌实力。其核心价值是 1688 站内首页焦点图资源，锁定优质大流量曝光，精准定向潜在人群。

（5）搜索展播，为有生产销售实力的商家提供企业实力展示推广的广告服务，基于 1688 平台的海量展现资源，在搜索结果页右侧核心区域为企业提供精准品牌展示的推广服务，能有效覆盖潜在买家，帮助有生产经营实力的企业提升企业品牌形象。其核心价值为 1688 站内精准搜索流量，固定位置展示，翻页可见，大图展示，支持个性化创意。

（6）线下展位，是基于阿里电商生态圈，以 B 类市场营销推广为核心，在线下投放的广告媒体，如公交侯车亭资源、楼宇的 LCD 视频广告、高铁刷屏机等，阿里巴巴数字营销可以帮助企业实现线上线下全覆盖。基于大数据分析，为客户提供更好的线下广告投放推荐和服务，打造线上线下不一样的营销场景。其核心价值有 B 类买家及淘卖聚集区及周边广告资源，一站式选购，议价优势，投放更精准，花费更可控。

（7）品牌宝，即品牌展示广告，按千次展现计费，在 1688 最佳页面展现商品和品牌。面向 1688 平台或站外海量的媒体资源，以图片或者任意链接的形式，通过人群定向技术向目标客户精准展示推广信息。按实时竞价方式，并以展示付费的一种展示广告。这是一种基于 1688 平台的海量展现资源，在搜索结果页右侧核心区域为企业提供精准品牌展示的推广服务，能有效覆盖潜在买家，帮助有生产经营实力的企业提升企业品牌形象。其核心价值包括位置多样，流量精准，数据监测，成本可控，场景丰富，随心推广。

（8）品牌专区，是 1688 品牌营销阵地，意在打造商家专属的推广形态，帮助商家提升品牌调性、引领买家心智。当买家在 PC 端 1688 搜索关键词时，宝贝固定展示在搜索列表页左侧或右侧首位，丰富创意形式让视线更聚焦；当买家在 1688App、WAP 搜索关键词时，宝贝将固定展示搜索列表页上方，商品展示更加生动，促进买家下单。

第五节　询盘管理

询盘（Inquiry/Enquiry）也叫询价，是指交易的一方准备购买或出售某种商品，向对方询问买卖该商品的有关交易条件。询盘多由买方发出，也可由卖方发出。

一、阿里巴巴询盘管理

在阿里巴巴中文站，一般是由买方发出在线询价单（将在下一章详解），卖方可通过阿里巴巴提供的询盘管理工具，全面记录管理所有询盘，根据不同的买家身份提供不同的营销方式，让企业有效管理生意机会，提升旺铺成交率。

询盘管理是阿里巴巴推出的一款科学管理询盘的工具，能全面收录来自阿里巴巴中文站的询盘，帮助企业对询盘进行更为高效和精准的跟进。询盘管理主要给企业提供四大功能：

（1）获得买家反馈后，系统会生成一条未处理的询盘，企业可以根据与买家沟通的结果，编辑处理询盘。

（2）企业可以详细记录询盘内容，方便下次跟进买家。

（3）定时提醒，帮助企业把握重要商机。

（4）查看 7 天买家动态，了解买家动向，进行有效跟进。

询盘管理目前分为免费版和付费版（即办理诚信通后即可享有的功能，当前为 2.0 版），二者的具体区别如表 3-2 所示。

表 3-2　询盘管理付费版和免费版的区别

功能名称	询盘管理（2.0 版）	询盘管理（免费版）
我的询盘	√	10 个/月
买家推荐	√	2 次/月
营销推广	√	×

进入 1688 卖家工作台，在服务搜索框中输入“询盘管理”，即可点击进入了。

二、询盘管理 2.0

询盘管理 2.0 是一款为阿里巴巴诚信通会员量身打造的营销推广工具。它能全面记录管理所有询盘，并能根据不同的买家身份（潜在客户、新客户、老客户）提供不同的营销方式，让卖家有效管理生意机会，提升旺铺成交率。其核心功能如下：

（一）管理询盘

包括今日询盘、本月询盘和所有询盘，全面记录、管理询盘，帮助有效管理生意机会。通过全新视觉效果，简化新建管理询盘的操作流程，提升卖家管理效率，界面如图 3.68 所示。

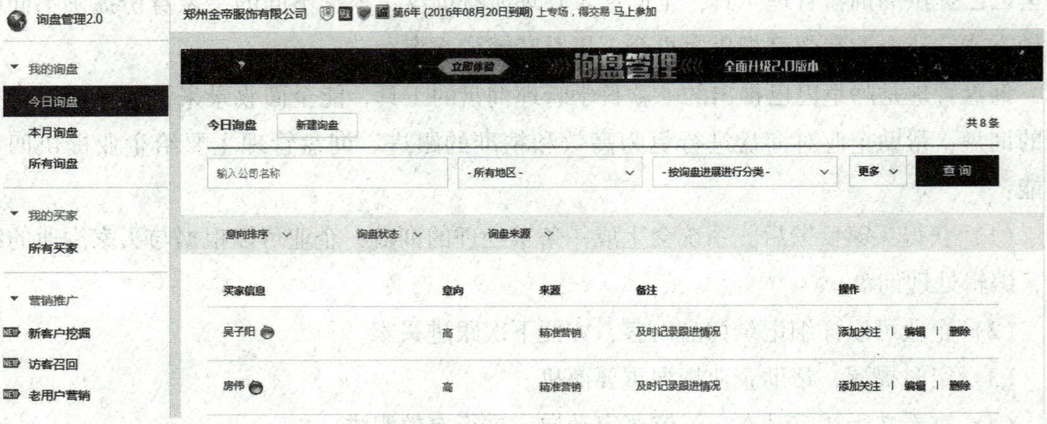

图 3.68　询盘管理管理询盘页面

（二）买家管理

全面记录、管理买家信息档案，提供清晰的买家编辑界面，可以实时导入旺旺好友信息，支持按区域管理买家，界面如图 3.69 所示。

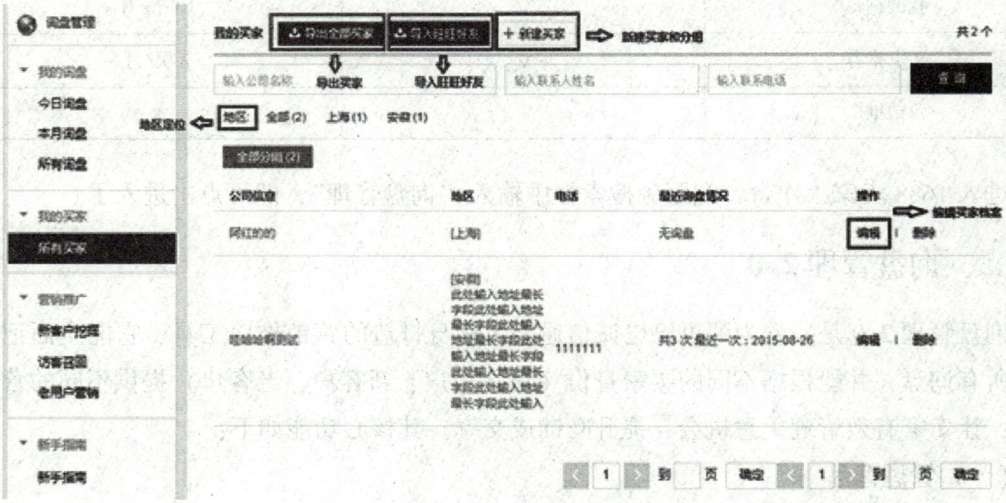

图 3.69　询盘管理买家管理页面

（三）新客户挖掘

增加店铺曝光量，吸引更多买家来访，界面如图 3.70 所示。

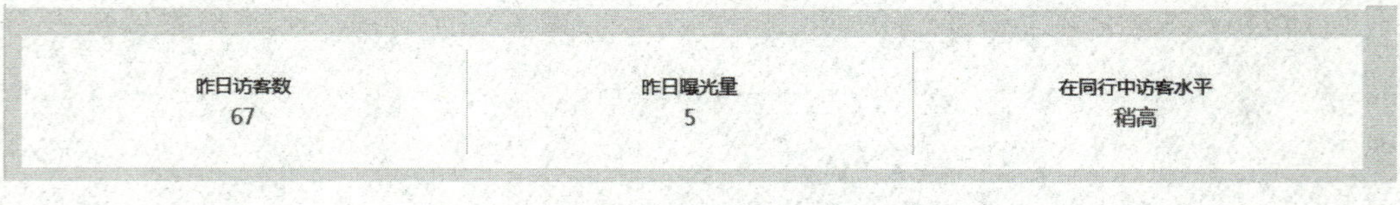

图 3.70　询盘管理新客户挖掘页面

（四）访客召回

通过和姐妹产品“精准营销”配合，访客召回为每一位卖家和流失客户之间搭建了一座沟通的桥梁，助力访客转化，界面如图 3.71 所示。

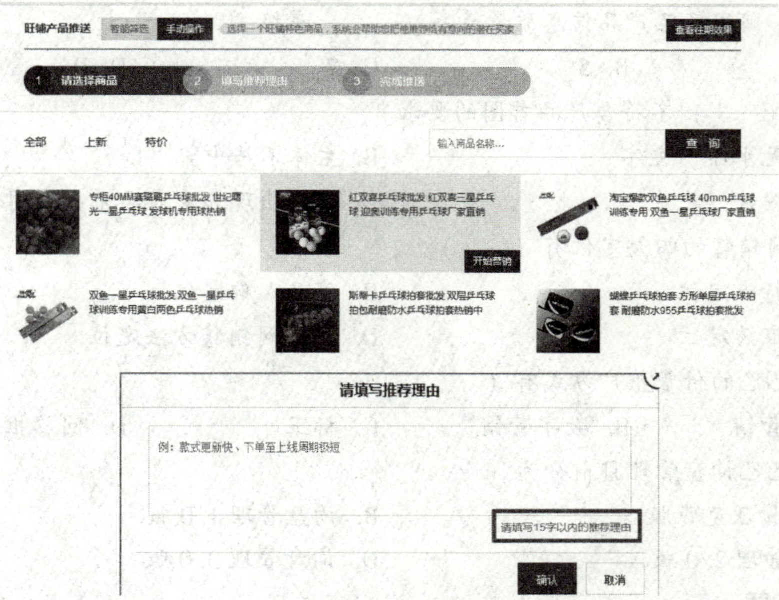

图 3.71　询盘管理访客召回页面

（五）老客户营销

通过系统对历史买家的分析，老客户营销千人千面地呈现定向精准营销，帮助卖家赢得更多的回头客，提升二次购买率。界面如图 3.72 所示。

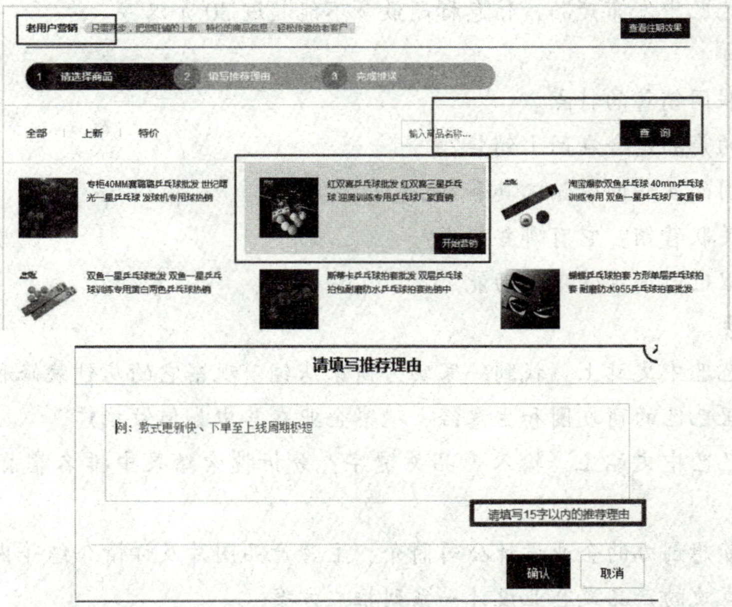

图 3.72　询盘管理老客户营销页面

思考与练习

一、不定项选择题

1. 目前，阿里巴巴产品信息质量最高（　　）星级。

A. 3　　B. 5　　C. 7　　D. 9

2. 下面（　　）不符合产品首图的要求。

A. 图片无水印、文字　　B. 主体不居中

C. 高清图片　　D. 不能出现和主商品无关的图形

3. 互联网销售的四大定位有（　　）。

A. 产品特点定位　　B. 产品人群定位

C. 产品市场定位　　D. 互联网销售方法定位

4. 阿里巴巴的付费推广方式有（　　）。

A. 关联营销　　B. 数字营销　　C. 标王　　D. 问答推广

5. 阿里巴巴询盘管理目前分为（　　）。

A. 询盘管理免费版　　B. 询盘管理 1.0 版

C. 询盘管理 2.0 版　　D. 询盘管理 3.0 版

二、判断题

1. 互联网销售就是互联网营销。（　　）

2. 为了更多地推广，电子邮件发的用户越多越好。（　　）

3. 阿里巴巴店铺又叫阿里旺铺。（　　）

4. 任何企业都可以申请成为实力商家。（　　）

5. 在阿里巴巴中发布产品，信息标题最多不能超过 30 个汉字。（　　）

三、问答题

1. 简述互联网销售的特点。

2. 什么样的产品适合在网上销售？

3. 列举常用的互联网营销工具和方法。

4. 什么是关联营销？它有哪些模式？

5. 简述阿里巴巴询盘管理的功能。

四、操作题

1. 在阿里巴巴中文站上，找到一家实力商家店铺，观察它的店铺装修和经营情况。

2. 浏览阿里巴巴的商友圈和生意经，观察企业在其中如何做推广。

3. 在阿里巴巴中文站上，输入产品关键字，分析搜索结果中排名靠前的产品拥有哪些特点和共性。

4. 为自己梦想创办的企业设计公司简介、主营产品图片及详情介绍等内容。

5. 为自己喜欢的产品或企业设计一系列推广方案。

第四章

互联网采购

【学习目的】

1. 了解互联网采购的概念、分类、优势和发展趋势。
2. 了解互联网采购的操作流程和组织实施。
3. 了解互联网采购的管理。
4. 掌握阿里巴巴中文站采购的流程。

第一节　互联网采购概述

一、互联网采购的概念

传统采购是指客户根据生产、建设、经营、管理等活动的需要提出购买计划，经过对计划的审核，选好供应商，再经过商谈确定采购物品的价格、交货和相关事宜并最后签订合同，按合同要求收货付款的过程。

互联网采购是电子商务的一种具体形式，就是使与采购相关的数据、信息、过程实现电子化，它所要达到的最终目标与传统的采购相同，只不过是充分利用互联网来完成采购各环节（如发布采购信息、接受供应商网上报价投标、网上开标以及公布采购结果等）的任务，这样能够更好地利用网络所带来的方便。

利用互联网采购可以大大地避免传统采购的不足，更有利于企业、政府的采购与采购管理，充分体现采购在企业、政府运行中的地位与作用，能够更好地完成采购目标任务。

互联网采购可以自行建立互联网采购平台，也可以利用公共采购平台等。

二、互联网采购的主要类型

1. 按互联网采购参与的对象分

按互联网采购参与的对象分，互联网采购可分为政府互联网采购和企业互联网采购。

（1）政府互联网采购是指政府利用在线网络对所需求的采购品实行网上公告、发售标书、开标、评标、定标以及签订电子合同，实现电子化结算，甚至直接进行网上谈判来达到政府互联网采购目标的一种方式。

（2）企业互联网采购是指制造和零售企业的采购流程利用在线网络自动化，把采购人员的注意力从战术层面转移到战略层面，通过分析采购模式、监控存货与补货延误，更好地制定生产周期和销售计划。

2. 按互联网采购信息的发源分

按互联网采购信息的发源分，互联网采购可分为国际采购和国内采购。国际采购还可进一步按国别细分，国内采购也可细分为中央采购、地方采购。

3. 按互联网采购过程的管理分

按互联网采购过程管理分，互联网采购可分为集中采购和分散采购。集中采购是由国家各级政府或者其授权的机构确定并公布的采购项目，一般来说，要求集中采购的项目的采购金额是有规定的，如《中华人民共和国政府采购法》第七条、第八条中就有相关规定。

4. 按互联网采购进行的方式分

按互联网采购进行的方式分，互联网采购可分为卖方主导型、买方主导型和中介型。

（1）卖方主导型。卖方为增加市场份额，以计算机网络为销售渠道而实施的电子商务系统，卖方在网站上列出销售品目录、设置在线销售系统或在线拍卖系统，让买方选购或竞买，如联想企业采购平台 17 商城（shop. baiying. cn）、海尔企业购（b2b. haier. com）等网上 B2B 销售平台。

买方登录卖方主导型系统通常是免费的，卖方保证采购的安全。使用这种系统的好处是访问容易，能直接接触供应商，对于买方来说，无需做任何投资。缺点是难以跟踪和控制采购开支。这种系统是采购人员开始互联网采购而又不担风险的理想工具。

（2）买方主导型。买方自己控制的电子商务系统，在卖方自己的网站上列出要采购的产品和服务目录，设置在线采购招标系统，由卖方进行竞买，如美国三大汽车公司联合开发的全球汽车零配件供应商网络、海尔集团的网上招标和上下游供应商（gopurchase. haier. com/GOPurchase）等。

买方主导型系统通常是链接到企业的内部网，或企业与其贸易伙伴形成的企业外部网，通常由一个或多个企业联合建立，目的是把市场的权力和价值转向买方。这种系统的好处是可以快速地客户响应、节省采购时间和容许对采购开支进行控制和跟踪，缺点是需要大量资金投入和系统维护成本。

（3）中介型。中介型互联网采购是中介机构设立的公共采购平台，将买卖双方要采购的或能提供的产品和服务目录列出来，买卖双方通过网上交易平台可以享受到各类信息查询、信用查询、贸易洽谈、签订合同、支付结算等在线服务。

中介型互联网采购平台通常有综合市场中介和行业市场中介两种类型，前者如阿里巴巴（www.alibaba.com）、Ariba（ariba.com）和国内的1688（www.1688.com）、苏宁易购企业采购（b.suning.com）、阳光企采（www.yangguangqicai.com）、企业在线（www.51e-online.com）、百卓采购网（www.abiz.com）等；后者如专门买卖金属（特别是钢材）的MetalSite、专门经营石油化工和塑料制品的CheMatch、国内最大的网上钢材现货采购平台中钢网（www.steelcn.cn）、北京办公用品采购批发第一平台亚商在线（www.asiaoa.com.cn）等。

三、互联网采购的优势

相比传统采购来看，互联网采购具有以下优势：

1. 公正透明

互联网采购利用互联网平台使采购信息公开化、过程透明化、竞争公平化、中标公正化，由于招标信息在网上发布速捷、公开、通畅，能够有效扩大竞价范围，确保采购产品质量合格、价格适中。互联网采购能够增加政府工作的透明度，使长期处于“黑箱操作”的政府采购和工程招标项目等成为“阳光下的交易”，促进廉政建设。

2. 效率高

透明的采购过程对采购过程中的关键环节全部实现标准化和电子化，使整个采购流程合理有序，有效提高互联网采购的效率，缩短了采购周期。互联网采购把价格谈判的时间从几个月压缩到几个小时，减少了商业环境剧烈变化对价格影响的可能性。互联网采购企业对整个采购过程通常实行一条龙服务，从联系确定供应商，到确定采购时间，最后完成采购竞价，一直全线跟踪服务。

3. 竞争性强

互联网采购平台把竞争扩大到世界级的范围，公平竞争排除了原有供应商享有的一些优势，参加竞争的供应商有同等的机会赢得订单。扩大的市场偏向有竞争能力的供应商，也就是说，合格的供应商将来会被邀请参加当前的顾客所发起的互联网采购，另外也有更多机会赢得来自新客户的业务；供应商因此能增加销售和扩大顾客范围，并建设参与相关的销售和市场，参加互联网采购的供应商能看到市场价格并验证自身的竞争能力。

4. 节约成本

互联网采购能够有效地降低采购费用、降低材料和服务成本，这使得它备受企业和政府的青睐。企业和政府在网上寻找合适的供应商，从理论讲具有无限的选择性。这种无限选择的可能性将导致市场竞争的加剧，并带来供货价格降低的好处。

案例阅读

著名的 Mercer 管理顾问咨询公司分别对施乐、通用汽车、万事达信用卡三个具有行业代表性的企业做了一次详尽的电子化采购调查，比较了其运用互联网技术前后的采购流程成本控制。结论：施乐公司下降 83%、通用汽车公司下降 90%、万事达信用卡功效下降 68%。可见，通过网络的 B2B 互联网采购已经成为一个有效降低成本的解决办法。

（案例来源：百度文库，https：//wenku. baidu. com/view/22b2f0550740be1e640e9a0e. html）

互联网采购与传统采购的比较见表 4-1。

表 4-1　互联网采购与传统采购的比较

序号	比较项目	传统采购	互联网采购
1	通讯费用	（电话、传真）高	（互联网）低
2	作用效率	（手工）低	（软件）高
3	办公消耗	（纸张、耗材）高	（电子单据）低
4	单据查询与共享效率	（纸张单据）低	（电子单据）高
5	询价处理周期	长	短
6	采购审批周期	长	短
7	业务报表	手工	自动
8	供货商资源共享	少	多
9	比价（竞价）效果	（人工操作，效率低）差	（软件操作，效率高）好
10	差错率	高	低
11	透明度	低	高
12	采购成本	高	低

四、互联网采购的发展趋势

1. 从为库存而采购到为订单采购

在商品短缺的状态下，为了保证生产，必然形成为库存而采购的局面，但在如今供大于求的状态下，为订单而采购则成了一条铁的规律。在市场经济条件下，大库存是企业的万恶之源，零库存或少库存成为企业的必然选择。制造订单是在用户需求订单的驱动下生产的，然后制造订单驱动采购订单，采购订单再驱动供应商，这种准时化的订单驱动模式可以准时响应用户的需求，从而降低了库存成本，提高了物流的速度和库存周转率。

2. 从对采购生怕的管理到对供应商外部资源的管理

供需双方建立起了一种长期的、互利的战略伙伴关系，因此供需双方可以及时把生产、质量、服务、交易期的信息实现共享，使供方严格按要求提供产品与服务，并根据生产需求协调供应商的计划，以实现准时化采购，最终使供应商进入生产过程与销售过程，实现双赢。

3. 从采购方式单元化到多元化

互联网采购方式可以使全球化采购与本土化采购相结合，迅速向多元化方向发展。跨国公司生产的区域布局更加符合各个国家的区位比较优势，而其采购活动也表现为全球化的采购，既企业以全球市场为选择范围，寻找最合适的供货商，而不是局限于某一地区。

第二节　互联网采购流程与组织实施

互联网采购通过网络利用全球的资源，在全世界范围内寻找供应商，寻找质量最好、价格最合理的产品（货物与服务）。伴随着经济的全球化，互联网采购成为一种必然趋势。从某种意义上看，企业、政府都把互联网采购视为其重大战略。

一、政府采购流程与组织实施

目前，政府互联网采购通过各级政府采购网，实现采购人、采购中心、供应商等共享同一信息平台，实现全面、全程联网采购。政府采购总流程图如图 4.1 所示。

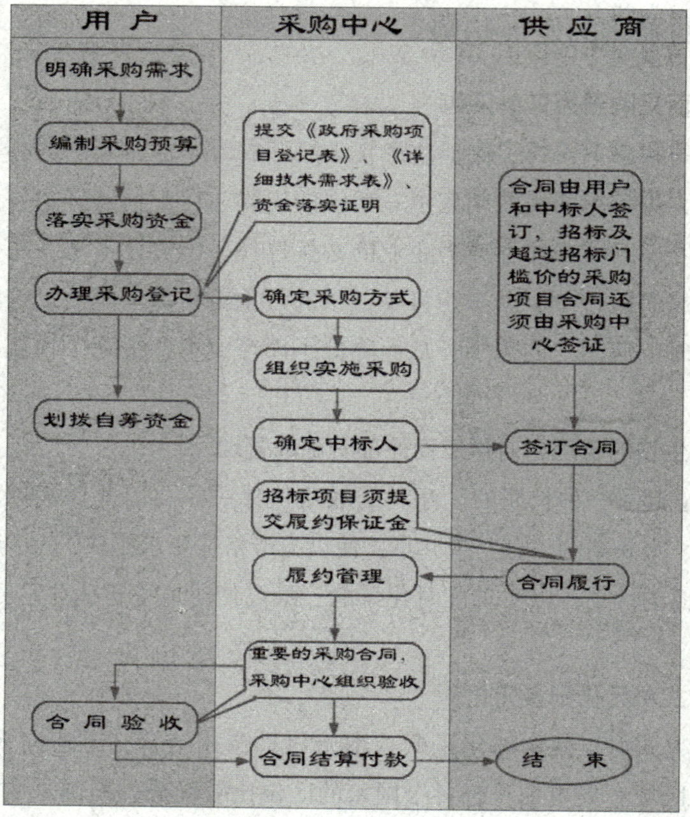

图 4.1 政府采购总流程图

政府采购可以在网上发布采购、招标信息，进行网上报价、询价、答疑，公布采购进度、结果等，也可以通过网络下载采购项目书、电子标书、供应商表格、合同范本，在线洽谈、自动传递规范表单等。但由于政策、安全因素的影响，在实际运作中，可能较多采购流程的审批管理还是采用传统的方式。为了规范政府采购管理，提高政府采购的效率，实现政府采购的完全网络化运行显得非常迫切。

1. 政府线下招标采购流程与操作

政府采购以招标采购为主，线下招标采购流程与操作如下：

（1）招标。招标采购是指采购方根据已经确定的采购需求，提出招标采购项目的条件，向潜在的供应商或承包商发出投标邀请的行为。招标是招标方单独的行为。

（2）投标。投标是指投标人知道招标通知后，根据招标通知的要求填写招标文件，并将其送交采购机构的行为，在这一阶段，投标商所进行的工作主要有申请投标资格、购买标书、考察现场、办理投标保函、算标、编制和投送标书等。

（3）开标。开标是采购机构在预先规定时间和地点将投标人的投标文件正式启封揭晓的行为。开标由采购机构组织进行，但需投标商代表参加。在这一阶段，采购官员要按照有关要求逐一揭开每份标书的标套。开标结束后，还应由开标组织者编写一份开标会纪要。

（4）评标。评标是采购机构根据招标文件的要求，对所有的标书进行审查和评比的行为。评标是采购方的单独行为，由采购机构进行。在这一阶段，采购员要进行的工作主要有：审查标书是否符合招标文件的要求和有关规定；组织人员对所有的标书按照一定方法进行比较和评审；初评阶段被选出的几份标书中存在某种问题要求投标人加以澄清，最终评定并写出评标报告等。

（5）决标。决标是采购机构决定中标人的行为。决标是采购机构的单独行为，但需由使用机构或其他人一起进行裁决，在这一阶段，采购机构所要进行的工作有：决定中标人；通知中标人其投标已经被接受，向中标人发送授标意向书、通知所有未中标的投标人；并向他们退还投标保函等。

（6）签订合同。签订合同即是招标人将合同授予中标人并由双方签署的行为。在这一阶段，通常双方对标书中的内容进行确认，并依据标书签订正式合同。为保证合同履行，签订合同后，中标的供应商或承包商还应向采购人或业主提交一定形式的担保书或担保金。

2. 政府互联网招标采购

政府互联网采购的组织实施统一由各级政府采购中心负责，由它组织办理采购办公室或采购单位委托的政府采购事务，及时在政府采购网站发布采购信息，建立和维护政府采购信息数据库、供应商信息库、专家信息库，向政府采购办公室报送采购信息情况等。具体内容如下：

（1）受采购办公室委托具体组织纳入政府采购目录范围内的集中采购事宜。

（2）对属于竞争性谈判采购、询价采购、单一来源采购方式的采购项目，按照政府采购管理暂行办法规定程序组织实施。

（3）受政府采购办公室委托，根据有关规定，对采购单位的要求，根据采购项目、供应商和市场情况，组织招标事宜，具体如下：

① 制定招标文件。

② 发布招标公告。

③ 组织招标。

④ 组建评标小组评标

⑤ 向政府采购办公室送交相关招标文件，报告中标结果。

⑥ 向中标单位发《中标通知书》，向落标单位发《落标通知书》。

⑦ 组织签订合同。

⑧ 督促相关单位或人员按合同执行。

⑨ 检查或评估执行情况。

网上招标流程如下：

（1）招标准备阶段。在这一阶段，首先，招标人要成为政府采购网站（如图 4.2 所示）的会员，然后在线填写申请表，最后经过网站审核，成为会员，发布相关的招标信息。在网上发布招标公告，全国的企业都可以浏览该信息，符合招标资质并有兴趣的企业都可以到网上参与投标，这样扩大了选择范围，使信息传递的范围更为广泛，所有相关的企业都可以平等地同时看到招标信息，更加体现了公开、公平、公正的原则。

图 4.2　政府采购网示例（广东省）

（2）招标阶段。在这一阶段中，首先是在招标人设定的开始时间自动开始招标，然后接受投标，最后到招标人设定的投标截止时间自动结束招标。其中包括以下几个环节：

① 投标企业网上报名。投标企业从客户端进行网上报名，输入企业的相关信息，计算机自动审核报名企业条件。

② 投标企业的资格预审。计算机通过数据库系统自动完成对投标企业的资格预审，再由相关工作人员进行核实，将存在的问题反馈给投标企业，限期进行补正。

③ 网上投递标书。过去企业做出标书都要在招标机构规定的时间内将标书送达指定地点，这样就有许多不稳定因素。有的企业可能因多种原因迟于规定时间送达标书而丧失了一次机会。现在网上投递标书不用投标企业直接送去，只需以电子邮件或上传的方式将标书传递到网上即可，这样既省时省力还节约资金。所有参与投标的企业在平台上都可以查询到，便于大家互相监督。为了防止泄漏标书内容，上传的标书应该是加密的，只有投标企业自己知道密码，其他人不知道密码就无法打开。

（3）评标阶段。在这一阶段中，首先查看投标并进行评标，然后到招标人设定决标时间在网站公布结果，招标结束。具体包括两个环节：

① 现场与网络同时开标。虽然采用网上投标的方式，但为了保证公平、公正，采用现场开标的方式，所有投标的企业都可以派人参加开标会议，所有的标书必须从招投标网络平台上下载下来，由投标企业输入密码现场打开，在全体人员的监督下完成，避免有人偷换或篡改标书。同时，开标全过程在网上直播，接受投标企业和公众的监督。

② 网上评标。传统模式下，一般都是在当地聘请评标专家对标书进行评议，由于专家数量有限，又都在一个城市，难免会受其他方面的干扰，影响评标的公正。网络评标系统则是在较大范围内筛选抽取专家进行评标，更能保证评标的公正性。

网上招标详细流程如图 4.3 所示。

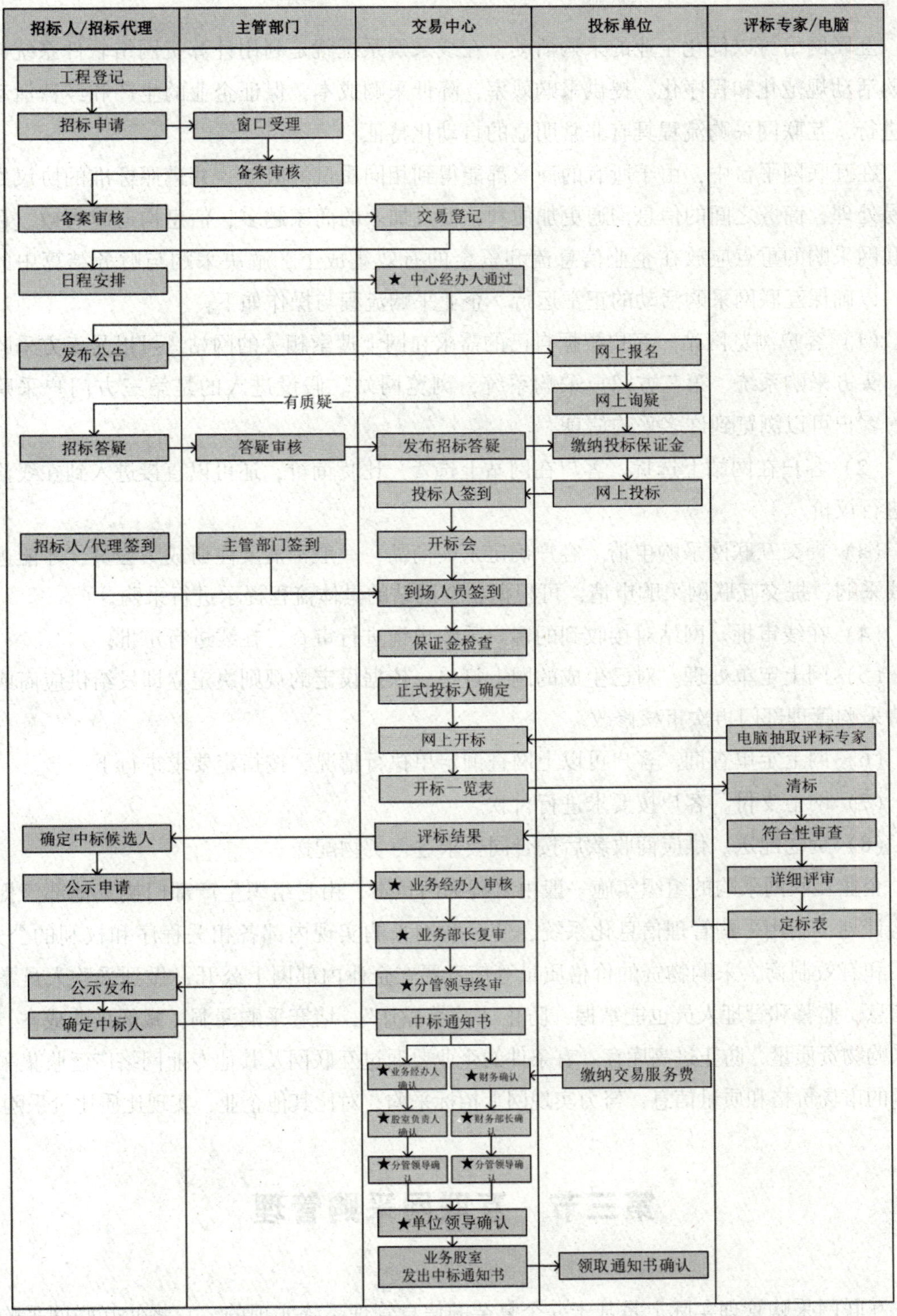

图 4.3　网上招标流程图

二、企业采购流程与组织实施

互联网络可以优化企业的采购活动，在线采购系统就是利用计算机网络软件系统，使采购活动规范化和程序化，提供采购效率，降低采购成本，保证企业的生产和经营活动顺利进行，互联网采购流程具有非常明显的自动化特征。

在互联网平台中，由于所有的商家都能得到相同质量的服务，并遵照标准的协议处理交易处理，商务之间的信息沟通更加便利，而且加入的商家越多，信息沟通越有效。目前互联网采购的重点应放在企业信息流和资金的有效集成上，解决采购与财务结算中的问题，以确保互联网采购活动的正常运行。企业采购流程与操作如下：

（1）客户浏览网站。客户根据自己的需求在网上搜索相关的网站，可以是卖方采购系统、买方采购系统、第三方门户采购系统，浏览网站。假设进入的是第三方门户采购系统，客户可以浏览到许多采购信息。

（2）客户在网站上选货。客户在网站上选货、比货询价，还可以直接进入到在线洽谈室进行议价。

（3）提交互联网采购申请。客户确定采购商品，一般都需要注册成为会员，才能进行在线采购，提交互联网采购申请，可根据各个网站的具体流程提示进行采购。

（4）在线审批。网站对接收到的客户采购申请进行审查，在线进行审批。

（5）网上定单处理。对已生成的网上订单，依据设定的规则决定立即发给供应商或是留待采购管理部门再次审核修改。

（6）网上定单查询。客户可以上网查询定单执行情况，按指定要求进行下一步。

（7）网上支付。客户按要求进行付款。

（8）货物配送。供应商收款后按合同要求进行货物配送。

企业互联网采购的组织实施一般由采购部门负责，由它组织生产部门或其他部门提出采购计划，利用采购管理信息化系统，使互联网采购实现内部各相关程序和权利的公开、透明和有效制衡，采购物资的价格质量等信息要在企业内部网上公开，做到采购人员掌握的信息，监督和管理人员也能掌握，防止“暗箱操作”，堵塞采购漏洞，减低采购成本，确保采购物资质量，防止过高库存。有条件的企业要通过互联网及其他专业网络广泛收集采购物资的市场价格和质量信息，努力实现网上招标采购，对比其他企业，实现比质比价采购。

第三节　互联网采购管理

互联网采购管理实际上是基于一个复杂的信息管理系统实现的，它将使互联网采购实现真正意义上的“公开透明、公平竞争、公正合理、诚实信用”原则。

目前，最先进的互联网采购管理系统包括组织结构管理、供应商目录管理、产品目录管理、采购计划管理、采购过程管理、合同执行管理、采购效果分析、决策支持系统、采购成本管理等。

一、组织结构管理

互联网采购的组织管理符合各行业采购习惯的权限管理。基于适用性、效率性和安全等因素提供足以承担特定采购任务的角色和权限管理，通过角色和权限的可定制功能实现对内部用户群分级分组管理，从而保证了合适级别组别的人群能够浏览和操作合适的项目，合适级别组别的人群能够进行系统管理等，并能根据组织或运营变化的要求实现角色权限与用户的动态管理，同时，也包括对供应商、专家等动态的管理。

二、供应商目录管理

互联网采购的供应商目录管理可以帮助供应商动态维护其内部信息和产品信息。供应商登录系统能够维护单位基本信息，并可以按照采购商设定的权限范围动态更新自己的产品信息，包括新增产品种类、更新产品基本信息描述、更新产品价格、更新产品库存、更新生产能力及目前剩余生产能力、更新产品基本信息的有效期。供应商可以提供标准价格也可以提供分级价格，还可以实现采购商对供应商的资信评估。采购商能够对供应商在一段时期内的供货质量、价格、交货期、服务、可持续性的改进等方面进行综合、全面的统计和评估，实现对合作伙伴的动态管理，如引入新伙伴、摒弃已有的伙伴等。供应商目录管理提供了比较实用的统计分析，能够帮助采购单位很好地预测市场前景与交易风险，调整采购策略。供应商目录管理为采购商进行决策和采购成本管理提供了量化的、准确的依据，既提高了采购质量和采购效率，又改善了采购单位与供应商关系，使采购单位对供应商的管理由原来的交易管理转向关系管理，为客户长期的可持续发展战略提供了有力的支持。

三、产品目录管理

互联网采购的产品目录管理让采购方可以设定本单位的产品目录，定制产品目录下的产品信息数据视图如产品名称、产品编码及价格等。采购单位可以设定产品目录发布管理流程，严格控制入市产品目录的准确性。采购单位也可以设定产品目录浏览操作权限管理，即可以设定浏览、操作某产品目录的供应商或者群组，未设定权限的供应商将不能查看产品目录，设定权限的供应商才能按照产品目录视图维护企业产品信息。对于经常采购的产品，系统会自动形成快捷目录，提高后续采购的工作效率。产品目录管理提供了灵活的目录设置和动态更新功能，能够帮助客户实时更新产品目录，保证产品目录的先进性，以符合市场需求。

四、采购计划管理

互联网采购的采购计划管理能够实现年度、半年度、季度、月度采购计划编制，并可以随时调整采购计划，实现对不同产品的请购管理。对经常性请购产品与定期请购产品的管理，形成经常性请购产品的请购模板。对于定期请购，系统会在设定时间自动发送请购申请，实现对计划外的额外采购规范管理，严格规范本单位的额外采购。

五、采购过程管理

互联网采购过程管理应提供招标采购、竞价采购、谈判采购和直接采购等几种常见的互联网采购方式的过程管理，如图 4.4 所示。不同产品目录或不同产品，其互联网采购具体方式也不一样。

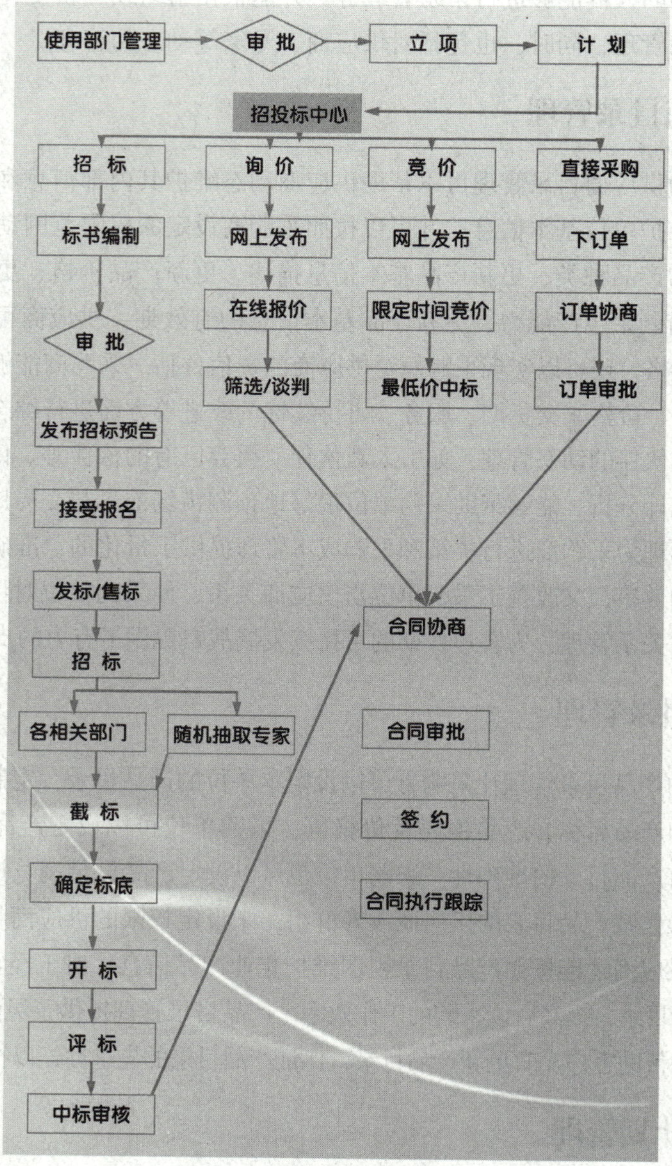

图 4.4　互联网采购过程示意图

六、合同执行管理

互联网采购的合同执行管理凭借流程自定义功能，可以轻松实现在线合同签订、合同管理、合同执行状态跟踪、电子支付等。

七、采购效果分析

互联网采购的采购效果分析主要用来帮助采购单位评估业务项目的采购结果，包括项目最终成本、项目质量、供应商合同履行质量和采购人员绩效等。用户可以自行设定评估模型，也可以应用工作流技术自行制定评估流程，评估时使用的数据可为业务流程中的项目数据、生产过程中的反馈数据和采购成本管理系统数据。

八、决策支持系统

互联网采购的决策支持系统拥有强大的统计查询功能，主要为采购决策提供依据。用户可根据业务需要咨询设置多种统计查询模板，相关权限人员可以使用统计查询模板，实现对采购项目所关注信息的统计查询功能。采购单位不同层次人员可以统计查询与其相关的采购项目信息，如经营层可以统计查询战略决策辅助信息，管理层可以统计查询管理性决策辅助信息，执行层可以统计查询作为决策性辅助信息。

九、采购成本管理

互联网采购的采购成本管理可以自行设定财务费用种类，如会议费、差旅费等，进行年/季/月度采购成本预算和产品采购成本预算，可以自行设置用款申请审批流程。针对具体单笔采购，采购人员提出用款申请，批复同意后方可正式启动采购项目。互联网采购的采购成本管理系统还可以自行设置费用报销审批流程，采购过程中采购人员提请费用报销，需经审批，财务才予以报销；可以进行项目成本决算，包括项目交易成本、采购过程发生成本，如人力投入、报销费用等；可以进行年/季/月度采购成本决算和产品采购成本决算，可以统计各种财务费用发生明细。采购成本管理贯穿了采购业务的全过程，其工作流技术的运用严格规范财务用款申请和报销程序提供了强有力的技术支持。

十、供应链采购管理

供应链客观存在于各类企业中，供应链管理是针对这些企业而言的。供应链管理的内容可以分为企业操作层面的供应链管理和经营战略层面的供应链管理两大方面，供应链采购管理是企业操作层面的供应链管理内容之一。

在供应链采购管理环境下的运作，主要是指双赢式和准时化的采购管理。

1. 双赢式采购

双赢式采购合作关系是日本企业率先采用的，它提倡一种双赢采购机制，强调在合作的生产商与供应商之间共同分享信息，通过合作和协商来达到双赢的目的，对供应商的选择与控制应集中在如何与供应商建立双赢关系以及维护双赢关系上。具体表现在要实现生产商和供应商信息的交流与共享，要对供应商采用激励机制，同时要对供应商采用合理的评价方法和手段。只有这样，才能建立长期的双赢式的供应关系。

2. 准时化采购

准时化采购是一种管理哲学在采购中的运用，在日本也被称为 JIT 采购，是一种较先进的采购方法。其基本思想体现为在恰当的时间、恰当的地点，以恰当的数量以及恰当的质量来提供恰当的物品。这种准时化采购是准时化生产管理模式的必然要求，是为了消除库存和不必要的浪费而进行的持续性改进。在供应链管理环境下，要求选择最佳的供应商，并对供应商进行有效的管理，这是准时化采购成功的基石。卓有成效的采购过程质量管理是准时化采购成功的保证，供应商和生产商的紧密合作是准时化采购成功的钥匙。为此，先要制定准时化采购的策略计划，选择少量的供应商建立合作伙伴关系，再确定准时化采购小组，进行试点采购，确保供应商对准时化的认识和理解，实施配合准时化生产的交货方式，体现准时化采购的运作绩效。

案例阅读

企链云采购（www. linkchain360. com）是上海企链网络科技有限公司的核心产品。企链是一家提供采购管理系统 SAAS 服务的初创企业，公司创立于 2015 年，位于上海。企链云采购创新性地整合了云、移动、大数据等相关技术，以帮助企业实现采购业务互联网+为核心理念，为企业打造一站式采购管理平台，为工作人群提供移动办公的能力。

企链云采购实现了采购业务全流程覆盖，包括了预算、请购、订单、收货、发票、付款、供应商管理、支出分析等模块，助力企业更快更省更好更智能地管理企业采购支出。企链立足于企业的采购管理业务，为企业提供端到端的采购管理解决方案，涵盖了采购预算、采购申请、采购订单、收货、发票、付款的完整业务流程，帮助企业快速节省地建立自己的采购业务管理系统。其特点如下：

（1）端到端的采购全流程自动化。企链帮助企业管理端到端的全业务流程，包括预算、采购申请、采购订单、收货、发票、付款等完整的采购管理环节；帮助企业及时进行预算比对、采购执行过程监控、企业支出分析，告别靠感觉管理企业采购花费的时代。

（2）个性化定制企业管控逻辑。企业可以根据自己的需要，配置各种类型的采购申请、订单管理流程及管理规则。可以配置成本中心管理模式、配置预算管理模式、配置订单管理模式。

（3）支出全面分析及管控。企业可以及时监控采购执行情况，包括预算使用情况、采购申请金额、订单金额、到货情况、付款情况等。

（4）无需培训，快速使用。企链贯彻互联网思维，无需培训，企业用户即可快速上手使用，按照企业管理用户指定的企业采购管理规则，执行整个采购流程。

(5) 全企业范围使用，降低案版工作。采购需求方、采购员、财务、管理人员多个视角面向采购工作。清晰的任务和业务指标把采购人员从琐碎的工作中解脱出来。

(6) 供应商协调作业，提高采购效率。采购与供应商的合作常常存在间断性和不确定性，企链可以有效规范协同流程，提高沟通效率，避免采购风险。

以下是企链八大功能模块：

(1) 预算管理，包括成本中心、预算科目和预算管理三部分。

成本中心：企业可以指定自己的成本中心，包括部门制成本中心或项目制成本中心。

预算科目：企业可以根据自己的需要设置预算科目，编辑预算。

预算管理：用户可以选择某预算，查看预算的使用情况，包括当前已申请、已使用、剩余预算等数据，及时监控预算使用情况。

(2) 采购申请，包括流程设定和发起采购需求功能。

流程设定：提供了强大的流程定义能力，用户可以根据不同的采购类型定义不同的审批路径，然后可以对该类型的采购申请流程进行详细的定义。

发起采购需求：用户可以根据需要提出采购申请。

(3) 采购订单，包括流程定义、无 PR 采购订单和有 PR 采购订单。

流程定义：企业可以根据自己的需要设置流程执行过程、流程执行人、执行逻辑。

无 PR 采购订单：支持类似贸易型企业的模式，在没有需求方参与采购需求的情况下直接发起采购订单并进行后续的管理。

有 PR 采购订单：常规的企业内部需求模式，在需求方进行预算控制下的需求审核流程之后，发起采购订单并进行后续的管理。

(4) 收货管理，包括收货提醒和收货确认。

收货提醒：收货周期的到期自动提醒，收货日历一目了然。

收货确认：收货部门收到货物后填写收货单，收取合格物品。

(5) 发票管理，包括开票提醒和发票收入。

开票提醒：未收到发票清楚展现，可以催办供应商开具发票。

发票录入：采购发票集中录入和查询，保证订单发票收货单的完整对应。

(6) 付款管理，包括付款流程定义、付款提醒和付款申请填写。

付款流程定义：从业务部门的审核到财务部门的审核，保证三单合一之后的合规支付。

付款提醒：根据付款周期提供付款日历，清楚提示付款任务与计划。

付款申请填写：关注采购的结果审核以及付款的合规性，表单清晰简单，审批目的明确。

(7) 供应商管理，主要是供应商信息的主数据维护。

（8）支出分析，从预算维度分析采购支出数据，从物品维度分析采购成本及变化。

（案例来源：企链云采购官方网站，http：//www. linkchain360. com）

第四节　阿里巴巴中文站采购

下面以阿里巴巴中文站（www. 1688. com）为例，介绍互联网采购的过程。

阿里巴巴采购的方式主要为自主寻找商机，即供应产品信息和供应商信息以及采购商发布的求购信息，如图 4. 5 所示。

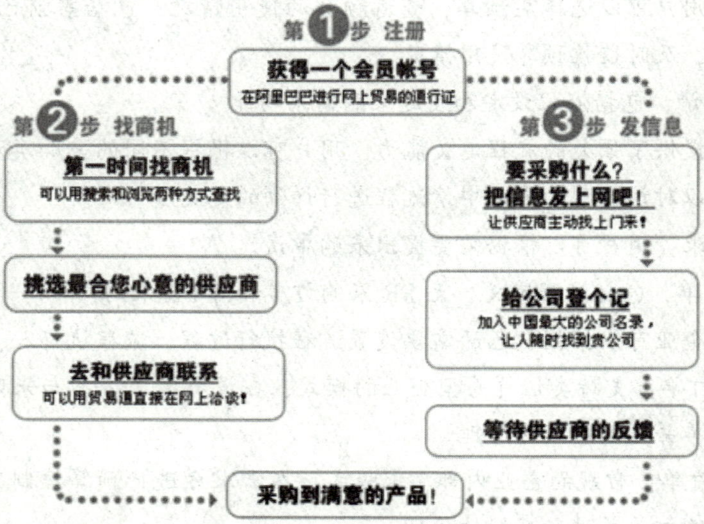

图 4. 5　阿里巴巴采购方式

一、查找供应信息

阿里巴巴网站在为供应商提供强大服务功能的同时，也为采购商提供了方便快捷的采购服务。对于采购商而言，寻找货源和供应商是互联网采购的重要目的。寻找商品或供应商，可通过以下方法进行操作：

1. 用关键词搜索

进入 www. 1688. com，选择相应的信息类型（如货源、供应商），并在搜索框里输入想要查找的产品或服务的名称，然后点击“搜索”按钮即可，如图 4. 6 所示。

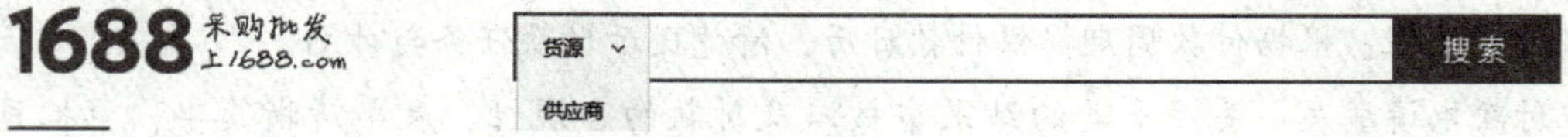

图 4. 6　在 1688 平台搜索供应信息

采购商可以通过缩小搜索范围来查找符合条件的产品或供应商。在搜索页面中，可以选择采购商感兴趣的产品参数对产品搜索结果进行过滤筛选，或者通过所在地区、公司经营模式、规模等条件筛选供应商信息，以便采购商更准确的定位搜索结果，如图 4.7 所示。

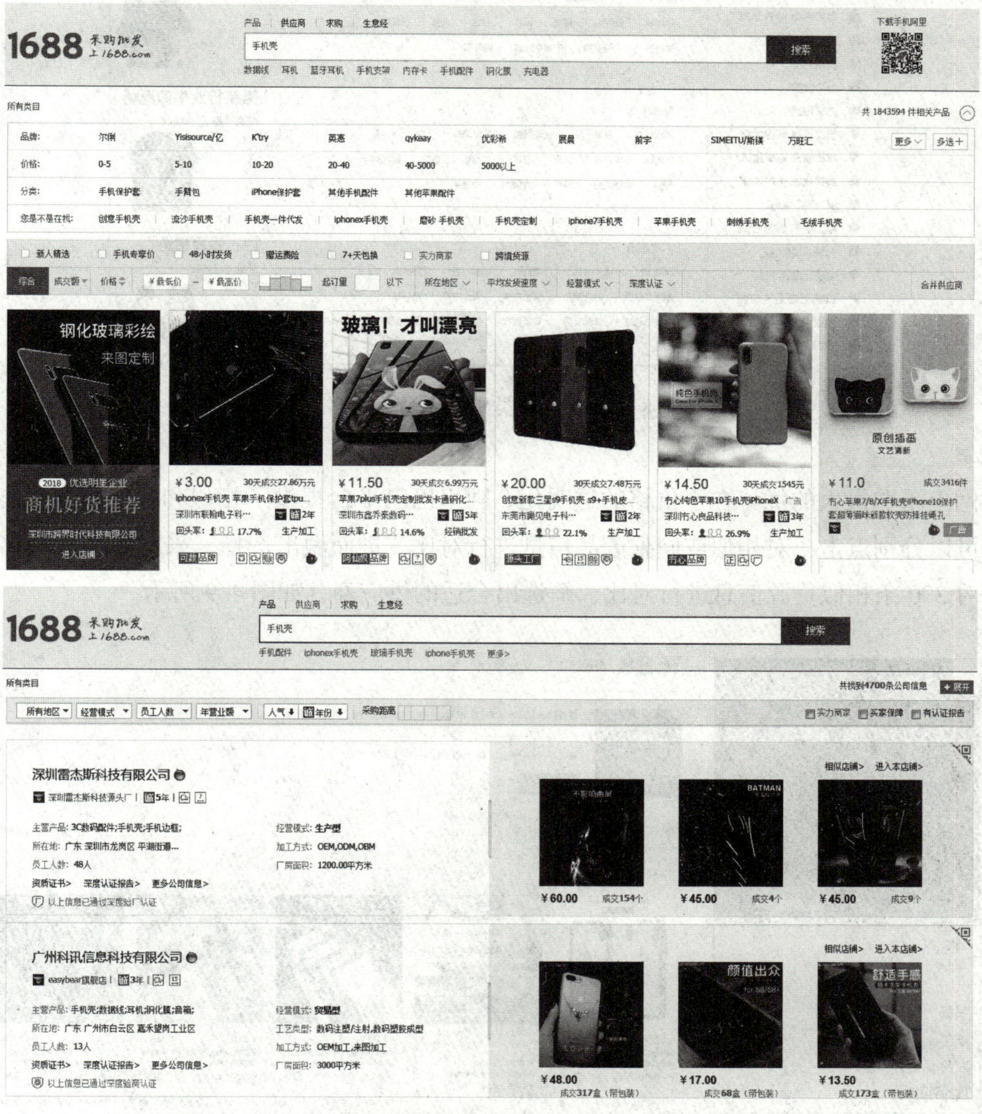

图 4.7 产品和供应商信息搜索结果及筛选条件

2. 按照类目进行查找

例如要查找“连衣裙”，可以在首页左边的行业类别选择相应的“女装”大类，进入女装市场进行查找，如图 4.8 所示。

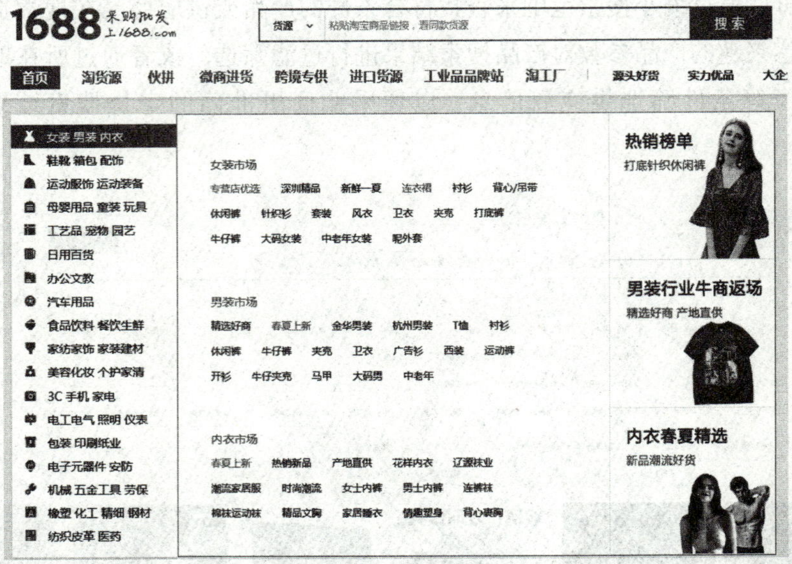

图 4.8　1688 行业类别，以“女装”为例

网上采购最大的优势在于价格的透明化。阿里巴巴平台提供了相似和同款货源功能，采购商可以分别点击，对相似或同款产品信息进行对比，进而做出选择。采购商每次最多可以同时对 300 条相似货源信息进行对比，筛选出合适的供应商，如图 4.9 所示。

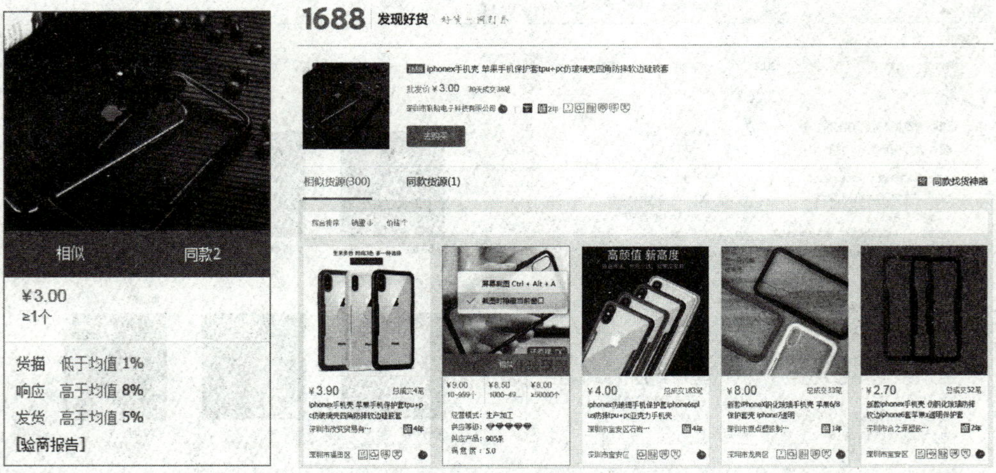

图 4.9　1688 相似货源和同款货源页面

二、发布需求信息

（一）询价单

询价单是采购商为了快速、广泛寻找合适供货商而在采购平台上发布的采购或定制需

求电子单证。简单来说，询价单即买家发布的求购信息。买家可以将自己的求购需求发布成询价单，卖家可以通过该询价单来给买家报价，从而进一步达成交易。

1. 发布询价单

在1688登录后，在首页搜索栏后面点击“发布询价单”按钮，或进入“我的阿里”→“买家中心”，点击“发布询价单”按钮，即可进入发布询价单页面，如图4.10所示。

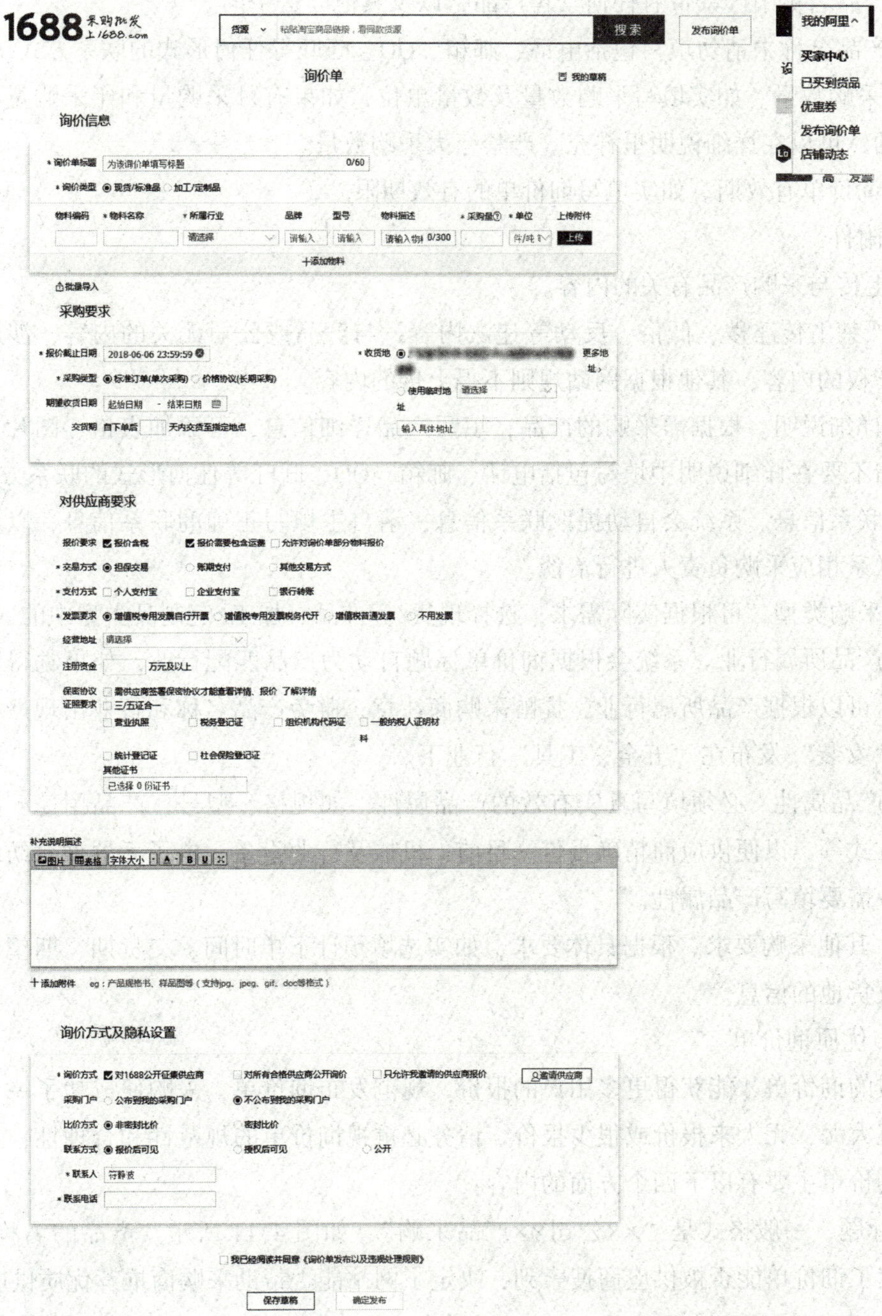

图4.10　发布询价单

(1) 询价单的内容

一条询价单可包括产品名称、采购数量、询价单有效期、附件、详细说明、联系信息、采购类型、产品所属行业、产品属性、收货地等信息，各项信息填写规则如下：

1) 产品名称

① 需填写完整、明确的产品名称，且必须与内容描述相匹配。

② 产品名称中严禁带有任何禁售产品，以及其他非法字词。

③ 产品名称中请勿填写包括电话、邮箱、QQ、旺旺等任何形式的联系方式。

2) 采购数量。如实填写采购数量及数量单位，如果有月采购量和年采购量等阶段采购差别的，可以在详细说明里补充。严禁夸大采购数量。

3) 询价单有效期。如实填写询价单的有效期限。

4) 附件

① 上传与采购产品有关的内容。

② 严禁上传淫秽、低俗、反动等违法内容，与产品或公司无关的内容，涉嫌侵犯他人知识产权的内容，其他根据网站规则不得上传的内容。

5) 详细说明。根据需采购的产品，填写产品详细信息，可添加表格、图片，为保护隐私，请不要在详细说明中填写包括电话、邮箱、QQ、旺旺等任何形式的联系方式。

6) 联系信息。系统会自动提取联系信息，请自主填写正确的联系信息，以确保供应商准确联系相应采购负责人进行洽谈。

7) 采购类型。可根据实际需求，选择现货/标准品、加工/定制品类型中的一种。

8) 产品所属行业。系统会根据询价单标题自动为产品匹配行业，如果觉得匹配结果不满意，可以根据产品所属行业，提醒采购商注意，避免产品名称和行业出现严重的不相符，如“女装”发布在“五金、工具”行业下。

9) 产品属性。必须填写真实有效的产品属性，如规格、型号、产品用途、品牌、所需加工方式等，以便供应商精确报价。目前，机械及行业设备，电子元器件，纺织、皮革三个行业需要填写产品属性。

10) 其他采购要求。根据具体要求，如实选填预计下单时间、交货期、期望供应商所在地及收货地的信息。

(2) 优质询价单

优质的询价单才能获得更多用户的报价。规范发布询价单，采购便成功了一半，否则便会石沉大海，无人来报价或很少报价。请务必重视询价单的规范性和合理性，切忌草草发布。询价单主要有以下四个方面的内容：

① 标题，一般格式是“××公司××产品采购”，如图 4.11 所示。产品的名称很重要，直接决定了询价单能否被供应商搜索到，决定了网站能否帮助采购商推荐优质供应商。

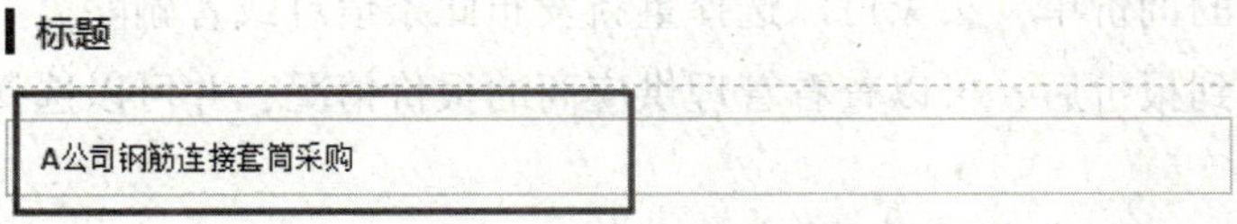

图 4.11　优质询价单标题示例

② 产品信息，需要填写完整的产品描述要求，让供应商明确知道采购商的需求，提供靠谱的报价，避免误报。行业明显不同的产品不可以放在同一询价单上，避免供应商无法报价。

③ 对供应商的要求，决定了什么样的供应商能够报价，对供应商的要求要合适，避免条件不当将许多商家“挡在门外”，难以收到报价。

④ 询价方式和隐私设置，买家可以设置信息公开情况，此处能否看到报价是针对买家而言的（卖家是不能看到他人的报价的），如果勾选“密封比价”，那么在截止日期之前，即使收到报价买家也无法查看。

（3）注意事项

①“公开征集供应商”的询价单，显示到搜索列表会有延迟，请 10-15 分钟后再查看。此类询价单发布成功后，大家都是能够搜索到的，但是只有诚信通会员才能够给询价单报价。

② 同一账号发布的内容完全相同或主要内容相同的询价单数量多于或等于 5 条，询价单中出现买卖方向相反（名为询价，实为广告）、内容中包含违禁产品、敏感信息等情况的，阿里会进行下线及违规处理。建议买家按规则发布专业的询价单。

2. 修改询价单

登录“我的阿里”，点击“采购”进入“采购管理”板块，点击“寻源管理”下面的“所有寻源项目”，选择“询价”页面，找到需要修改的信息，点击该条信息后的“修改”按钮，修改信息内容，完成后点击提交即可。注意，修改的信息会即时上网，请注意查看。

当询价单处于以下状态时，不支持修改：

（1）该询价单处于报价截止日期内，已经收到供应商的报价。

（2）该询价单已经超出了报价截止日期。

3. 询价管理

采购信息发布成功后，可以在“采购管理”—“所有寻源项目”页面（如图 4.12 所示）管理所有的采购信息，可以对采购信息进行如下操作：

（1）询价处在报价中的，但尚未有人报价，买家可以修改此条信息。

（2）询价处在报价中的，如果已有供应商报价，则买家不能再修改此条信息，“询价单有效期”到期后，会进入“报价停止”状态中。

（3）对于已关闭的询价单，买家可以选择重新发布此条信息或者删除。

（4）采购商接收到报价后，可以查看管理供应商的报价情况，并可以选择合适的供应商下达采购意向。

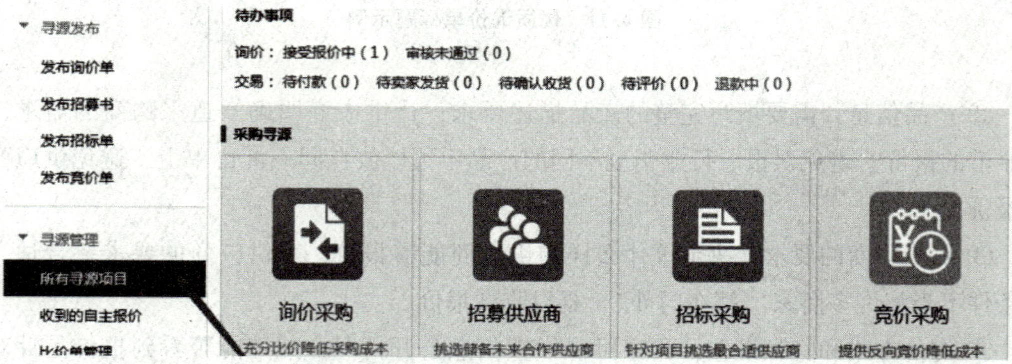

图 4.12　所有寻源项目页面

（二）招募供应商

1688 采购平台可以帮助买家招募供应商，以挑选、储备未来的合作供应商。进入“我的阿里”找到并进入“采购管理”，点击左侧菜单里的“发布招募书”或直接点击“招募供应商”按钮，发布招募书，如图 4.13 所示。

招募书填写步骤：

第一步，填写招募品类基本信息。

（1）招募品类（必填）：可填写要采购的产品名称或关键词，注意不能超过 30 个字。

（2）所属行业（选填）：选择该产品所属的行业。填写产品名称时，系统会自动匹配并显示几个相关行业类目，并默认选择一个，客户可以修改推荐的类目，也可以自己选择类目。

（3）需求描述（选填）：对所采购产品的其他描述，可以是该采购品的规格、型号、尺寸等内容，不超过 300 个字符。

（4）年计划采购金额（必填）：单位为万元，不可修改；金额必须是 1～99999999 之间的整数。

（5）添加品类：添加品类上限为 10 个。

第二步，填写应募供应商条件。

（1）发票要求（必填）：能够开具增值税专用发票、增值税普通发票或无需发票。

（2）交易方式要求（必填）：支持支付宝担保交易（供应商已绑定支付宝）/账期支付/其他。

（3）支付方式要求（必填）：支付宝/银行转账。

（4）经营模式（选填）：生产加工、经销批发、招商代理、商业服务（可多选，非必填）。

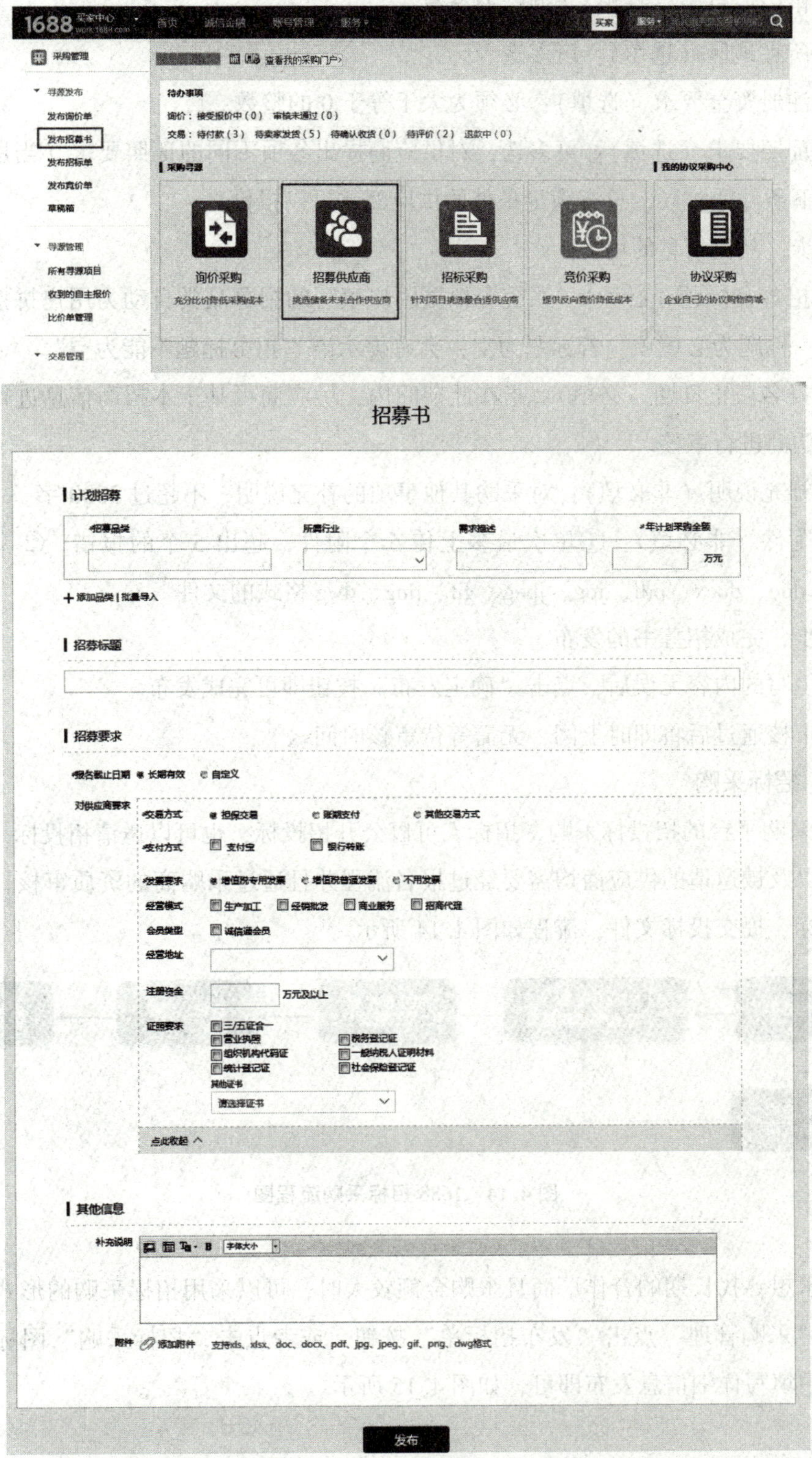

图 4.13 发布招募书界面

（5）供应商身份（选填）：诚信通会员。

（6）所在地区（选填）：可多选。

（7）注册资金要求（选填）：必须为大于等于 0 的整数。

（8）证照要求（选填）：可多选，对供应商提出各项不同的证照要求（当用户选择必须符合以下条件的时候，只有满足条件的供应商才可以报价）。

第三步，其他信息的填写。

（1）招募书标题（必填）：系统会根据用户填写的招募品类自动为用户拼接标题，用户可修改。标题为必填项。若标题为空，会有提示语“招募标题不能为空”。

（2）报名截止日期（必填）：指在此期间内，供应商可基于本招商信息进行报名，报名后由采购商进行审核。

（3）补充说明（非必填）：对采购其他事项的补充说明，不超过 3000 字。

（4）附件（非必填）：①单次最多上传 5 个附件，超出 5 个的报错。②文案：支持 xls、xlsx、doc、docx、pdf、jpg、jpeg、gif、png、dwg 格式的文件。

第四步，完成招募书的发布。

确认填写的内容无误后，点击“确定发布”按钮即可完成发布。

系统审核通过后将即时上网，无需等待审核时间。

（三）招标采购

1688 采购平台的招投标采购，招标人可以公开招投标，也可以邀请招投标。公开报名的供应商以及被邀请的供应商均需要经过报名流程并且通过采购商的资质审核，才可以正式参与投标、提交投标文件，流程如图 4. 14 所示。

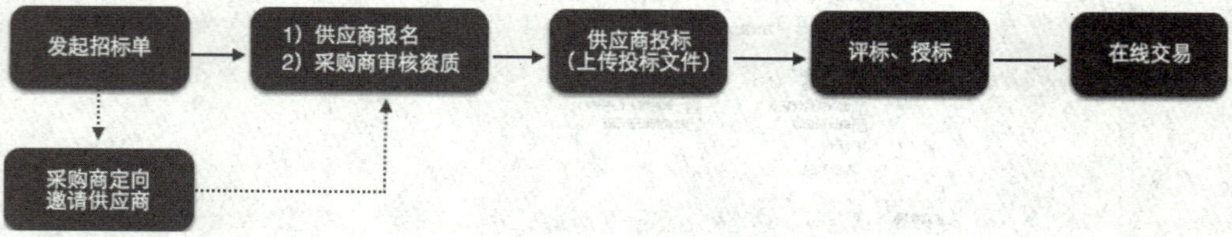

图 4. 14　1688 招标采购流程图

当买家想寻找长期的合作厂商且采购金额较大时，可以采用招标采购的形式。操作流程：进入“采购管理”点击“发布招标单”按钮，或者点击“招标采购”图标，然后在弹出页面中填写详细信息发布即可，如图 4. 15 所示。

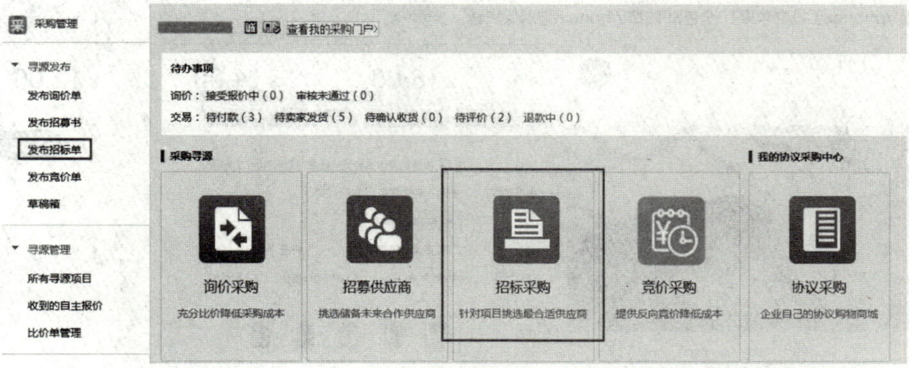

图 4.15　发布招标单界面

（四）竞价采购

1688 采购平台的竞价采购（又称反向竞价、反向竞拍），是一种可以最大程度帮助采购商降低采购成本的极高效的采购方式。在竞价过程中，供应商的每一次报价均不能高于其上一次报价，直至价格降至最低。流程如图 4.16 所示。

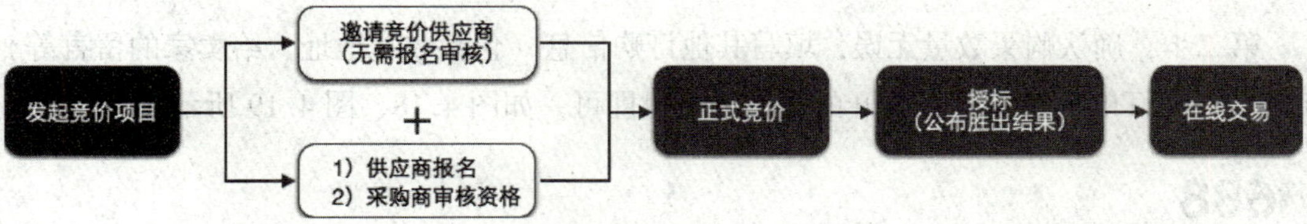

图 4.16　1688 竞价采购流程图

想发起竞价项目的买家，可以进入“采购管理”点击“发布竞价单”按钮，或者点击“竞价采购”图标，然后在弹出页面中填写详细信息，发布即可。

三、采购商品

首先，会员可以通过在阿里巴巴网站搜索等方式，找到感兴趣的产品。其次，可以通过查看资料、网站搜索等多种方式，核实卖家的身份和信誉，并跟卖家进行详细洽谈。具体步骤如下：

第一步，打开阿里巴巴首页，在“产品”搜索框下输入需要购买的产品名称，然后点击“搜索”，在搜索结果页面中，点击打开感兴趣的产品供应信息，选择相应的型号和数量，点击页面上的“立即订购”或“加入进货单”按钮进行下单。如图 4.17 所示。

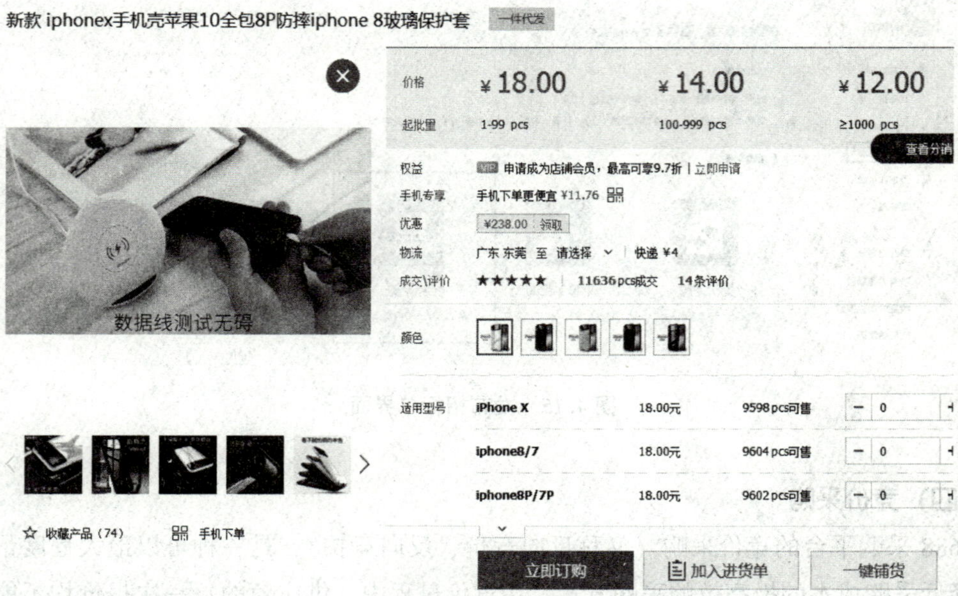

图 4.17　产品页面

第二步，确认购买数量无误，填写其他订购信息（包括收货地址、给卖家的留言等），点击“提交订单”按钮后在打开的页面上支付即可。如图 4.18、图 4.19 所示。

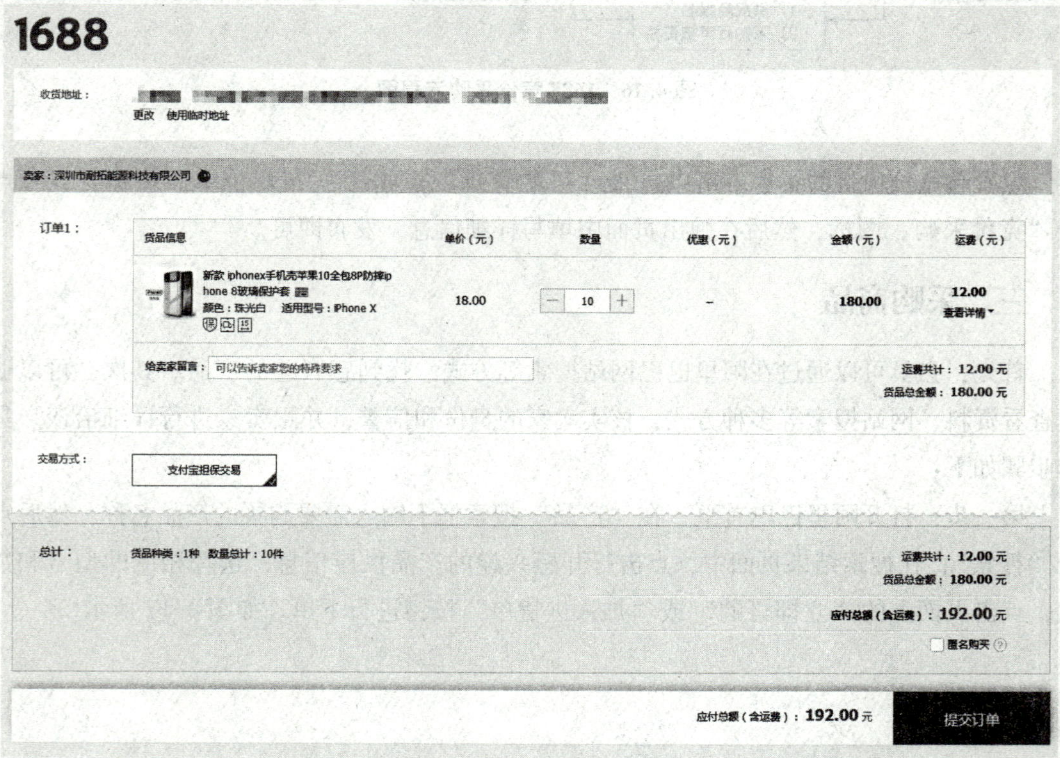

图 4.18　点击“立即订购”出现的确认订购信息页面

图 4.19　点击“加入进货单”后出现的确认订购信息页面

同样，买家在发布询价单之后，如果收到了适合的报价，也可以下单并进行付款，如图 4.20 所示，点击“立即订购”，将进入到“确认订单”页面，点击“提交订单”按钮后在打开的页面上支付即可。

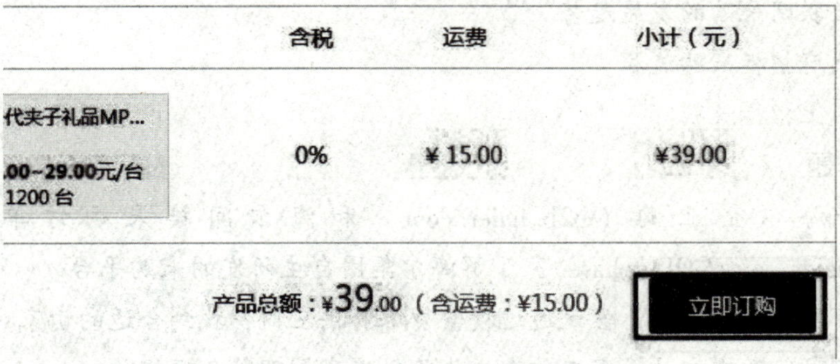

图 4.20　在报价单上订购产品

思考与练习

一、不定项选择题

1. 互联网采购的优势主要有（　　）。

A. 公正透明　　B. 效率高　　C. 竞争性强　　D. 节约成本

2. 按互联网采购参与的对象，互联网采购可分为（　　）。

A. 国际采购　　B. 政府采购　　C. 国内采购　　D. 企业采购

3. 下面关于互联网采购的说法，（　　）项不正确。

A. 互联网采购是电子商务的一种具体形式

B. 互联网采购能够增加政府工作的透明度

C. 我们应该提倡为库存而采购

D. 企业应该注重对供应商外部资源的管理

4. 常见的互联网采购方式有（　　）。

A. 招标采购　　B. 竞价采购　　C. 谈判采购　　D. 直接采购

5. 阿里巴巴采购的主要方式包括（　　）。

A. 网上招标　　B. 网上竞价

C. 自主寻找商机　　D. 发布求购信息

二、判断题

1. 互联网采购就是充分利用互联网来完成采购的各环节。（　　）

2. 按互联网采购信息的发源，可分为政府采购和企业采购。（　　）

3. 互联网采购比传统采购透明度高。（　　）

4. 准时化采购简称 JIM。（　　）

5. 为了让更多的供应商看到求购信息，采购商应重复发布询价单。（　　）

三、问答题

1. 什么是互联网采购？

2. 简述互联网采购的主要类型。

3. 简述互联网采购的发展趋势。

4. 简述政府招标采购流程。

5. 简述网上招标流程。

四、操作题

1. 浏览海尔企业购（b2b. haier. com）和海尔间接采购订单管理系统（gopurchase. haier. com/GOPurchase），了解海尔集团自主研发的采购平台。

2. 进入阿里巴巴中文站，尝试通过搜索货源和供应商，找到合适的卖家。

3. 进入阿里巴巴中文站买家工作台，体验供应商管理等各项操作。

第五章

互联网交易管理

【学习目的】

1. 了解并掌握互联网订单的管理。
2. 了解电子合同的概念、特点，掌握电子合同的签订。
3. 了解电子支付的分类及方法。
4. 了解电子商务物流与配送的要求、种类和物流商选择的原则。
5. 了解互联网售后服务的内容、方法和策略等。

第一节　互联网订单管理

一、互联网单证的定义

所谓互联网单证，就是在电子交易中使用的表格和单证。它是计算机网络的数据库与用户之间的联系界面，是电子交易信息流的逻辑载体。它可以通过网页的形式来表现和传播，向用户收集和传递必要的商务信息。从表面形式上看，它与纸质单证没有区别，但实际上，它通过计算机程序与数据库紧密相连，并可通过计算机根据不同的需求，进行不同的处理，从而实现交易的自动化。

互联网单证按照功能可分为身份注册和验证类、普通信息交流类和信息发布类。各类单证的内容与特点如下：

(1) 身份注册和验证类型的互联网单证一般用于各网站收集用户信息和确认用户身份，如在进行网站会员注册、申请电子邮件或个人主页空间时，网站都需要用户的个人信息，以确认用户身份，赋予用户相应的角色和权限。

（2）普通信息交流类互联网单证的内容包括姓名、主题、电子邮件、地址、电话、留言信息等。

（3）信息发布类互联网单证一般由网站提供给用户用于发布信息。信息发布类型互联网单证的内容包括单位名称、邮编、电子邮件、地址、电话、联系人、信息主题、信息内容（主要是和产品相关的信息，如产品规格、数量及价格等）。

互联网购物订单是由客户在互联网购物时填写的一张又一张不同的互联网单证，并最终完成提交。

二、互联网单证的设计

1. 设计互联网单证的种类和格式内容

（1）按照一般网店在互联网销售、交易双方信息交互的需要，列出所需的互联网单证种类的名称，如客户注册单证、商品信息表、购物车等。

（2）列出各种单证的有关数据项并确定项名，定义其数据类型和长度等。

（3）画出各种单证的表格样张。

（4）确定客户在填写单证时各数据项的特性，是必须的还是可选的。

2. 设计互联网单证的风格

（1）列出各互联网单证方便客户的提示语内容。

（2）确定本商店互联网单证统一的风格，包括色彩、字体、字号等。

（3）确定各单证中的问候语和广告语。

3. 设计各互联网单证的功能和链接

（1）确定各互联网单证应出现在哪些相关网页及其具体位置上。

（2）设计各互联网单证之间的关系，包括数据调用和链接关系。

（3）设计各互联网单证的有关功能，例如购物车中的商品的确认和删除等。

（4）设计对客户输入数据的核对功能。

4. 互联网单证的实现

（1）按照上面对本商店各互联网单证的设计内容定义相应的数据库格式。

（2）用选定的网页设计语言和工具实现上述各互联网单证。

5. 互联网单证设计的技巧

单证是电子商务企业与互联网消费者之间交易沟通的桥梁和凭证，一个好的单证应满足两点：方便用户互联网购物；使网店的管理者能够准确处理定单。具体来说，有如下技巧：

（1）尽力使客户在购物时感到方便。如果一个消费者在某网店购物时感到麻烦或不顺利，下次他就不会再光顾了，而且还会加以宣传，这一点对网店来说是不可忽视的问题。网店的单证设计者必须把自己放在顾客的立场上来测试设计，把那些可能阻碍用户成功购买的地方和问题列举出来，并一一加以解决。就像下面这些问题：

① 客户完成一次购买需要浏览多少页面和完成多少次单击?

② 如果第二次购买，客户需要填写多少信息？能减少一些吗?

③ 客户能直接在主页上完成快速购买吗?

④ 网店能确认用户的行为并为用户所进行的购买行为及时提供清晰的、简明的反馈吗?

（2）使客户对网店产生强烈的第一印象。网店要尽可能地使客户对本商店产生强烈的第一印象，这是网店与客户进行交流、说服他们开始购买和激发客户购买欲的重点。从这方面来说，突出网店的商标是第一位也是最重要的事情。然后，一个很重要的问题是要为网店所经营的商品种类或门类提供一个清楚的、形象的名称和定义，并且在单证中或在导航条中加以应用。为客户设计的商品查找的特征必须显眼地放在公司商标附近或几乎所有网页的顶部和底部；可以考虑在网店的主页上突出热销或特价的商品以激发客户购买的欲望；提供适当的链接来提供有益的信息，同时可以增加吸引力。

（3）把干扰减少到最小，广告不一定总是必需的。可以考虑在主页和其他整个购买过程中的单证中不提供任何广告，记住主页和单证的目的是鼓励和方便客户的购物操作。客户在购物的过程中单击另一公司的广告将会阻碍他们购物。当然也并非绝对不能登广告，可以把有关商品的广告信息以某种方式加到顾客的购物篮中，可能由于产品信息与顾客的个人信息在单证上联系在一起，可以使顾客更倾向于购买它们，并且感受到在你商店购物的便利。当客户在结束了购物过程并要求付账时，清除阻碍顾客完成购物的无关按钮和导航元素是十分重要的。

（4）个性化和问候语。努力在单证的设计上寻找与客户建立和谐关系的方式，例如，可以在顾客完成购物或注册后，在相关的单证中利用客户的信息为他们提供一些个性化的服务。比如，使用客户的姓名信息在主页或不同的单证页面提供个性化的问候，如：“上午好，海阔天空，祝您购物愉快!”

（5）简洁明了。在网店的单证中完全不需要长篇大论来说明如何使用单证进行购买。客户希望依靠最少的说明，甚至在单证中不需要说明就能完成快速购买，累赘的说明只会使客户在一片迷惘中离开。

（6）提供可视化的线索与购物车链接。对于有几个不同部分的网店，可以通过改变导航条或背景的颜色，通过使用不同的文本或图形，提供不同的标题来创立一种不同的感觉，这是很重要的。如果有可能，在商品介绍的页面为每个商品提供的相片可以用小、中、大三个尺寸来处理，而小的相片最好用于多个产品的列表。对于单个产品，提供中等尺寸的图像，并能单击查看产品的放大版图像。当然，商品的细节提供得越多越好，而如果关于产品信息的网页很长，应确保在信息正文的顶部和底部都提供给客户能随时购买或添加到购物篮的选项。

（7）在列表中使用交替背景色，使单证中的长项目列表的可读性更好，更形象的方法是在每行或每项之间交替使用明亮的背景色。

（8）给客户一个暂时存放的地方。为客户在购物时设计一个购物篮或一个暂存货架，帮助顾客在正式购买前存放考虑购买的商品。不要让顾客在一次购物中不止一次地填写冗长的付款、投递和其他信息。可以在商品页面上提供一个链接进行付款，另设一个链接让客户在继续购买时可以添加商品到自己的购物车中。

设计互联网单证时，必须努力地寻找与客户建立良好关系的方法。比如，在设计时，为客户着想，向客户提供一个非常安全的私人空间，在那里每个顾客都能查看自己过去的订单、订单状态、需求商品列表和赠品等。作为一个成熟的互联网单证，这是最起码的。

三、互联网订单的操作

1. 订单的各种状态

不同的网店所提供的订单的各种状态是不同的，但一般应有如下几种情况：

（1）未处理。表示客户的订单刚刚提交，还没有进行配送处理。

（2）待确认。表示客户提交的订单采用货到付款方式，但由于订单的信息不详等原因，需要得到客户的确认，订单处理员会依据不同的情况给客户发送 E-mail，并要求客户尽快回信确认，以便商店尽快安排发货。

（3）已确认。表示客户提交的订单采用的是货到付款方式，并且已经被商店的订单处理员视为有效订单，进入配货流程。

（4）已收款。表示客户提交的订单，采用的是在线支付、邮局汇款、银行电汇、预付款支付等结算方式，货款已到，订单处理员已将其视为有效订单，进入配货流程。

（5）已取消。表示客户提交的订单已经被取消。

（6）全部发货。表示客户提交的订单中所有商品全部配货成功，已经为客户发货。

（7）部分发货。表示客户提交的订单中的商品只有部分配货成功，而且已经发货。网店会按客户在提交订单时选择的“缺货处理方案”进行后续处理。

（8）交易完成。表示客户已经收到这份订单订购的商品，并已确认收货，将这个订单设置为“交易完成”。商店将以此统计该客户的购物记录，并核算应当返还给客户的优惠，如购物券或礼品等。

2. 购物订单的确认、提交与订单合并

买家在进行互联网购物过程的最后一步时，将看到自己在购买过程中所选择的全部商品。此时，应该允许客户在认为有必要时可以对订单进行修改，然后要提醒客户按“提交订单”键并在信息返回后予以确认。商店要告诉客户，系统将对他的订单自动生成一个需要记住的订单号，它将是购买和查询的唯一依据；并且要注意自己的互联网购货过程只有在得到订单号时才算完成。

许多网店在给客户进行配送时，一张订单进行一次配送服务并向客户收取一份配送费用。但是，客户在完成一次购物后，还会继续在本店浏览购物，可能又会下订单。这样，购物的客户就要付与订单数相同的配送费用，这对客户实际上是不合理的，而商店要多安排一次配送作业，也并非十分方便。因此，许多网店允许客户在规定的时间内同一收货人提交的购货订单可以合并，从而可以让客户少付配送费，使客户感到网店良好的服务并形成很好的印象。当然，对于订单的合并，要在客户提交订单时予以特别提示，例如："如果您在两个小时之内分别以同一收货人名义提交两份以上的订单，为了减少您支付的发送费用，您可以在第二份订单提交成功后，马上与客户服务部联系，提出合并订单要求，或点击此页面下方的订单查询与修改，亲自在网页上进行订单的修改、合并。否则发送费用将按规定以订单数收取。"

3. 订单的查询和修改

互联网购物是在一个虚拟的环境中进行的过程，网络客户往往会因为心里不踏实而要求对自己所提交的订单进行查询和修改，这是很正常的，网店必须在这方面为客户提供方便。网店应该让客户在任何页面均可进入"订单查询"以便进行自行查询和修改，客户只要登录，就应该可以对订单进行查询、修改、删除、合并和取消等操作：

（1）查询订单：客户可以对自己已提交的订单进行查询。

（2）修改订单：客户可以修改订购数量、收货人资料、发送及付款方式。

（3）删除订单：客户可以将已经结束的订单删除，或恢复删除的订单。

（4）合并订单：所有未经处理的订单都允许任意合并，以节省客户的配送费用。

许多网站会给自己的客户赠送购物券，但规定一张订单只能使用一张购物券，所以要提醒客户尽量将其他订单合并到赠送购物券的订单里；如果要合并的订单也使用了购物券，合并后将只有一张购物券有效，其他的购物券允许客户以后再使用。

4. 取消订单

在订单尚未进入配送程序时应该允许客户直接在互联网上取消订单。网店要提醒客户在要取消订单前先进行"订单查询"，并提供如下内容让客户了解如何进行：

（1）如果订单处于"未处理"状态，则可以点击"取消订单"的链接直接取消订单。

（2）如果订单处于"已处理"或"已确认"状态，表示订单已经进入配货流程，请客户与客户服务中心取得联系，通过 E-mail 或电话方式取消该订单。

（3）如果该订单已经配送，就无法取消了，商店可以表示歉意或让客户在收到货后退回。

四、互联网订单的处理

1. 互联网订单处理的流程

客户在进行互联网购物时要填写一张又一张不同的互联网单证，而最终的结果是完成并成功提交一份有效的互联网购物订单，流程如图 5.1 所示。相对的，网店也要对来自客户填写的单证信息完成必要且正确的处理流程，才能使一笔互联网交易成功。

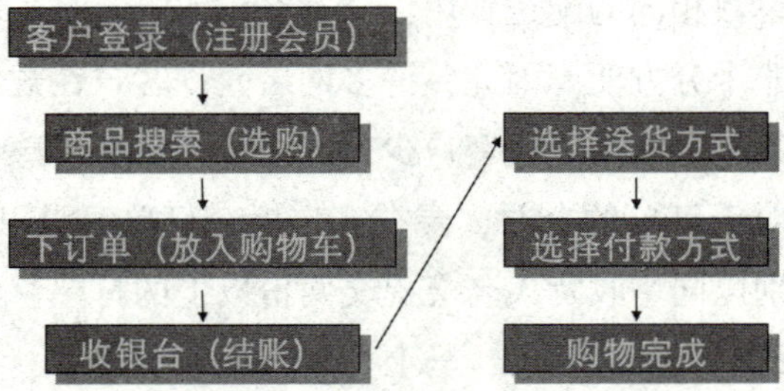

图 5.1　客户在前台购买流程示意图

在大多数情况下，网店一般开设在交易平台内，而一个交易平台上总是有许多网店。例如，上海南京路上的几十家集团公司在“互联网南京路”网站（wsnjl. tmall. com）中都开设了网店。一般情况下，各家网店的互联网单证处理均由交易平台网站完成。设计成功的互联网单证后台处理流程可以加快互联网单证的处理速度，降低单证出错几率。因此，互联网单证后台处理流程设计的好坏，对于网店能否顺利进行互联网交易是十分重要的。

不同的网站对于互联网单证的后台处理流程是不同的，一般来说，互联网订单的后台处理流程如图 5.2 所示。

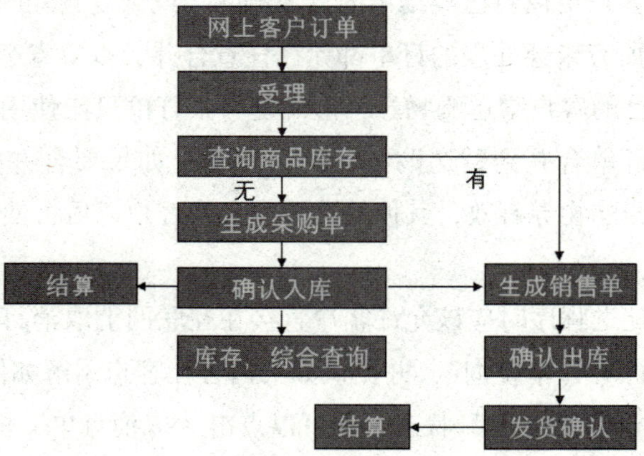

图 5.2　网店后台订单处理流程示意图

2. 互联网订单处理流程的完善

网店的订单处理是电子商务企业的一个核心业务流程，订单处理流程的合理化是实现企业顾客服务目标最重要的助力因素。因此，电子商务企业可以通过改善订单处理的流程，使订单处理的周期缩短，提高订单满足率和供货的准确率，对客户订单处理进行全程跟踪，从而大大提高顾客对企业的满意度，同时能够降低库存量，在提高服务水平的同时降低物流总成本，使企业获得竞争优势。

完善网店订单处理流程的好处主要有两个方面：

（1）从客户的角度看，客户所购买的不仅仅是商品或服务本身，更重要的是获得价值，感受到互联网购物的乐趣。而提高客户在互联网中搜寻产品信息的便利性、互联网订货的稳定性与网店送货的效率、送货的准确性、订单处理状态跟踪服务等是企业实现价值与客户满意的重要保证。

（2）从企业的角度来说，提高为客户服务的水平与降低商店的商品库存、商品的配送运输费用是十分重要的问题。所以电子商务企业运用先进的管理思想和技术手段，通过对业务流程的重组与改善，在提高客户服务水平的同时降低物流总成本，获得竞争对手难以模仿的竞争优势，是电子商务企业的一项至关重要的经营战略。

完善网店的客户订单处理流程可以从多个方面入手，不同的电子商务企业所采用的方法和途径也不尽相同，但有以下几个关键因素：

（1）时间因素。互联网订单处理过程的时间耗用，在企业来看通常理解为订单处理周期，客户则通常将其定义为订货前期。改善的目标是在保证时间耗用稳定性的前提下，努力减少时间的耗费。

（2）供货准确性因素。按照客户订单的内容提供准确的品种、数量和高质量的产品，并运送到正确的交货地点。当需要延期供货或分批送货时，应与顾客充分协调、沟通，取得客户的同意。

（3）成本因素。包括网店的商品库存设置地点和数量、运输批量和运输路线的调控等。

（4）信息因素。通过完善的物流信息系统，向客户以及商品供货企业的生产、销售、财务及仓储运输等部门提供准确、完备、快速的信息服务。

各电子商务网站完善网店订单处理流程的方法随各自情况的不同而不同，没有统一的方法和步骤。综合国内一些知名的电子商务网站订单处理系统的实际运作情况，在此介绍一种采用网络结构图改善互联网订单处理流程的方法。该方法不仅简单易学，而且对于缩短订单处理周期效果显著，具体的步骤如下：

（1）调查本公司当前的互联网客户购物订单的处理流程，并绘制出订单处理的流程图。

（2）调查现有互联网客户购物订单处理流程中各节点的时间耗用。

（3）绘制商品配送过程的网络结构图。

（4）利用流程改善的原则改善互联网客户购物订单的处理过程。

（5）流程改善常遵循的一些原则包括并行处理、分批处理、交叉处理、删除不增值工序、减少等待、在瓶颈处添加额外资源等。

当然，电子商务企业不断完善自己的网店订单处理流程是没有终点的，当外界的环境条件改变或者企业自身的条件变化时必须要进行完善，在系统运作一段时间后也要进行完善，为了提高网店的服务水平，增加企业自身的社会效益和经济效益，不断完善自己的网店订单处理流程应该是电子商务企业自觉的、经常性的任务。

五、互联网单证常见问题

互联网单证出现的问题产生于网店本身的工作环境（包括硬件设备、数据库和互联网购物单证系统软件）、客户在进行互联网购物时的操作，以及交易第三方如网络银行和通讯网络的环境等三个方面：

（1）一般情况下，网店的单证系统在进行购物单证处理时，是按照软件系统的固定程序运行的，出错的概率较低，但由于内部数据库和设备故障等各种情况，有时也会出现问题。

（2）客户在进行互联网购物时，面对一张又一张内容各不相同的互联网单证，以及与网店的信息交互往来，经常会发生各种各样的选择和操作错误，影响购物的顺利进行，而这种情况在刚开始在互联网上交易的客户身上更是常事。

（3）电子商务交易的参与者除了买卖双方以外还有银行等其他机构，相互之间的数据信息传输依赖于通讯网络以及各方的系统设备，而目前的网络通讯环境并不理想，因此，出错和数据传输不顺利也是经常发生的事，特别是在客户的互联网支付过程中。

上述各种使互联网单证出错的因素，一方面使网店失去了许多商机，另一方面也可能会使客户对互联网购物失去耐心。

对于上述各方面引起网店单证出错的情况，总的来说可以采取以下的解决方法：

（1）对于网店的内部问题，一方面，网站应该对数据库和有关设备的运行进行细致的日常维护，使系统能处于良好的工作状态；另一方面，也应该对计算机病毒的侵袭和来自互联网黑客的入侵加强防范措施，从而保证系统的正常运行。

（2）要避免来自客户方面的单证问题，需要网店站在客户的角度上，在单证的设计和处理上尽可能地以良好的界面、合理的流程、简便的操作、及时的提示等，帮助客户减少出错机会，提高互联网单证提交的成功率。

一般来说，客户在操作过程中会遇到以下两类问题：

① 客户不知道订单是否提交成功

在互联网购物订单提交的最后一步，网店将会让客户确认订单的全部内容，如客户认为需要进行修改，应有明显的选择按钮可让客户“退回”到相应页面修改，确认无误后按“提交订单”键正式订购。

网店会自动生成一个订单号，确定客户的订单已提交完成，系统应在尽可能短的时间内让客户收到订单确认信，以此作为客户交易和查询的依据。

如果客户选择互联网支付，接着要进行划账操作，若货款不到账，客户的订单一般将被自动取消，所以，商店要注意客户在线支付失败的情况，设法避免出现这种功亏一篑的互联网购物，可以设置及时的提示和再次操作的选择。

如果客户留下的联系方式不正确，网店无法联系和送货，客户的定单也将被取消。一般可以采取交易结束后立即向客户发送电子邮件等方法与客户进行确认。

② 有效的订单但尚未付款

客户在互联网购物时，有时会碰到订单已经生效，但是没有付款，而客户希望完成付款的情况。客户在进行互联网支付时，往往会发生银行卡的金额不足，或者由于意外的断线等状况而导致支付不成功的情况。

对此，网店可以选择以下两种方法进行弥补：请客户重新提交一次付款申请，完成互联网支付；或者请客户在支付页面与客户服务部联系，改用其他银行卡或其他支付方式，例如邮局汇款、银行电汇等。

（3）由于交易第三方和通讯网络环境产生的问题，需要网站方面根据业务的发展加强设备的扩容和改善，及早发现问题并与有关方面及时联络，特别是与网络客户的联系，并设法帮助客户以其他可能的办法完成购物。

客户进行互联网支付时出现错误是常有的事，而这种错误往往会终止客户的购物过程。这种情况不仅影响了消费者的购物热情，也对商店的形象造成了损害。

客户在互联网支付时出现错误，除了是由于不熟练的客户操作失误外，一般来讲是银行的支付系统运行不稳定所致。但网店的订单提交与银行的货款划账是两个不同的系统，所以网店单方面暂时是无法改善这种状况的。但是，商店应将出现这种情况的原因向客户说明清楚，并通过醒目的建议，提醒客户及时改用其他付款方式完成付款，并向客户表示歉意，让客户对商店留下一个良好的印象。

六、互联网单证分析

1. 客户信息的采集

亚马逊互联网书店有这样一项服务：用户只要告诉网站对哪个作者的新书感兴趣，只要该作者有新书到货，用户就会收到亚马逊互联网书店发来的通知。这种服务对增加顾客忠诚度和公司长期利益无疑起到了良好的效果。这项服务利用了客户订单的信息，了解到客户的爱好和专业，做到了有目的性地向用户推荐有用的商品和服务。

如果想领导这个数字时代，就必须充分了解互联网，这样才能准确预测网络生活方式对你的产业意味着什么。（比尔·盖茨著《未来时速》）现在许多企业所建立的网站，并没有站在电子商务的高度，仅仅将其当作自己企业的电子宣传栏，互联网上的产品也只是目录式的，没有产品直观的多媒体介绍。应该说这是因为还没有领会互联网在商业中的本质价值，不理解网站所扮演的销售角色，最终使企业的网站变成孤岛。

可以将网站和公司的客户数据连接起来，网站可以通过对客户网页浏览的顺序、停留的时间长短为客户建立个人档案，并识别出具有相似浏览习惯的顾客。同时，电子商务前端的客户关系管理应该和企业内部管理系统（ERP、SCM 等）连接起来，不管客户从哪个渠道进来，都可以与后台的企业管理系统连接起来。网站的一切工作都应围绕着客户需求这一中心，要符合客户的浏览习惯，充分考虑客户在互联网中可能碰到的困难及需要的帮助和技术支持，并开展互联网自助服务。客户可以根据自己的意愿，随时随地地上网查询，自行解决自己遇到的问题，以降低成本。可以为他（她）定制在线购物、定制广告、促销活动和直接提供销售服务，辨别具体的客户偏好，以便改进个人服务。

案例阅读

海尔公司根据市场的调研和客户资料的研究，在我国首次推出“互联网定制”，即客户进入海尔的主页面后，就可以清楚地看到“定制冰箱”和“定制电脑”。以“定制冰箱”为例，客户可以自己设计冰箱的外观色彩和内件配置，从而最大限度地满足了客户的个性化需求。在 2000 年 8 月海尔推出“定制冰箱”一个月时间里，就从互联网接到了多达 100 万台的要货订单。目前，全国 853 家海尔精品店都将逐步实行渠道定制策略，由各地海尔精品店按照当地客户的需求，向海尔下单定制家电产品，考虑到精品店规模大小的差别，海尔鼓励数家精品店以抱团的方式向其下单定制。

（案例来源：夏名首．网上贸易实务［M］．合肥：中国科学技术大学出版社，2016.）

2. 客户信息的使用

第一种是系统提供相关信息，供用户参考。比如，一个客户接待人员在使用 CRM 系统与客户进行联系时，该系统会适时地把相关的客户记录列在工作界面的合适位置供该接待人员参考。所列出的信息可能会包括客户的基本个人资料、订单及付款记录、投诉及处理情况、欠费及其他需注意事项等，并且这些信息的排列位置都可以根据用户的需求及偏好自由更改。在这里，系统要实现的目标就是让信息在合适的时间出现在合适的位置给合适的用户使用。

第二种是由系统自动引用相关的客户信息。比如在创建订单时，系统会自动地核对订单及执行相关的客户信用检查，也就是把此订单中客户的全部相关未付款的订单金额与记录在该客户主数据中的信用额度进行比较，如果有超出的，则系统根据预先的设定来给出警告或中止当前订单的执行。这样做的好处在于，可以在系统帮助下，简化操作人员的工作，更好地规范企业的业务流程。

3. 客户信息的分析

只有对已有的客户信息进行详尽的分析，才能让它们发挥最大的作用：可以结合客户的静态数据（如年龄、受教育水平等）、客户的行为（如购买记录、付款记录）等，以及他们给企业带来的收益数据，对不同的客户群做有效的区分，在此基础上将客户分为客户

A、客户 B、客户 C。此种分类可作为分配市场、销售和客户服务资源的基础，可以更有针对性地筛选出目标群体并开展市场营销、促销及售后服务等。

运用 CRM 系统的分析功能及 Kaplan 和 Norton 平衡记分卡，将对客户的洞察力运用到实际活动之中。针对每个企业内部的操作团体，建立一个整体计划以管理所有业务流程。了解和感受以客户为核心的理念，将其策略贯彻运用于整个企业之中。通过运用关键绩效来监控计划的流程，逐步提高企业效率，真正实现以客户为核心的业务管理。

CRM 系统的客户生命周期价值分析可以帮助企业管理者很容易地获得某些典型客户创造的利益以及预测在下个生命周期内他们保持的可能性，从而更有效地提高重点客户的保持率。

采用数据挖掘及系统集成技术，集成第三方数据和工具，从而提供特定计划和分析信息。利用全面的分析工具，CRM 系统可以获得外部系统有价值的信息，进行同步的数据分析，并将分析结果公布和传递给市场、销售和服务人员。

在采集客户静态以及业务数据时必须能按其各种内在的真实逻辑，并考虑到不同种类数据之间的联系，对它们进行有条不紊的管理。

第二节　电子合同管理

一、电子合同概述

1. 电子合同的概念

随着电子技术的发展，电子合同得以出现，不再以一张纸为原始的凭据，而是一组电子信息。EDI 和 E-mail 是电子合同的基本形式，两者以各自具有的特点和优势在电子商务活动中占据了一席之地。

电子合同，又称电子商务合同，根据联合国国际贸易法委员会《电子商务示范法》以及各国颁布的电子交易法，同时结合我国《合同法》的有关规定，电子合同可以被界定为：电子合同是双方或多方当事人之间通过电子信息网络以电子的形式达成的设立、变更、终止财产性民事权利义务关系的协议。通过上述定义可以看出电子合同是以电子的方式订立的合同，主要是指在网络条件下当事人为了实现一定的目的，通过数据电文、电子邮件等形式签订的明确双方权利义务关系的一种电子协议。

电子合同与传统的合同有着显著的区别，电子的合同当事人、要约、承诺及合同的效力问题都是现代立法的中的一个难点。

案例阅读

2004 年 9 月 23 日，《电子签名法》颁布之后的第一份电子合同（如图 5.3 所示）在北京隆重签署。这是顺天府超市和联合利华北京分公司签订的一份最普通的促销合同，内容是关于顺天府在促销期间对联合利华产品的货柜摆放位置、海报印刷及发放的支持、联合利华在促销期间的产品价格优惠幅度，以及保证不断货、不提供质量有问题的商品等等。

在这份“电子合同”的推出仪式上，现场模拟了电子合同的签署过程，大概的流程是双方对合同内容确认后，甲方先盖电子印章——将一个类似于 U 盘的物体插入电脑，两次输入密码后，一个红色的公司印章就印在了指定位置。之后，甲方用网络将合同传输给乙方，乙方用同样的方法盖上电子印章。这样，一份“电子合同”就生效了。

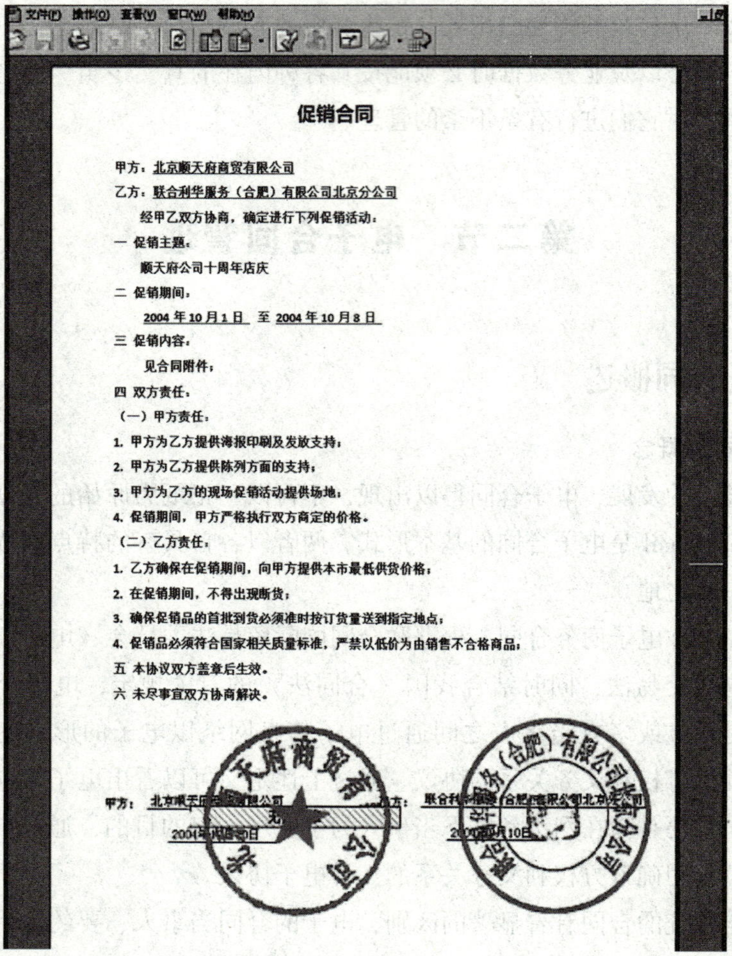

文件(F) 操作(O) 查看(V) 窗口(W) 帮助(H)

促销合同

甲方：北京顺天府商贸有限公司

乙方：联合利华服务（合肥）有限公司北京分公司

经甲乙双方协商，确定进行下列促销活动：

一 促销主题：

顺天府公司十周年店庆

二 促销期间：

2004 年 10 月 1 日 至 2004 年 10 月 8 日

三 促销内容：

见合同附件；

四 双方责任：

（一）甲方责任：

1. 甲方为乙方提供海报印刷及发放支持；
2. 甲方为乙方提供陈列方面的支持；
3. 甲方为乙方的现场促销活动提供场地；
4. 促销期间，甲方严格执行双方商定的价格。

（二）乙方责任：

1. 乙方确保在促销期间，向甲方提供本市最低供货价格；
2. 在促销期间，不得出现断货；
3. 确保促销品的首批到货必须准时按订货量送到指定地点；
4. 促销品必须符合国家相关质量标准，严禁以低价为由销售不合格商品。

五 本协议双方盖章后生效。

六 未尽事宜双方协商解决。

甲方：北京顺天府商贸有限公司　　乙方：联合利华服务（合肥）有限公司北京分公司

图 5.3　北京顺天府超市和联合利华（合肥）有限公司北京分公司签订的电子合同

（案例来源：金月芽期刊网，http：//www.jinyueya.com/magazine/2565549.htm）

2. 电子合同的特点

电子合同是计算机信息处理技术和计算机网络通讯技术高度发展的产物，电子合同存在的物质条件是电子计算机和计算机网络。在电子合同中，一台计算机先将当事人一方的订约意思表示由可识别的文字转化为数字，通过调解器发送到另一方当事人的计算机中，另一方当事人的计算机接受后再转化为可识别的文字信息。由于意思表示是由计算机通过数字转化来完成的，所以电子合同又称为数字合同。它将物质的流动改变为电子的流动，由电子数据、电子单据、数字货币、电子银行取代了有形的合同书、票据、纸币、银行。电子合同是人类利用电子方式进行的商业活动的基本形式，它同传统的合同相比，有其突出的特点：

(1) 主体的虚拟化。合同一方或双方在互联网大都以网址的形式存在，其真实姓名、地址在互联网并不明示显现。目前，任何人都可以建立网页进行销售活动和交易，都可以成为合同的主体。

(2) 合同订立过程中的无纸化。电子合同的一切流程都是通过网络进行的，合同双方互不见面，电子合同的签署和履行是在无数计算机构筑的网络空间中进行的，合同订立只是双方在互联网通过披露信息来完成的。

(3) 履行的无纸化。即所谓的在线经营，它是通过互联网信息传递来代替合同的实物履行，用电子流代替物质流。除必须实物交货和提供劳务的电子合同之外，其他电子合同都可以直接在互联网上进行和完成。电子货币、电子钱包、互联网银行、电子票据完全可以实现支付功能；以计算机软件、图纸、音乐等为内容的无形产品，可以通过互联网下载、电子邮件等方式进行交货；提供服务类的合同包括技术咨询、培训也可以通过网络数字信息的传递来完成。

(4) 履行的超时空化。在网络中心里没有中心、距离、国界，因而电子合同的签订、履行不受时间、空间的限制。

3. 电子合同与传统合同的区别

在电子商务中，合同的意义和作用没有发生改变，但其形式却发生了极大的变化：

(1) 合同订立的环境不同。传统合同发生在现实世界里，交易双方可以面对面地协商，而电子合同发生在虚拟空间中，交易双方一般互不见面，在电子自动交易中，甚至不能确定交易相对人。他们的身份依靠密码的辨认或认证机构的认证。

(2) 合同订立的各环节发生了变化。要约与承诺的发出和收到的时间较传统合同复杂，合同成立和生效的构成条件也有所不同。

(3) 合同的形式发生了变化。电子合同所载信息是数据电文，不存在原件与复印件的区分，无法用传统的方式进行签名和盖章。

(4) 合同当事人的权利和义务有所不同。在电子合同中，既存在由合同内容所决定的实体权利义务关系，又存在由特殊合同形式产生的形式上的权利义务关系，如数字签名法律关系。在实体权利义务法律关系中，某些在传统合同中不很重视的权利义务在电子合同里显得十分重要，如信息披露义务、保护隐私权义务等。

（5）电子合同的履行和支付较传统合同复杂。

（6）电子合同形式上的变化对与合同密切相关的法律产生了重大影响。如知识产权法律、证据法。

电子合同形式的变化，给世界各国都带来了一系列法律问题。电子商务作为一种新的贸易形式，与现存的合同法发生矛盾是非常容易理解的事情。但对于法律法规来说，就有一个怎样修改并发展现存合同法以适应新的贸易形式的问题。

4. 电子合同的分类

电子合同的分类的目的是通过分类来掌握一类合同的共同特征以更好地进行研究和指导实践。电子合同作为一种民商事合同自然可以按传统合同的分类标准来划分。然而，它又是一种特殊形式的合同，具有自己的特殊性，可以按照自身的特点加以分类。

根据标的不同，合同可分为货物贸易合同、服务贸易合同及知识产权贸易合同三大类。电子商务包括了传统商务的电子化，如在线进行货物买卖、在线信息服务等，这类电子合同的标的与传统合同的标的并无二致。但同时电子商务也产生了一类新的合同，即信息产品合同。

所谓信息产品，是指可以被数字化并通过网络来传播的商品。例如，我们在互联网花店为朋友定购一束花，如果我们要求互联网花店在指定的时间将鲜花送给这位朋友，这是一个实务产品的买卖合同，其标的就是一束现实的鲜花。如果我们定购的是一束数字化的花，要求花店按时送给那位朋友，此时标的并非是鲜花，可以说，我们买的是一串特定的电子数据，实际上它就是信息产品。与此类似，软件、数据库、书刊、音像等可以在线传播的都是信息产品。

因此，我们可以把电子合同的标的分为两类，一类是信息产品，另一类是非信息产品，从而产生信息产品合同与非信息产品合同。

在信息产品合同中，根据数字化的信息是否具有实体形式，可分为有形信息产品合同与无形信息产品合同。数字化信息附着在有形载体上，如附着在音乐碟片、软件光盘上，可以称为有形信息产品。此类产品可以在互联网购买和付款，但不能从互联网上下载，必须有现实的产品交付。此类购买合同可称为有形信息产品合同。数字化信息以数字形式通过网络进行传播，购买方可以直接从互联网下载，这类信息产品可称为无形信息产品。此类购买合同可称为无形信息产品合同，即从合同的订立到履行都在互联网上进行。

区分这两类合同的意义在于合同的履行方式不同。有形信息产品的交付可以根据《合同法》的有关规定执行，而无形信息产品在履行的时间、履行的完毕、风险承担、检验、退货等方面有其特殊性。

在无形信息产品中，根据合同标的性质的不同可区分为信息许可使用合同与信息访问合同。信息许可使用合同是指以转移信息产品的使用权为标的的合同，如音乐、软件的所有权人许可他人下载，在离线后仍可使用；信息服务合同是指以提供信息服务为标的的合同，如信息访问、认证服务、交易平台服务等。

二、电子合同的签订

电子合同的签订过程：买卖双方 CA 认证、询价和报价、洽谈和签约，如图 5.4 所示。其中，除了询价和报价之外，其他三个过程的所有信息都通过交易中心的设备加密传输和分发，并且根据用户的要求保留其中间过程的所有（或部分）内容和结果。

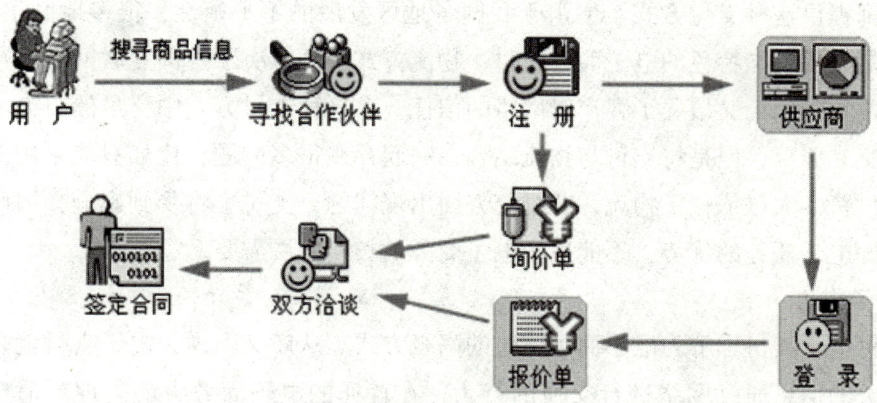

图 5.4　电子合同的签订过程

第三节　电子支付管理

一、电子商务常用支付方式

从目前国内电子商务的发展情况来看，存在的支付方式主要包括互联网支付和线下支付两种，同时并存。线下支付是传统的电子商务支付方式，主要包括货到付款以及通过邮局、银行汇款。线下支付方式由于存在付款周期长、手续繁琐等问题，一直无法适应互联网交易的发展需要，一定程度上反而削弱了电子商务的优势，阻碍其持续发展。互联网支付即在线支付，买方在互联互联网直接完成款项支付。具体来说，电子商务主要的支付方式包括汇款、货到付款和电子支付三种方式。

1. 汇款

银行汇款或邮局汇款是一种传统支付方式，是顾客将订单金额通过银行或邮政部门汇到商户的一种结算支付方式。采用银行或邮局汇款，可以直接用人民币交易，避免了诸如黑客攻击、账号泄漏、密码被盗等问题，对顾客来说更安全，但无法防止卖方收到货款之后否认、抵赖。此外，顾客还必须到银行或邮局办理相关手续并支付一定费用才能进行支付，支付过程比较繁琐。对于商家来说，这种交易方式也无法体现电子商务高速、交互性强、简单易用且运作成本低等优势。因此，这种支付方式并不能适应电子商务的长期高速发展。

2. 货到付款

货到付款又称送货上门，指卖方按照买方提交的订单内容，在承诺配送时限内送达客户指定交货地点后，双方当场验收商品、当场交纳货款的一种结算支付方式。目前，很多购物网站都提供这种支付方式。但由于我国各地区发展的不平衡性，很多地区很难实现。货到付款是充满中国特色的电子商务支付、物流方式，既解决了中国互联网零售行业的支付和物流两大问题，又培养了客户对网络的信任。在这种支付方式中，虽然买方不需要支付额外的交易佣金，但是将支付与物流结合在一起存在很多问题，比如只能采用现金、刷卡等方式付费，太过依赖于物流，若物流方面出现问题，支付也将受到影响，因此同样不能真正发挥电子商务的优势，不能适应电子商务的长期发展需要。

3. 电子支付

可以将电子支付理解为电子商务支付的高级方式。从广义上说，电子支付就是资金或与资金有关的信息通过网络进行交换的行为，在普通的电子商务中就表现为消费者、商家、企业、中间结构和银行等通过互联网所进行的资金流转，主要通过信用卡、电子支票、数字现金等方式来实现。电子支付以互联网为基础，利用银行所支持的某种数字金融工具，在购买者和销售者之间实现金融交换，从而实现从购买者到金融机构、商家之间的在线货币支付、现金流转、资金清算、查询统计等过程，由此为电子商务和其他服务提供金融支持。由于电子支付是通过开放的互联网来实现的，支付信息很容易受到黑客的攻击和破坏，这些信息的泄露和受损直接威胁到企业和用户的切身利益，所以安全性一直是电子支付实现所要考虑的最重要的问题之一。

二、电子支付

所谓电子支付，是指从事电子商务交易的当事人，包括消费者、厂商和金融机构，通过信息网络，使用安全的信息传输手段，采用数字化方式进行的货币支付或资金流转。

（一）电子支付的特征

（1）数字化的支付方式。电子支付是采用先进的技术通过数字流转来完成信息传输的，其各种支付方式都是采用数字化的方式进行的；而传统的支付方式则是通过现金的流转、票据的转让及银行的汇兑等物理实体的流转来完成的。

（2）开放的系统平台。电子支付的工作环境是一个开放的系统平台（即互联网）；而传统支付则是在较为封闭的系统中运作。

（3）先进的通讯手段。电子支付使用的是最先进的通信手段，如因特网、Extranet；而传统支付使用的则是传统的通信媒介。电子支付对软、硬件设施的要求很高，一般要求有联网的计算机、相关的软件及其他一些配套设施；而传统支付则没有这么高的要求。

（4）明显的支付优势。电子支付具有方便、快捷、高效、经济的优势。用户只要拥有一台上网的电脑，便可足不出户，在很短的时间内完成整个支付过程。支付费用仅相当于传统支付的几十分之一，甚至几百分之一。

（二）电子支付的协议

（1）SSL（Secure Sockets Layer，安全套接层协议）。SSL 协议层包括两个协议子层：SSL 记录协议与 SSL 握手协议。SSL 记录协议基本特点是连接是专用的和可靠的。SSL 握手协议基本特点是通信双方的身份的认证、进行协商的双方的秘密是安全的，协商是可靠的。

（2）SET（Secure Electronic Transaction，安全电子交易协议）。SET 协议运行的目标包括保证信息在互联互联网安全传输、保证电子商务参与者信息的相互隔离、解决互联网认证问题、保证互联网交易的实时性、规范协议和消息格式。SET 协议涉及的对象有消费者、在线商店、收单银行、电子货币发行机构以及认证中心（CA）。

（三）电子支付工具

1. 电子现金

电子现金（E-Cash）又称为数字现金，是一种表示现金的加密序列数，它可以用来表示现实中各种金额的币值，它是一种以数据形式流通的，通过网络支付时使用的现金。用户在开展电子现金业务的银行开设账户，并在账户内存钱后，就可以在接受电子现金的商店购物。电子现金不同于银行卡，它具有手持现金的基本特点。电子现金支付的优点：

（1）使用上与传统现金相似，比较方便和易于被接受；

（2）支付过程不必每次都经过银行网络（即可以离线支付），节省交易费用和传输费用，成本低适合小额支付；

（3）可以匿名使用，使用过程具有不可追踪性；

（4）持有风险小，安全性较高。充分利用了数字签名技术保证安全，防止伪造、抵赖。

电子现金支付存在以下缺点：

（1）电子现金的不可跟踪性会带来税收困难，也容易被犯罪分子利用进行洗钱活动。

（2）电子现金支付的匿名性及不可追踪性使得电子现金的持有者一旦丢失相关资料，将无法报失，所以容易被犯罪分子恶意破坏和盗用。

（3）需要安装额外的软件，所以对于付款人来说初期设置比较复杂。

（4）开发成本较高。电子现金对于硬件和软件的技术要求都较高，需要一个大型的数据库存储用户的交易和电子现金序列号，以防止重复消费。

（5）存在货币兑换问题：由于电子货币仍以传统的货币体系为基础，因此各国银行只能以各国本币的形式发行电子现金，因此从事跨国贸易就必须要使用特殊的兑换软件。同时，也容易受外汇汇率不稳定的影响。

2. 银行卡在线转账支付

银行卡在线转账支付指的是电子商务的交易通过网络，利用银行卡进行支付的方式。这是目前我国应用非常普遍的电子支付模式。客户通过网络向商家订货后，在互联网将银行卡卡号和密码加密发送到银行，直接要求转移资金到商家银行账户中，完成支付。银行卡的卡类可以包括信用卡、借记卡和智能卡等。

此方式存在着安全性和方便性方面的矛盾。一般的用户如果不去银行申请启用有数字证书保护的互联网支付功能，就只能使用无数字证书保护的互联网支付。不启用数字证书保护的互联网支付在功能上会有一定的限制，例如只能进行账户查询或只能进行小额支付。而启用数字证书保护的互联网支付不仅拥有更高的安全性，而且能享受互联网银行所提供的全部服务，支付的金额不受限制。但是要起用数字证书保护，付款人必须经过向银行申请安装数字证书、下载指定软件等多道手续，对有些对电脑操作不熟悉的顾客而言就很难实现了。另外，因客户直接将货款转移到商家的账户上，如果出现交易失败的情况，那么讨回货款的过程就可能变得非常繁琐和困难。

目前，基于银行卡的支付有四种类型：无安全措施的银行卡支付、通过第三方代理人的支付、简单银行卡加密、SET 银行卡方式。

（1）无安全措施的银行卡支付。买方通过互联网从卖方订货，而银行卡信息通过电话、传真等非互联网渠道传送，或者银行卡信息在互联网传送，但无任何安全措施，卖方与银行之间使用各自现有的银行商家专用网络授权来检查银行卡的真伪。这种支付方式具有以下特点：

① 由于卖方没有得到买方的签字，如果买方拒付或否认购买行为，卖方将承担一定的风险。

② 银行卡信息可以在线传送，但无安全措施，买方（即持卡人）将承担银行卡信息在传输过程中被盗取及卖方获得银行卡信息等风险。

（2）通过第三方代理人的支付。改善银行卡事务处理安全性的一个途径就是在买方和卖方之间启用第三方代理，目的是使卖方看不到买方银行卡信息，避免银行卡信息在互联网中多次公开传输而导致的银行卡信息被窃取。

第三方代理人支付方式的支付流程：

① 买方在线或离线在第三方代理人处开账号，第三方代理人持有买方银行卡号和账号。

② 买方用账号从卖方在线订货，即将账号传送给卖方。

③ 卖方将买方账号提供给第三方代理人，第三方代理人验证账号信息，将验证信息

返回给卖方。

④ 卖方确定接收订货。

第三方代理人服务的特点：

① 支付是通过双方都信任的第三方完成的。

② 银行卡信息不在开放的网络上多次传送，买方可以离线在第三方开设账号，这样买方没有银行卡信息被盗窃的风险。

③ 卖方信任第三方，因此卖方也没有风险。

④ 买卖双方预先获得第三方的某种协议，即买方在第三方处开设账号，卖方成为第三方的特约商户。

（3）简单加密银行卡支付。简单加密银行卡模式的原理是使用简单加密银行卡模式付费，当银行卡信息被买方输入浏览器窗口或其他电子商务设备时，银行卡信息就被简单加密，安全地作为加密信息通过网络从买方向卖方传递。采用的加密协议有 SHTTP、SSL 等。

（4）SET 信用卡支付。SET 协议保障了网络上信用卡支付的安全性，利用 SET 协议制定的过程规范，可以实现电子商务交易过程的机密性、认证性、数据完整性等安全要求。SET 提供商家和收单银行的认证，是目前用信用卡进行互联网支付的国际标准。

3. 电子支票

电子支票（Electronic Check）是一种借鉴纸制支票转移支付的优点，利用数字传递将钱款从一个账户转移到另一个账户的电子付款形式。电子支票主要用于企业与企业之间的大额付款。电子支票的支付一般是通过专用的网络、设备、软件及一整套的用户识别、标准报文、数据验证等规范化协议完成数据传输，从而可以有效控制安全性。

电子支票支付方式的特点：

（1）电子支票与传统支票工作方式相同，易于理解和接受。

（2）加密的电子支票使它们比数字现金更易于流通，买卖双方的银行只要用公开密钥认证确认支票即可，数字签名也可以被自动验证。

（3）电子支票适于各种市场，可以很容易地与 EDI 应用结合，推动 EDI 基础上的电子订货和支付。

（4）电子支票技术将公共网络连入金融支付和银行清算网络。

电子支票支付方式的优势：处理速度高、安全性能好、处理成本低和给金融机构带来了效益。

电子支票的使用过程（如图 5.5 所示）：

（1）用户向银行申请并获得电子支票。

（2）用户和商家达成购销协议选择用电子支票支付。用户在计算机上填写电子支票，电子支票上包含支付人姓名、支付人账户名、接收人姓名、支票金额等。用自己的私钥在电子支票上进行数字签名，用卖方的公钥加密电子支票，形成电子支票文档。通过网络向商家发出电子支票，同时向银行发出付款通知单。

(3) 商家收到电子支票后进行解密，验证付款方的数字签名，背书电子支票，填写进账单，并在进账单上进行数字签名，再将经过背书的电子支票及签名过的进账单通过网络发给收款方开户银行。

(4) 收款方开户银行验证付款方和收款方的数字签名后，通过金融网络发给付款方开户银行。

(5) 付款方开户银行验证收款方开户银行和付款方的数字签名后，从付款方账户划出款项，收款方开户银行在收款方账户存入款项。

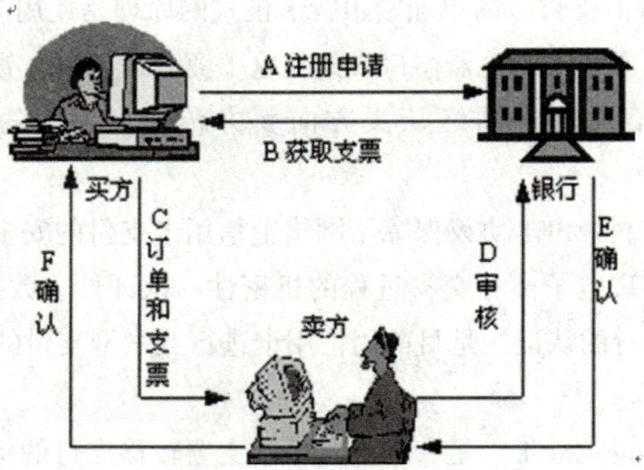

图 5.5　电子支票的使用过程

4. 第三方支付平台结算支付

第三方支付平台结算支付是指客户和商家都首先在第三方支付平台处开立账户，并将各自的银行账户信息提供给支付平台的账户，第三方支付平台通知商家已经收到货款，商家发货；客户收到并检验商品后，通知第三方支付平台可以付款给商家，第三方支付平台再将款项划转到商家的账户中。

此方法的优势：客户和商家的银行账户信息只需提供给第三方支付平台，比较安全，且支付通过第三方支付平台完成，如果客户未收到商品或商品有问题则可以通知第三方支付平台拒绝划转货款到商家。而商家则可以在货款有保障的情况下放心发货，有效地降低了交易风险。第三方平台结算支付是当前国内服务数量最多的支付模式。

此方法的劣势：

(1) 中国法律规定只有金融机构才有权吸纳代理用户的钱，其他企业机构不得从事类似活动，支付平台的法律地位也受到一部分人的质疑。

(2) 货款在第三方支付平台中滞留的时间内将产生一定的利息，这部分利息如何分配目前也缺乏明确的规范和严格的监督。

（3）支付平台解决的电子商务支付过程中的安全性问题只限于客户和厂商之间，其他安全性问题如客户在支付平台填写银行资料时信息的保密性、有效性和完整性问题还有待进一步解决。

（4）操作还不够简便，客户在使用支付平台时必须进行一系列繁琐的申请。

（5）货款会在第三方支付平台的账号中滞留一段时间，非实时性支付带来存款风险，如第三方支付企业不能完全保证货款安全，将大大损害客户和商家的利益。

（6）第三方支付平台可能会被利用，通过捏造虚假交易从信用卡套现，甚至存在被利用来进行洗钱的风险。

5. 电子钱包

电子钱包（E-wallet）是电子商务活动中购物顾客常用的一种支付工具，是小额购物或购买小商品时常用的新式“钱包”。电子钱包是一个用来携带信用卡或借记卡的可在具有中文环境的 Windows 操作系统上独立运行的软件，就像生活中随身携带的钱包一样。持卡人将这种电子钱包安装在自己的电脑上，在进行互联网安全电子交易时使用。

电子钱包的作用：

（1）保证个人卡资料信息在互联网传输的安全性。

（2）利用国际标准的 SET 协议对商户提供身份确认。

（3）保存多张卡资料。

（4）及时通知商户接收及认可订单。

（5）随时查询历史交易信息。

（6）电子安全证书的管理，包括电子安全证书的申请、存储、删除等。

电子钱包的使用过程（以中国银行的长城电子借记卡为例）：

（1）申请一张中国银行的长城电子借记卡。

（2）获得中银电子钱包。

（3）安装中银电子钱包。

（4）申请证书。

（5）订购商品。

（6）付款。

使用电子钱包应注意的问题：

（1）持卡人在线申请电子安全证书必须在电子钱包中进行。

（2）电子钱包实行密码管理，持卡人每次使用电子钱包都须键入密码，所以持卡人对自己的用户名及口令应该严格保密，以防电子钱包被他人窃取，否则就像生活中钱包丢失一样有可能有一定的经济损失。

6. 移动支付

根据移动支付论坛的定义，移动支付是指交易双方为了某种货物或者业务，通过移动设备进行商业交易。移动支付所使用的移动终端可以是手机、PDA、移动个人电脑等。

移动支付具有三点优势：一是手机随身携带的优势，移动支付彻底地体现了网络经济时代的3A特点，可以更方便、快捷地实现随时随地的交易；二是更加庞大的客户群体，手机已经成为人们日常生活中必不可少的工具之一，智能手机的迅速普及，使移动互联网的发展速度大大超过桌面互联网，且应用规模将超乎大多数人的想象；三是安全优势，移动支付不仅可以将手机号码的身份识别工具（自带IMSI、IMEI、MAC、设备序列号等）特征作为安全保障，同时，也可以像互联网支付一样加载证书、贴片卡、Token等附属安全工具。

案例阅读

阿里巴巴交易与支付工具

1. 企业（商家）支付宝

为商家提供电脑收款、App收款、当面付收款、交易管理、资金结算、信用评分、理财信贷等多种服务，助力企业生意。支付宝的使用流程如图5.6所示。

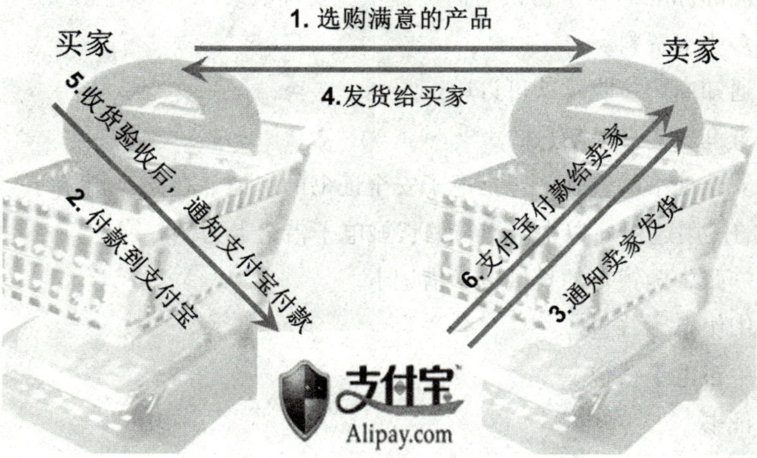

图5.6 支付宝使用流程

2. 大额转账支付

卖家开通后，买家可使用任意银行账户转账到卖家的网商银行账户。支持买家大额付款，电子回单打印便利。付款流程如图5.7所示。

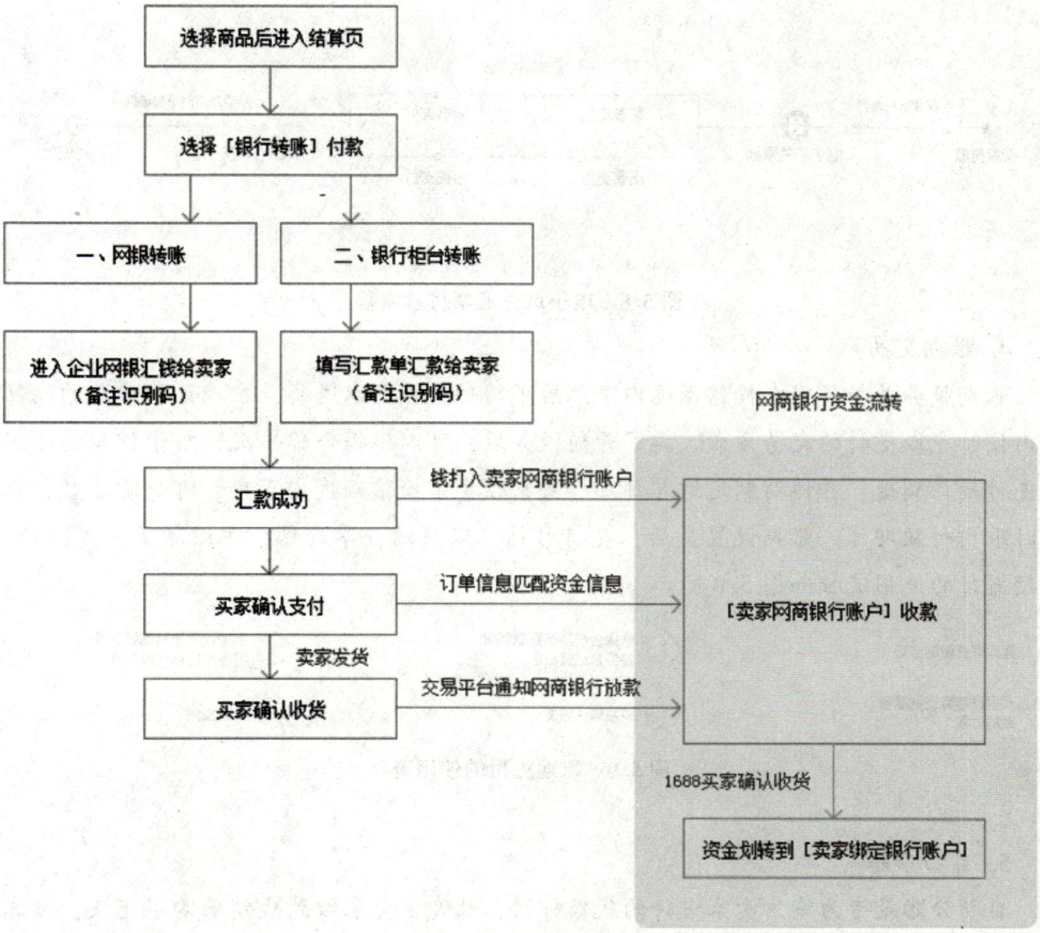

图 5.7　银行转账付款流程

3. 电子承兑汇票支付

企业可将不同银行的纸质汇票兑换成招行的授信额度，在结算时以授信额度出票支付给供应商。电子银行承兑汇票，是 1688 网站与招商银行合作提供给买卖双方的大额收付款成品，支持买家使用招商银行电子承兑汇票付款，卖家在结算银行企业网银内签收买家所支付的电子汇票，在汇票到期日可委托结算银行进行收款。支持出票支付、背书支付。出票支付：企业买家使用招商银行开具新的电子承兑汇票，并用此汇票支付给卖家；背书支付：企业买家使用招商银行已有的电子承兑汇票支付给卖家。电子承兑汇票付款流程如图 5.8 所示。

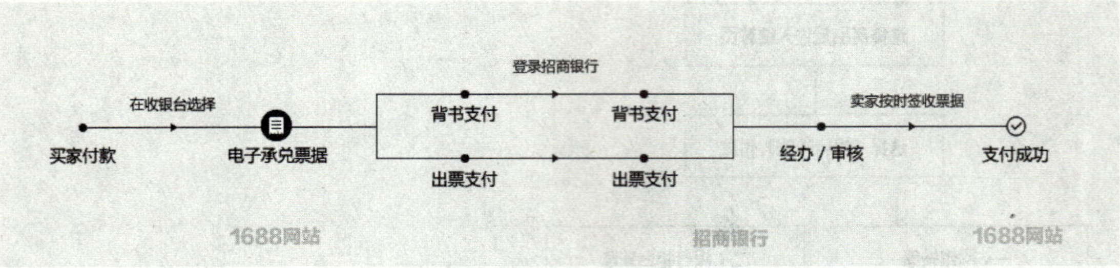

图 5.8　电子承兑汇票付款流程

4. 账期交易

账期服务是指买家在授信额度内下单后不用付款就可以进货，在确认收货后的结算日期内按时完成支付的交易方式。卖家开通服务后，可以根据合作情况，给予信赖的买家账期支付授信额度，并协商制定结算日期。买家在卖家授信额度内下单，可先货后款，在账期时限内付款即可。账期设置灵活，支持月结、双月结、季度结、年结等多种周期选择。账期支付的使用流程如图 5.9 所示。

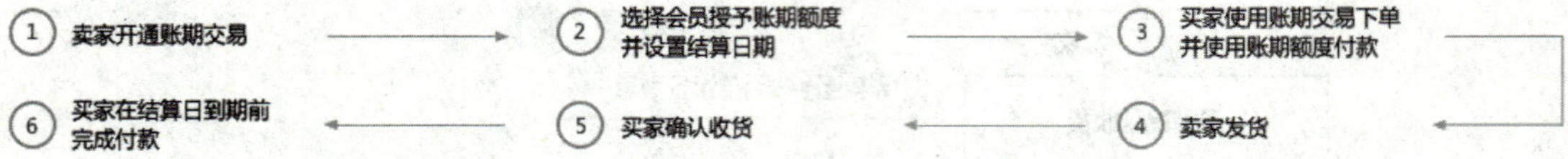

图 5.9　账期支付的使用流程

5. 自动分账

自动分账是专为淘宝卖家设计的代销神器，让淘宝卖家做到代销采购不花钱，做真正零成本的甩手掌柜，如图 5.10 所示。

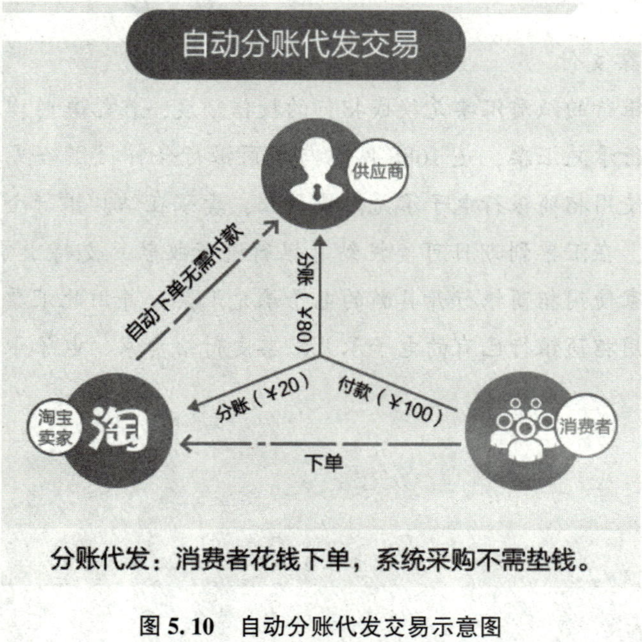

图 5.10　自动分账代发交易示意图

6. 分阶段付款

分阶段付款是指阿里巴巴针对在线交易推出的分阶段付款交易方式，支持 3/7、3/6/1、2/8/、1/9 等多种分阶段付款方式。卖家在发布商品时可自行评估并选择其商品所支持的相应分阶段付款交易方式，以供买家在下单时选择其所支持的前述交易方式进行分阶段付款交易。

7. 贷款支付

贷款支付是 1688 和网商银行合作，为解决买家采购资金流转难的问题，而推出的支付产品。买家只要符合条件即可申请开通。

8. 网商银行快捷支付

网商银行快捷支付是 1688 平台联合网商银行推出的线上大额支付产品，用于帮助 1688 买家解决线上大额货款的支付难题。

（案例来源：阿里巴巴服务中心，https：//114. 1688. com/kb/list/9211913. html? page = 1&_ csrf_ token = 35607914c91b7e0731f05dbe2313da2a）

第四节　物流与配送管理

一、电子商务对物流配送的要求

1. 电子商务对物流的市场要求

在电子商务发展的时代背景下，物流已成为电子商务发展的瓶颈。电子商务对物流提出了现代化、高效化、信息化的时代要求。

（1）市场服务一体化。物流是一项系统工程。电子商务下的物流系统是由运输、包装、装卸、存储、管理等众多子系统组成的多目标函数、动态的、庞大的、人机结合的复杂系统。对于这样一个系统工程，只有通过集中度较高、诸多功能协调较好、各行业相互联系的网络化的物流市场的一体化服务，才能提高物流效率。

（2）市场服务信息化。电子商务要求物流系统具有较强的信息收集、处理以及传输能力。它能及时收集、整理、反馈货物市场商品的供应状况及发展态势；它能将收集的信息数据库化、代码化以及数字化；它能保证物流信息传递标准化和适时化。这就要求物流企业拥有全球定位系统、电子定货系统、地理信息系统等，并能熟练运用条形码技术、电子资料交换技术、互联网技术等等。

（3）市场服务代理化。综合物流代理是第三方物流的模式之一。这种模式是指由一家代理公司负责电子商务交易中供求双方实现商品使用权转移的全部物流业务活动。由于代理公司在服务经验、服务能力、服务理念、服务成本上只有优势，能保证整个物流的优质、高效运转，不仅使供需双方摆脱了烦琐的多方委托的物流业务，而且可以有效地降低生产和消费成本。

2. 电子商务对货物运输的要求

运输是物流服务的基本服务内容之一。物流的主要目的就是满足客户在时间和地点两个条件下对一定货物的要求，时间的变换和地点的转移是实现物流价值的基本因素。运输主要有两大功能：

（1）产品转移。通过运输解决商品的生产和消费不在同一地点的问题，创造了“空间效应”。

（2）产品储存。临时储存是一个不太寻常的运输功能，即将运输车辆临时作为产品储存设施。

货物的运输方式：公路运输（主要使用汽车或其他车辆在公路上进行货客运输）、铁路运输（主要使用铁路列车运送客货）、水路运输（主要使用船舶运送货物和旅客）、航空运输（主要使用飞机或其他航空器进行运输）、管道运输（主要利用管道输送气体、液体和粉状固体）这五种方式。

3. 电子商务对货物质量的要求

物流配送主要在于转移和保护这些商品的质量，保证最后把商品完好地交给用户。在当代风行的质量保证体系中，对用户的质量保证不仅仅依赖于生产，还依赖于流通。然而在货物运输过程中，影响货物质量的因素有很多，比如时间，保质期就是时间的限制。此外，在流通环节中有震动、挤压、碰撞、污染、水浸等不利因素。因此，要保证商品质量，必须要有好包装。

二、电子商务物流配送模式

根据提供物流服务的主体，电子商务企业物流运作模式分为自营配送模式、外包物流模式、共同化配送模式和供应商配送模式。

1. 自营配送模式

从方便和便于管理的目的出发，许多商业企业采取以自建为主的物流系统发展战略，特别是在常温仓储、冷冻品及生鲜产品仓储方面，这一现象更加普遍。

根据中国连锁经营协会的统计，在中国连锁百强企业当中，有80%的企业拥有自建的配送中心，在连锁超市企业当中这一比例更高。现代化物流的实现必须依靠配送中心来实现商品的集中储存和配送，以实现在企业内形成一个稳定运行、完全受控的物流系统，满足超市对于商品多品种、多批次、低数量的及时配送的要求。该模式既有利于保证和保持良好的服务水平，又便于企业对超市物流各个环节的管理和监控。

由于快递公司无法提供令用户满意的配送服务，因此有实力的购物网站都选择自建物流配送体系。艾瑞的统计数据显示，几大电商企业自有物流的覆盖区域从四个城市到上百个城市不等，与全国庞大的城市规模相比，还有巨大差距。因此即使是自建物流的电商企业，也需要在更大的范围内与第三方物流快递公司展开合作。

2. 外包物流模式

一些中小型商业企业由于物流业务量相对较少和资金实力欠缺，不适于自己建设配送中心。因此，这些企业通常会采用与社会性专业物流企业结成战略联盟的方式，将业务外包，有效利用第三方物流配送来完成仓储和配送任务，以完全实现或近似实现本企业零库存的目的。

日本大约有 30%的连锁超市将其配送业务外包给社会化的专业配送企业，我国的流通业中在物流配送方面第三方物流的比例还比较低，行业的规模和服务水平还有待提高。

3. 共同化配送模式

共同化配送是指多家商业企业联合起来，为实现整体的物流配送合理化，在互惠互利原则指导下，共同出资建设或租用配送中心，制定共同的计划，共同对某一地区的用户进行配送，共同使用配送车辆的配送模式，一些经营规模较小或门店数量较少的连锁超市常采用这一模式。

此模式主要是能解决运输车辆跑空车和运费上升的问题，特别是当数个产地和销地相距较远且又有交叉运输需要时，其优点尤为突出。采用共同化配送，能减少企业的物流设施投资，便于将分散于各中小型连锁企业的物流设施集中起来并形成合力，从而能高效率、低成本地为有关企业提供满意的物流服务。

4. 供应商配送模式

供应商配送模式简单来说就是由生产企业直接将商业企业采购的商品，在指定的时间范围内送到各个商店甚至到货架的物流活动。

我国的大型生产企业，如很多大型电器厂家（如海尔、海信等）、食品生产企业（如康师傅等）以及国外有实力的日化产品厂家（如宝洁等）在全国范围内建立了自己的分销体系，将分销渠道直接介入商业企业的分销物流活动当中，并且根据商品的属性、运输距离、自己的运输能力以及季节等条件安排有关物流的活动。

三、配送的分类

1. 按配送主体分类

（1）商店配送，指配送组织者从事商业零售网点的配送。

（2）配送中心配送，这种配送的组织者是专职从事配送的配送中心。

（3）仓库配送，是以一般仓库为结点进行配送的形式。

（4）生产企业配送，配送的组织者是生产企业，尤其是进行多品种生产的生产企业。

2. 按企业经营环节分

（1）销售配送，指销售性企业进行的促销型配送。

（2）供应配送，指企业为了自己的供应需要所采取的配送形式，往往由企业或企业集团组建配送结点，集中组织大批量进货，然后向本企业配送或向本企业集团的若干企业配送。这种配送形式在大型企业或企业集团、联合公司中采用较多。

（3）销售-供应一体化配送，指销售企业对于基本固定的客户和基本确定的配送产品在自己销售的同时，承担对客户执行有计划的供应的职能，它既是销售者又是客户的供应代理人。

（4）代存代供配送，指客户将属于自己的货物委托配送企业代存、代供，有时还委托代订，然后组织的配送。这种配送在实施时不发生商品所有权的转移，配送企业只是客户的委托代理人，商品所有权在配送前后都属于客户，所发生的仅是商品位置的转移。

3. 按配送时间及数量分类

（1）定时配送，指按规定时间和时间间隔进行配送。定时配送包括小时配、日配、准时配送和快递方式四种具体形式。

（2）定量配送，指在一定的时间范围里按照规定的批量配送货物的一种方式。其特点是配送的货物数量是固定的，实践中要根据托盘、集装箱的载货量进行测算和定量。

（3）定时定量配送，是按规定的时间、规定的货物品种数量进行配送的方式。这种配送兼有定时配送和定量配送的特点，是一种精密的配送方式。

（4）定时定路线配送，是指在规定的运行路线上，制定配送车辆到达的时间表，按运行时间表进行的配送。

（5）即时应急配送，是一种完全按用户突然提出的配送要求随即进行的配送方式。这是一种灵活性较高的应急方式。即时应急配送成本高，但它是整个配送合理化的重要保证手段。

4. 按配送商品的种类及数量分类

（1）少品种或单品种、大批量配送。当客户所需的商品品种较少，或对某个品种的商品需要量较大、较稳定时，可实行此种配送形式。

（2）多品种、小批量、多批次配送。这种配送方式是一种高水平、高技术的方式，符合现代“消费多样化”“需求多样化”的新观念，是许多国家推崇的一种方式。一般适合于综合配送中心所进行的配送。

（3）设备成套、配套配送，是为满足企业的生产需要，按其生产进度，将装配的各种零配件、部件、成套设备定时送达生产线进行组装的一种配送形式。

5. 按加工程度分类

（1）加工配送，指配送与流通加工相结合，在配送据点安排流通加工作业，或是流通加工与配送据点组成一体实施的配送业务。

（2）集疏配送，只改变产品的数量，而不改变产品本身的物理、化学性质，如大批量进货后小批量、多批量发货，或者是零星集货后形成一定批量的货物再送货的方法。适用于需先集货后分配的产品，如农产品等。

6. 按配送的专业化程度分类

（1）综合配送，指不同专业领域的多种产品在一个配送结点中组织的对客户的配送。

（2）专业配送，指按产品性质不同，适当划分专业领域的配送方式。

四、物流商的选择

（一）选择物流商的五个原则

1. 只选对的

实在人买东西都是只买对的不选贵的。比如一家发展中的服装企业需要市内配送，那么可以找个专业车队，或干脆自己雇佣社会车辆来做，仓库也可以自营。这样既可控制到位，服务质量又高，还锻炼了队伍。那些正在开拓中的区域呢？不如外包给一家大型的第三方物流。新市场的配送服务，他们更有优势。

当然，如果对运输质量、到达时间的要求近乎苛刻，或非常紧急，建议用非常注重服务的物流公司，价格贵点也值得；如果运输要求不高，放在什么仓库都一样，也不用实时查询货物状态，那还是合理控制一下物流费用吧。这就好比快递合同、发票等重要文件，建议用 EMS 等知名公司，快速、安全；不重要的普通函件，一般的同城快递就可以了，他们的价格可是要便宜一半的。

2. 要行内口碑好的

物流圈子很小，口碑比广告宣传更值得相信。现在物流门槛越来越高，新老物流公司竞争激烈，迫使物流公司十分重视口碑。而口碑这个东西，不是几个花俏的广告、漂亮的演示就能取代的，需要物流公司长期坚持优质服务、一诺千金。

如果听说某家物流公司上次丢了客户的货，还敢用他吗？丢货，哪家也不能保证万无一失，关键是丢货后的处理方式。重视口碑的公司当然会理赔，因为他们知道，生意做不了，招牌却是不能倒的。

如果同行提供的口碑还不能坚定选择，不妨扩大一下信息收集渠道。让备选供应商简单评价一下同行，遭同行普遍排斥的搅局者，可以考虑放弃。

3. 综合优势明显的优先

好的物流公司的最大价值，不是他能为客户去特意做什么（比如为了服务好大客户，而提供高于其他小客户的服务水平），而在于他一贯坚持的优于同行的服务水平，无论客户规模大小，决不媚大欺小。当然，这里指的是服务水平一样，而非服务内容一样。

现在物流公司普遍实行项目经理制，能对客户随需应变，但网络、服务意识、人员素质等基础的关键因素，是长期积淀下来的综合优势，一两天改变不了。

讲到综合优势，就不能不提全国网络。拿运输来说，公路运输情况千变万化，如果路上出了些状况，远水也救不了近火。所以，分公司健全的物流公司可以获得及时的就近援助，这非常重要。同时，客户对物流服务的要求也越来越高，如全国多式联运、区域配送中心联储、货代、物流、直邮联动等，都不是小货运公司能完成的。综合服务优势明显的物流公司可以免去客户很多不必要的麻烦。

4. 物流公司的销售代表有足够的权力支配运作

几大零担运输公司鲜见销售人员，因为他们的主要业务是整合散货走专线，不需要那么多销售人员。而多数第三方物流公司都十分重视销售队伍的建设，这也是每个物流采购经理每星期都不得不会见那么多来拜访的销售代表的原因了。

好的销售代表不仅要能打动客户的采购之心，更要满足客户之托，管好那些操作货运的运作人员。因为他签下项目后，就不仅仅是物流公司的员工了，更是客户利益的代表。他比客户更了解物流公司的公司架构，知道客户的准确需求，知道用怎样的方法来解决客户的问题。

但问题往往出在销售代表与运作系统之间的固有矛盾上，其本质是成本和收入之间的对抗。销售代表希望最好地服务客户，但运作系统往往将成本放在客户满意度前面，只要在客户忍耐的范围之内，他们就要拖上一两天，以待整车发运。

这个矛盾不会有终结。好的销售代表有能力协调好公司利益和客户利益，而好的物流公司会有好的销售代表，同时会给他相应的权力。

考察物流公司，首先要从它的销售代表开始。重点考察销售代表的责任心如何、能力如何、对项目运作的掌控程度怎样。关键不在于他的职位高低，而在他对项目的影响力。

5. 最好实地考察物流公司

就像了解一个人一样，从他朋友那里知道他的个性，从他对手那里获知他的所作所为，听其言，见其面，然后观其行。考察物流公司的好坏，一定要从实地出发。

很多物流公司都有仓库和车队，仓库主要看安全性、操作性和仓库管理人员的素质。从简单的库区环境到防火防盗设备是否完善，就能看出好坏。

考察车队时不会很直观，因为没几家公司会把车停在那里供人参观，毕竟车是要出去赚钱的。如果见到整体摆放的车队等待检阅，那答案只有两个：要么物流公司在做秀，要么就是没生意了。前者虚假，后者冷清，这样的物流公司敢用么？

对于整合资源型的第三方物流公司来说，考察的难度相当大。他们可能只有一间写字楼，没有仓库，也没有车队，只有良好的社会关系和强大的资源优势。

此时就要着重考察项目操作人员了：是否能把每个项目的操作节点表述清楚？是否了解项目可能遇到的问题，并提出解决办法？外行是很难将这些阐述清楚的。如果以上的考察都满意，就可以给他们一个高高的形象分了。

需要提醒的是：考察物流公司，可以顺便看看物流公司的资质原件。这点很容易忽略，但很重要。如果把危险品交给了一家没有危险品运输资质的承运商托运，后果不堪设想。

（二）四种物流公司慎选

1. 非专业物流公司大可不必引进

早期的物流公司是个大杂烩，什么都能干，什么干得都不出色。现在的竞争要求物流公司越来越专业化。专不专业，看三个方面：

（1）是否做专业产品。服装类、危险品类、IT类的物流公司，有着别人没有的资源优势，价格和服务更有竞争力。

（2）是否有专业服务。如仓储型、运输型的物流公司。运输型又可分为整车、零担、快递等服务类型。选择对口，会更便宜、更实惠。

（3）是否有专业功能。如货代公司、运输公司等。前者是国际物流供应商，后者是国内的。

把货交给最专业的物流公司，就能避免多次倒货，避免不必要的损失，降低成本。

2. 资产小于货值的物流公司不考虑

安全、及时、准确，这三条永远是物流采购经理的信条。安全从何而来，有风险抵押金就安全吗？实际上大多数外资客户是不需要押金的，因为在他们把货交给物流公司之前，有足够的能力甄别出它是否安全合格。

因此，最好尽量找一家大一点、注册资金多一点的物流公司。牌子大的公司就算倒，也不会一天就跑掉。当然，做这些工作只是为了避免风险，大多数的物流公司还是值得信赖的，也不用太敏感了，毕竟还买了保险。

3. 报价太离谱的公司淘汰

询价，可以问到最高价，也可以问到最低价，但最合适的价格绝不是高加低除以二就能算出来的。最合理的价位应当是综合货物的品性、心理预期等因素得出来的。

报价太高可能是收费高服务高，也有可能是不了解市场而胡乱报的；报价低得离谱，要么想当然报价，要么低价恶性竞争。遇见这些报价，都得对物流公司承诺的优质服务多个心眼。

4. 放弃不能7×24小时服务的物流公司

5×8小时是采购经理的工作时间，6×14小时是物流项目管理人员的工作时间，7×24小时是物流供应链上关键人的工作时间。客户下班了，仓库外的提货员还在做托运单；客户入眠了，公路上的司机还在日夜兼程。这不是命令，而是责任。永远不休息的工作没人愿意做，永远不在状态的承运人没人愿意请。职责在那里，如果做不到，就不要承接；承接了就必须随时待命，因为物流的需求和状况是不按时间表来的。

案例阅读

阿里巴巴物流服务平台（56.1688.com）是阿里巴巴于2010年年底创立的发货平台，现名为“菜鸟运输市场”，可供用户在互联网发货运及快递、进行运单管理及针对运单做物流跟踪。

阿里物流有以下几大优势：

(1) 专享折扣：发货独享品牌物流商 8 折起优惠，还有不定期优惠活动；

(2) 安全保障：价格真实，同时平台特有安全保障，优先赔付帮买卖双方降低风险；

(3) 线路覆盖：平台已接入德邦、新邦、佳吉、天地华宇、中铁、城市之星、盛辉等 3000 多家货运物流商，200 多万条线路，支持发货到全国；

(4) 运单管理：买卖双方都可以管理及跟踪所有的运单，对货物情况了如指掌。

（案例来源：阿里巴巴以商会友 · 商友圈，https：//club. 1688. com/article/60443617. htm）

第五节　互联网售后服务管理

就目前来说，售后服务可分为传统售后服务和互联网售后服务两种。传统售后服务主要是通过人工进行的一种售后服务，是由企业员工与顾客面对面地接触并完成服务的过程，它是传统市场营销中提高顾客满意度的一种行之有效的策略选择。而互联网售后服务主要是借助互联网进行互联网互动式的售后服务，它以便捷方式满足客户对产品技术支持以及使用维护的需求，它是互联网营销中增加顾客满意度的一种理想选择。随着上网企业的日益增多，互联网销售业务的日益扩大，互联网售后服务的作用越来越明显地表现出来。

一、互联网售后服务的优势

进入 21 世纪后，互联网这个覆盖全球的网络以其无可比拟的优势向人们暗示着巨大的和潜在的商业利益。今天，互联网售后服务这一互联网营销策略亦被越来越多的企业重视。那么，互联网售后服务究竟具有哪些优势呢？

1. 便捷性

互联网服务不受地域、时间的限制，全球用户享受 24 小时实时服务，因此，通过互联网提供售后服务，用户可以随时随地地上网寻求支持和服务，无需长时间等待。

2. 低廉性

互联网售后服务的自动化和开放性，使得企业可以减少人力、物力的开支。一方面，企业可以减少售后服务和技术支持人员，免除长途跋涉之苦；另一方面，可以大大地减少不必要的管理费用和服务费用。

3. 灵活性

对于用户的共性问题，企业可在主页上集中解答，介绍保养知识及维护方式等，而用户则可以根据自己的需要从互联网中寻求相应的帮助；对于个性的问题，可通过 BBS 或使用电子邮件传送图示、照片来显示故障部位，并进行反复讨论，以便排除故障。

4. 直接性

客户通过互联网可以直接寻求服务，避免通过传统方式经过多个中间环节才能得到处理。比如，传统服务需经过电话服务员将问题记录下来，然后再根据问题性质转交相关部门和人员，在问题解决后还须经过售后服务人员进行协调，增加了许多中间环节。

5. “一对一”的个性化服务

互联网售后服务的最大优势就在于能与顾客建立持久的“一对一”服务关系，这种服务关系能以较低成本为客户提供个性化的售后服务。

二、互联网售后服务的形式

开展互联网售后服务和免费服务是企业网站制胜的法宝，相信每个网站都会结合自己的经营业务为他的访问者或顾客提供相应的服务。尽管各家网站提供的互联网服务各不相同，但归纳起来主要有三种形式：销售过程中的售后服务、互联网产品支持和技术服务、推销型售后服务。

1. 销售过程中的售后服务

这类服务是指产品的买卖关系已经确定，为客户提供从下单订货到产品送达指定地点这一整个过程的服务，包括提供下单订货便利、帮助顾客在互联网上了解订单执行情况、产品运输情况等。一旦互联网订单生成，就进入处理流程，网站内部应该有一套严格的订单处理过程控制办法，如对订单的接受、联系用户、确定货源、与用户约定送货时间、安排配送、送货上门、回访等环节的时间和操作都应有严格要求，并且采用信息系统跟踪监控，确保用户订单及时有效地得到处理，让每个用户最大限度地满意。

2. 互联网产品支持和技术服务

这类服务包括热门问答（FAQ）、软件升级等。它帮助顾客在互联网上直接寻找问题的答案或升级软件，不仅节省了企业大量人力物力，而且还提高了顾客的满意率。例如：一架新型波音飞机的维修手册厚达几千页，制作成本高不说，而且更新也极慢。现在波音公司通过网站公布其零件供应商的联系方式，同时将有关技术资料放到网站上，方便各地飞机维修人员及时地索取最新资料和寻求技术帮助，大大提高了维修工作的水平。

3. 推销型售后服务

这类服务包括根据顾客爱好为其推荐新产品，提供有关新闻或其他个性化服务。企业要尽可能地把推销融于服务中，例如：一对父母为他们新生的宝宝在互联网上购买婴儿用品，那么企业就可以根据他们的购买行为判断他们的婴儿年龄、性别情况，同时判断他们的收入、偏好情况，从而有针对性地通过电子邮件为这对父母提供育儿建议，把各种关于婴儿的产品，如婴儿玩具、婴儿服装、婴儿营养品和婴儿护肤品的信息发送给这对父母，使他们能根据这些信息很方便地买到自己需要的商品，也可以使企业大幅度地提高商品的销售量。

三、互联网售后服务策略

企业在互联网上建立了自己的网站后，要多途径地为网络用户提供十分便捷的免费服务，以吸引客户，提高商品的销售量。依据当前的互联网营销实践，互联网售后服务的策略主要如下：

1. 设计 FAQ 页面

FAQ（Frequently Asked Questions）页面是几乎所有电子商务网站都必须具备的页面，这个页面主要为顾客提供有关公司及其产品的常见问题的答案。这种策略的基本思想是：将用户可能遇到的各种问题加以罗列并给予正确解答，以一问一答的方式向用户提供服务信息。这样有利于节省客服人员的时间，让他们集中精力去应付那些较冷僻的问题。例如，著名计算机公司 Del 在世界范围内向它的客户发布两套“常见问题解答”，用户可以通过电子邮件、FTP（文件传送）以及有关的讨论小组获取这些服务信息。这种方法对于我国中小型企业也是适用的，投入的费用低，而且不需要熟练的计算机软件人员。

企业在设计面向顾客的 FAQ 时，在策略的运用上要注意分两个层次：第一层次是针对潜在顾客或新顾客，这个层次的 FAQ 主要是提供关于公司、产品的最基本问题的答案；第二个层次是针对老顾客，他们对公司的产品有所了解，这个层次的 FAQ 主要是提供有关产品的详细技术细节、技术改进、使用方面可能遇到的问题等信息。

2. 提供“免费下载”或“软件库”

在科学技术高速发展的今天，产品的更新换代异常迅速，可能上个月刚刚购买的产品，到了这个月就发现它有些过时了。尤其是在计算机软件方面，可以说是一天一个样。至于那些应用软件，版本变化的速度之快更是让人有些无所适从，往往是这个版本人们还没有完全明白，下一个版本已隆重推出了。这就使得顾客在购买产品时不得不考虑产品更新的问题，以防止自己刚刚购买不久的产品因为版本更新被淘汰掉。因此，对于产品生产企业而言，想要消除顾客的这种疑虑，促进产品的销售，就必须为用户提供产品自动升级服务。例如 Del 在互联网上的一个 FTP 站点，拥有 1 万多个公司的文件与软件以及将近 40 万个公用软件，供互联网用户免费使用。

3. 互联网 BBS 或新闻组

网站应有在线 BBS 以供客户直接通过网络寻求帮助。这样，企业的相关人员可以提供相应的互联网帮助，而且，其他有相同问题的客户能相互帮助，这就是许多企业设立互联网 BBS 的原因。尤其对于大公司，由于其产品遍布全球，更应在互联网上建立起与其产品相关的讨论小组。例如：美国的 Silicon Graphics 公司，在互联网上建立了若干个与其产品直接相关的讨论小组，公司内有一个工作组密切注视这些小组中提出的问题，并加以综合分析，然后适时地将答案在小组内公布。这样，公司不但帮助和解决了在小组中提出问题的用户，而且还帮助了那些遇到类似问题但还没有提出问题的用户。

4. 建立电子邮件用户支持渠道

电子邮件是最常用的提供用户支持的工具之一。为了有效地建立电子邮件用户支持渠道，企业内部可设专人阅读邮件并及时予以处理。一种较好的方法是在企业网站上设置一个电子邮件自动答复软件，收到每个电子邮件后，自动向来件的用户发回一个电子邮件，告之用户电子邮件已收到，目前正在处理。对于用户提出的种种问题以及答案，要分门别类地加以整理，不断完善与扩大信息库。这样，对于某些经常在电子邮件中提出的问题，有关人员不必重复逐个给予回答，只需在回信中告诉用户获取信息的 URL 地址，用户自己就能够在网上浏览或下载所需的信息。

5. 定期向顾客提供“电子杂志”

电子杂志是一个统称，泛指通过网络定期向订阅者提供信息内容的互联网新媒体。电子杂志的主要作用：宣传企业，提高企业的知名度；向目标顾客推荐新产品，提高互联网产品的销售能力；答疑解惑，解决顾客在产品使用中遇到的问题，提高顾客的满意度。

策略的运用：第一，可在登载顾客感兴趣的内容的同时，顺便推销新产品；第二，欢迎和鼓励顾客积极投稿，以此吸引顾客关注企业、关注产品；第三，鼓励顾客通过电子杂志介绍产品使用和维护小窍门，以便让顾客相互提供帮助。

6. 在线客服

在线客服也被称为网上前台，是一种以网站为媒介，向互联网访客与网站内部员工提供即时沟通的页面通信技术。在线客服售后服务技巧如下：

（1）好评一定要回复。感谢买家的评价，这样买家看到了心理上也会有一种认同感。

（2）运输过程中商品坏了，一定要先补偿顾客。运输过程中的损坏虽然原因不在双方，但是卖家还是不要和买家争执，一定要先补偿顾客，这样顾客也会理解。

（3）适时的关心。把交易过的顾客都加好友，然后适时地发信息问候一下，企业有最新的促销活动也可以通过信息宣传，经常问候能让顾客感受到企业的关心。

（4）售后及时联系买家。在买家收到货后及时联系，询问详情，如果没有什么问题就可以让买家尽快确认收货给好评，万一货物出了岔子，自己也可以第一时间知道，占据主动地位。

（5）认真退换货。如果是因为运输损坏或者是本身质量差，买家要求退换货的时候，要及时认真地处理，和气生财，买家也许还有可能再次光顾。

（6）平和心态，处理投诉。由于买家的性格各异、运输的能力限制、地域的限制等各种原因，避免不了投诉，遭遇买家投诉的时候能和平解决就和平解决，而对于居心不良或顽固买家也不能妥协。

（7）管理买家资料。例如买家的联系方式、货物发出和到货时间、买家的性格、买家的喜好，需要客服做好整理，方便下次沟通。

四、互联网客户反馈及投诉

（一）互联网客户的反馈信息

1. 获得客户反馈信息的主要方法

（1）通过互联网调查表调查。定期在网站、电子刊物、互联网信息公告板上发布调查表，也可以用电子邮件讨论列表或在新闻组中发放调查表。

（2）创建在线社区。创建在线社区包括聊天室、公告板、讨论组等。

（3）提供免费产品。在互联网提供免费产品，邀请客户填写调查表，一般免费产品可以是邮箱、电子书籍、软件或其他产品及服务。

（4）创建网站方便顾客联系。允许顾客通过 E-mail 与网站联系，或设免费电话和方便的传真以便顾客反馈信息。

（5）定期与客户保持联系。在节假日、客户生日、网站打折优惠期间主动和客户联系，可以发送贺卡、祝词和相关信息，也可以根据客户注册的手机号发送短信。

2. 处理反馈信息的一般方法

互联网客户的反馈信息主要有两类：一类是对所购产品或服务提出的产品支持和技术服务，另一类是对产品或服务的意见、建议或投诉。处理这两类反馈信息的一般方法是善于倾听、及时沟通、尽快解决。

（1）认真阅读。通常，客户反馈信息都是以 E-mail 方式发来的，这些信息大都在一些垃圾邮件中间，因此必须谨慎阅读每一封信件，没有标题的信件也不能忽视，因为客户使用电子邮件的熟练程度不同，很多人还没有在信件上加上标题的良好意识，因此除了一些标题毫无关系的推销信件，每一封信件都应该仔细阅读，以免漏掉客户反馈信息。

（2）准确记录。根据客户的来信，记录客户联系方式，对客户反馈信息进行分类，提出解决办法或与相关部门协调，寻找尽快解决问题的方法。

（3）及时反馈。对每一封邮件都先用电子邮件进行联系，信件回复间隔的时间越短越好，同时留下详细的联络电话，然后对留下电话联络方式的信件进行电话答复，这样，客户也会觉得你服务很周全。一般反馈时间不能超过 24 小时，如果时间过长会让客户感到受冷落，从而对互联网服务失去信心。另外在反馈信息中，要注意信件中的语气和称呼，尽可能地礼貌、客气。

（4）定期回访。根据记录客户的联系方式，定期对客户进行电话或 E-mail 回访，了解客户对产品或服务新的需求及客户的最新信息，以便改进产品和服务。

在处理互联网客户反馈信息时必须要注意的问题是，网站要设计一些互联网客户服务的工具，为客户提供便捷的服务，例如设计 FAQ（Frequently Asked Questions），即常见问题回答。这个页面可以为客户提供有关产品的使用、技术支持、企业情况等问题的现成答案，同时网站也应设计自动回复系统，为发 E-mail 的客户回复一封预先设计好的信件，解答问题从而让发信者有信任感。最后，处理互联网客户的反馈信息时，一定要及时、热情，切实为客户解决问题。

（二）互联网客户的投诉

1. 客户投诉的主要内容

（1）产品质量投诉。产品在质量上的缺陷、产品规格不符、产品故障等。

（2）购销合同投诉。产品数量、等级、规格、交货时间、交货地点、结算方式、交易条件等与原合同不符。

（3）服务投诉。对各类服务人员的服务质量、服务态度、服务方式、服务技巧等提出不满。

（4）流通投诉。货物流通过程中在运输环节的损坏、丢失和变质，或由于装卸搬运不当、包装不良等引起损害、腐烂等问题。

2. 处理客户投诉的原则

（1）预防原则。企业加强管理，提高员工的整体素质和业务能力，杜绝可能产生的投诉问题，减少客户的不满意，从而减少投诉。

（2）及时原则。投诉问题的处理必须及时、快速，减少客户不满意的时间，使客户尽早得到满意的答复，这是投诉产生后最重要的处理原则。

（3）责任原则。投诉问题责任到部门，责任到人，避免类似问题重复发生，同时使投诉问题得到最妥善的处理，令客户满意。

（4）管理原则。对投诉问题要进行有效的管理，建立相应的管理资料库并及时回访，使客户尽早消除误会，给客户树立良好的企业形象。

3. 处理客户投诉的步骤

（1）回复投诉。不管客户以哪种方式、投诉哪方面的内容，首先要在两个小时内向客户表示歉意，同时感谢客户的信任。一般在线购物网站也可以设立自动回复系统，使客户很快得到常见问题的答复及投诉的回音，增强客户对在线服务的信心。而人工服务一般耗时较长，而且需要大量的人力和时间。

（2）记录投诉。根据客户投诉的不同方式，记录客户的投诉内容，如投诉问题、投诉时间、投诉客户的联系方式等。

（3）判断投诉。主要是根据客户投诉分析客户投诉是否合理、理由是否充分。在这一阶段，对于不合理的投诉可以以委婉的方式答复，并取得客户的谅解，同时再次感谢客户的信任，消除可能的误会，以使客户满意。

（4）分析投诉。如果判断投诉是合理的，则需要对投诉进行必要的分析，确定投诉产生的原因及责任部门和责任人，并根据客户要求提出投诉处理意见，交主管领导批示。

（5）反馈投诉。根据主管领导的批示，尽快向客户反馈投诉处理的方案并实施，同时取得客户的谅解和满意。

（6）投诉回访。对处理完的客户投诉，要定期做客户回访，用 E-mail 询问客户对投诉处理是否满意，还有什么要求，以增强客户的满意度。

处理互联网客户投诉，要注意时效性，也就是不能让客户感觉在互联网上投诉好像石沉大海，因此，第一步到第四步最好在 24 小时内完成，进一步体现互联网的跨时空和地域的特点。

五、开展互联网售后服务应注意的问题

（1）互联网产品问题解决和技术支持的信息要丰富、全面，否则客户从互联网上寻求不到直接支持，有可能转为寻求传统方式解决，这样就发挥不了互联网售后服务的优势。

（2）互联网服务和人工服务相结合。售后服务单靠互联网是不够的，还要与传统售后服务渠道相结合，如产品的维修，大多数还必须通过传统方式来进行。

（3）注意互联网服务的及时性。客户在互联网需求产品支持和技术帮助时，如果回答不及时可能导致客户失去耐心转而寻求人工服务方式，因此最好是配备专人来解决互联网的问题。

（4）强化互联网售后服务的质量控制。就目前来说，客户对于互联网服务有一种陌生感，因此，网站在客户问题解决时和解决后应发送 E-mail 与客户保持密切联系，化解客户的不信任感。

（5）定期发送企业的产品动态和服务信息，保持与客户联系，方便客户寻求帮助和注意到产品的更新换代。

思考与练习

一、不定项选择题

1. 互联网单证按功能可分为（　　）。

A. 身份注册类　　B. 身份验证类

C. 普通信息交流类　　D. 信息发布类

2. 通过互联网为亲友订的实体鲜花属于（　　）。

A. 非信息产品　　B. 信息产品

C. 有形信息产品　　D. 无形信息产品

3. 电子商务常用的支付方式有（　　）。

A. 汇款　　B. 货到付款

C. 电子支付　　D. 见面交易

4. 电子商务物流配送模式有（　　）。

A. 自营配送模式　　B. 外包物流模式

C. 共同化配送模式　　　　　　　　D. 供应商配送模式

5. 为客户提供在线物流信息查询，属于（　　）。

A. 推销型售后服务　　　　　　　　B. 互联网产品支持服务

C. 互联网技术支持服务　　　　　　D. 销售过程的售后服务

二、判断题

1. 为了促进销售，应该在互联网单证中多加入广告链接。（　　）

2. 电子合同对于法律有了更高的要求。（　　）

3. 通过第三方支付平台支付属于电子支付。（　　）

4. 为了节约运输成本，应选择最便宜的物流商。（　　）

5. 通过互联网接到客户投诉后，应在 24 小时内予以回复并尽快做出反馈和处理。（　　）

三、问答题

1. 简述互联网单证设计的技巧。

2. 电子合同与传统合同的区别在哪里？

3. 电子支付的常用工具有哪些？

4. 如何选择物流商？

5. 简述客户投诉的处理步骤。

四、操作题

1. 调查一家 B2B 电子商务交易平台，了解它的订单处理流程。

2. 调查一家 B2B 电子商务交易平台，看看都支持哪些支付方式。

3. 通过互联网，了解国内外的主流物流商。

4. 了解国内知名企业网站或网上店铺，提供了哪些互联网售后服务。

5. 为自己心仪或打算创办的企业，搜集并整理 FAQ 问答。

第六章

互联网贸易安全

【学习目的】

1. 了解互联网贸易安全的要求、存在的问题、原因和措施。
2. 掌握互联网贸易安全的常识。
3. 掌握互联网交易风险防范的方法。

第一节　互联网贸易安全概述

互联网在有力地推动社会发展的同时，也面临着越来越严重的威胁和攻击。互联网安全问题越来越受到重视。保证互联网贸易的正常运作，必须高度重视安全问题。互联网交易的安全涉及社会的方方面面，不仅仅是一堵防火墙或一个电子签名就能简单解决的问题。安全问题是互联网成功交易的关键所在，它不仅关系到个人和企业的资金安全、商家的货物安全，还关系到国家的经济安全、国家经济秩序的稳定。

一、互联网贸易安全的要求

1. 可靠性要求

可靠性要求是指为了防止计算机的软件错误、硬件故障、互联网中断、计算机病毒和自然灾害等突发事件，采取的一系列控制和预防措施来防止数据信息资源不受破坏的可靠程度。

2. 保密性要求

信息的存取在安全的环境中进行，不能被非法窃取、泄露；信息的发送和接收在安全的网络中进行，交易双方在信息交换过程中没有被窃听的危险，非参与方不能获取交易的信息，保证交易双方的信息安全。

3. 完整性要求

完整性是指数据在发送、接收和传递过程中，要求保证数据的一致性，防止非法用户对数据随意生成、修改和删除，同时还要保证数据传递次序的统一。信息的完整性是从事电子商务交易双方的经营基础。

4. 真实性要求

从事互联网贸易的交易双方的身份不能被假冒或伪装，能够有效鉴别、确定交易双方的真实身份。方便且可靠地确认交易双方身份的真实性，是顺利进行电子商务交易的前提。

5. 不可抵赖性要求

在电子商务环境下，通过手写签名和个人印章进行交易双方的鉴别已是不可能的了，参与交易的个人、企业、商家或其他部门必须在交易信息的传递过程中提供可靠的标识，由第三方提供有效的数字化过程记录，使交易各方不能事后抵赖。

6. 有效性要求

在互联网交易中，交易双方的信息交流（如双方的购销合同、签名、时间等）都是以数字化的形式出现的，数字化的文件取代了原有的纸张，那么保证这种数字信息的有效性并为交易双方共同认可，就显得格外重要。一旦签订交易合同后，这项交易就受到法律保护，并防止被篡改或伪造。

二、互联网贸易中存在的安全问题

互联网贸易中的安全问题主要包括传输问题、信用问题和管理问题。

1. 传输问题

所谓信息传输问题就是指在进行网上交易的时候，传输的信息失真或者信息被非法进行窃取、篡改和丢失导致的一些不必要的损失。从技术上看，网上交易的信息传输问题主要包括以下几个方面：

（1）冒名偷窃：为了获取重要的商业秘密、资源和信息，竞争对手或者“黑客”常常采用源 IP 地址来进行欺骗攻击。

（2）篡改数据：攻击者利用非法手段掌握了信息的格式和规律后，通过各种方法，将互联网上传输的信息数据删除、修改、重发，破坏数据的完整性和真实性，损害他人的经济利益，或者干扰对方的正确决策。

（3）信息丢失：在交易中存在的信息丢失，主要是线路问题、安全措施不当或在不同的操作平台上转换操作不当导致的。

（4）信息传递过程中遭破坏：计算机技术发展迅速，原有的病毒防范技术、加密技术、防火墙技术等始终存在被新技术攻击的可能性。计算机病毒的侵袭、“黑客”的非法入侵、线路窃听等很容易使重要的数据在传输过程中泄露，威胁电子商务交易中的安全。另外，外界的干扰也会影响到数据的真实性和完整性。

（5）虚假信息：在网上交易过程中，用户以合法身份进入系统后，买卖双方都可能在网上发布虚假的供求信息，或者以过期的信息冒充现在的信息，从而骗取对方的钱款或货物。

2. 信用问题

在互联网贸易中存在的信用问题主要表现在以下几个方面：

（1）来自买方的信用问题。买家可能在互联网上利用信用卡进行支付时恶意透支，或者使用伪造的信用卡来骗取卖方的货物。

（2）来自卖方的信用问题。卖方不能按质、按量、按时寄送买方购买的货物，或者不能完全履行合同内容，造成对买方权益的损害。

（3）买卖双方都存在抵赖问题。电子商务交易是直接通过互联网进行的，这使得信用得不到保证，买方存在不付款，卖方存在不发货的抵赖行为，从而致使信用问题难以控制，网上交易很难进行。

3. 管理问题

互联网交易在管理上也可能存在诸多问题，主要表现在以下几个方面：

（1）交易流程管理问题。在互联网交易中介介入交易的过程中，客户进入交易中心，交易中心不但要监督买方按时付款，也要监督卖方按时提供合同所要求的货物。在这过程中，管理问题大量存在，假如管理不善，将会有巨大的潜在风险。

（2）人员管理问题。在网上交易中，最薄弱的环节是人员管理。工作人员的职业道德水平不高，安全教育和管理松懈，使得通过互联网犯罪的现象越来越严重，并且多数体现在内部管理人员。对于人员的管理不善可能导致很多机密文件被竞争对手获得。

（3）交易技术管理问题。网上交易经历的时间较短，没有特别完善的控制机制，使得网上交易技术管理的漏洞众多，也会带来很大的问题。所以，在交易技术方面，仍然需要加强管理和规范。

三、引发互联网贸易安全问题的原因

日益严重的互联网信息安全问题，不仅会使网上企业、机构及用户蒙受巨大的经济损失，而且也会使国家的安全与主权面临严重的威胁。引发互联网贸易中的安全问题的原因有很多，主要表现在以下几个方面：

1. 黑客的攻击

互联网技术发展迅速，而对于互联网犯罪的追踪和反击手段还不够成熟，并且黑客的攻击具有杀伤力强、隐蔽性高的特点，所以黑客的攻击对于网上交易的威胁巨大，严重制约了电子商务安全交易的发展。

黑客的攻击手段可分为非破坏性攻击和破坏性攻击两大类。非破坏性攻击一般是为了扰乱系统的运行，并不盗窃系统资料，通常采用拒绝服务攻击或信息炸弹；而破坏性攻击以侵入他人电脑系统、盗窃系统保密信息、破坏目标系统的数据为目的。黑客常用的攻击手段主要有以下几种：

（1）后门程序。程序员设计一些功能复杂的程序时，一般采用模块化的程序设计思想，将整个项目分割为多个功能模块，分别进行设计、调试，而后门就是一个模块的秘密入口。在程序开发阶段，后门便于测试、更改和增强模块功能。正常情况下，完成设计之后需要去掉各个模块的后门，不过有时由于疏忽或者其他原因（如将其留在程序中，便于日后访问、测试等）后门没有去掉，一些别有用心的人会利用穷举搜索法发现并利用这些后门，然后进入系统并发动攻击。

（2）信息炸弹。即黑客使用一些特殊工具软件，短时间内向目标服务器发送超出系统负荷的信息，造成目标服务器超负荷、互联网堵塞、系统崩溃的攻击手段。比如向未打补丁的 Windows 95 系统发送特定组合的 UDP 数据包，会导致目标系统死机或重启；向某型号的路由器发送特定数据包致使路由器死机；向某人的电子邮件发送大量的垃圾邮件将此邮箱“撑爆”等。目前常见的信息炸弹有邮件炸弹、逻辑炸弹等。

（3）拒绝服务。拒绝服务又叫分布式 DOS 攻击，它是一种使用超出被攻击目标处理能力的大量数据包消耗系统可用资源、带宽资源，最后致使网络服务瘫痪的攻击手段。作为攻击者，首先需要通过常规的黑客手段侵入并控制某个网站，然后在服务器上安装并启动一个可由攻击者发出的特殊指令来控制进程，攻击者把攻击对象的 IP 地址作为指令下达给进程的时候，这些进程就开始对目标主机发起攻击。这种方式可以集中大量的网络服务器带宽对某个特定目标实施攻击，因而威力巨大，顷刻之间就可以使被攻击目标带宽资源耗尽，导致服务器瘫痪。比如 1999 年美国明尼苏达大学遭到的黑客攻击就属于这种方式。

（4）网络监听。网络监听是一种监视网络状态、数据流以及网上传输信息的管理工具，它可以将网络接口设置在监听模式，并且可以截获网上传输的信息。也就是说，当黑客登录网络主机并取得超级用户权限后，若要登录其他主机，使用网络监听可以有效地截获网上的数据，这是黑客使用最多的方法。但是，网络监听只能应用于物理上连接于同一网段的主机，通常被用作获取用户口令。

2. 管理的欠缺

人员管理方面的欠缺是目前电子商务安全最大的隐患。一些竞争对手还可能利用企业招募新人的方式潜入企业，或利用不正当的方式收买企业网络交易管理人员，窃取企业的用户识别码、密码、传递方式以及相关的机密文件资料。

在处理网络安全问题时，网络管理人员通常只把网络上面的黑客放在要防范的假想敌之中，却不知道企业内部员工的疏失有时候远比互联网上的黑客还要可怕。例如，员工在使用自己桌上的电脑时把电脑设成服务器，使得所有人都可以经过该网络进入该电脑，窃取机密的信息，或者对上面的信息进行修改。甚至利用该电脑为跳板进入其他的电脑系统之中为非作歹。

网络交易技术管理的漏洞。有些系统中某些用户是没有口令的，如匿名文件传输协议的服务存在信任概念，允许被信任用户不需要口令就可以进入系统，然后把自己升级为超级用户。这也会导致互联网贸易中的危险。

四、保证互联网贸易安全的措施

1. 加强内部网络治理人员以及使用人员的安全意识

很多计算机系统常用口令来控制对系统资源的访问，这是防病毒进程中最轻易和最经济的方法之一。网络管理员和终端操作员根据自己的职责权限，选择不同的口令，对应用程序数据进行合法操作，防止用户越权访问数据和使用网络资源。

在网络上，软件的安装和治理方式是十分关键的，它不仅关系到网络维护治理的效率和质量，而且涉及网络的安全性。好的杀毒软件能在几分钟内轻松地安装到组织里的每一个 NT 服务器上，并可下载和散布到所有的目的机器上，由网络管理员集中设置和治理，它会与操作系统及其他安全措施紧密地结合在一起，成为网络安全管理的一部分，并且自动提供最佳的网络病毒防御措施。当计算机病毒对网上资源的应用程序进行攻击时，这样的病毒存在于信息共享的网络介质上，因此就要在网关上设防，在网络前端进行杀毒。

2. 利用网络防火墙技术

网络防火墙是一种用来加强网络之间访问控制，防止外部网络用户以非法手段通过外部网络进入内部网络，访问内部网络资源，保护内部网络操作环境的非凡网络互联设备。它对两个或多个网络之间传输的数据包按照一定的安全策略实施检查，以决定网络之间的通信是否被答应，并监视网络运行状态。虽然防火墙是目前保护网络免遭黑客袭击的有效手段，但也有明显不足：无法防范通过防火墙以外的其他途径的攻击，不能防止来自内部变节者和不经心的用户们带来的威胁，也不能完全防止传送已感染病毒的软件或文件，以及无法防范数据驱动型的攻击。

3. 利用安全加密技术

加密技术的出现为全球电子商务提供了保证，从而使基于互联网上的电子交易系统成为了可能，完善的对称加密和非对称加密技术仍是 21 世纪的主流。对称加密是常规的以口令为基础的技术，加密运算与解密运算使用同样的密钥。不对称加密，即加密密钥不同于解密密钥，加密密钥公之于众，谁都可以用，解密密钥只有解密人自己知道。

第二节　互联网贸易安全常识

互联网安全从其本质上来讲就是互联网上的信息安全，凡是涉及个人隐私或商业利益的信息在互联网上传输时都需要受到机密、完整和真实的保护，避免被其他人利用不正当手段侵犯。

拥有互联网安全意识是保证互联网安全的重要前提，许多互联网安全事件的发生都和缺乏安全防范意识有关。特别是在互联网上从事商业活动时，账户里经常有资金往来，容易被别有用心的人盯上，因此互联网交易安全和互联网防骗是首先要注意的问题。

一、互联网交易安全

互联网交易安全分为账户安全和支付安全，一旦账户被盗，不仅网店的正常经营会受到严重的影响，账户里的资金也可能被他人盗用。因此，在日常的运营管理中，账户安全是一个需要特别关注的方面，防骗防盗也是网店经营中的一个长期行为。

1. 账户安全

设置安全性较强的密码是账户安全的有效保障。例如，一些网站要求账户密码要由6~16个字符组成，最好是使用英文字母、数字、标点符号这三种元素自由组合，英文字母还要区分大小写，标点符号尽可能用特殊符号，这样组合出来的账户密码就更安全，例如，WellDone869@%。但这也只是个例子，在实际的密码设置中还可以加入更多的变化。

密码设置的原则一是要安全，二是要容易记忆，安全性再高的密码，如果自己不记得就是矫枉过正，自找麻烦。安全的密码不仅需要足够的长度，还要随机无规则。建议使用最少15个字符的随机数字和字母组合作为密码，并且把密码分解成几个部分，以便记住。

密码的管理应注意以下几点：

（1）不定期更新密码，可以更好地保障账户的安全和隐私，让黑客无机可乘。

（2）建议不要把密码保存在电脑、本子、U盘等常用工具上，若保存在电脑上尽量用加密文件保存，若记在本子上请锁在一个非常安全的地方。也可以使用密码管理软件，不过不要过度依赖这些工具。

（3）及时清除剪切工具的内容，清空系统的各类缓存和临时文件，避免泄露密码。

（4）网站设置密码提示问题的时候，尽量让问题和答案无关，但又可以对密码起到一定的提示作用。

密码的使用应注意以下几点：

（1）不要随意在不安全的网站输入密码，没有加密的网站就像一张破网，黑客攻入后密码就泄露了。

（2）不同的网站使用完全不同的密码，特别是有关财务的网银及网购账户，避免一个账户密码被盗，其他账户密码也被轻易破解。

（3）养成良好的密码使用习惯，例如输入用户名和密码时，在输入用户名后，随意输入一些字符然后删掉，再输入正确密码。输入密码时可以用鼠标随意改变字符的输入顺序，防止输入顺序被木马软件记录。

（4）不要在网上测试实际密码的强度，这样也容易泄露自己真实的密码。

（5）小心使用特殊字符，保持数字卫生。许多人喜欢把“a”换成“@”，把“0”换成“o”，黑客对于这样的改变也有对应的破解方式。

2. 支付安全

以支付宝为例，它给每一个账户设置了多重保护：

密码分为登录密码和支付密码，如果仅有登录密码就只能查看账户，知道支付密码才能操作账户资金往来。

（1）申请支付宝数字证书可以使账户资金操作多一重保护，没有安装支付宝数字证书的电脑，即使知道登录密码和支付密码也无法查看账户及操作资金往来。

（2）在此基础上还可以开通手机动态口令，每次需要在支付宝页面输入支付密码的时候，系统会向预先设置和绑定的手机发送一个动态口令，输入了正确的动态口令和支付密码后，支付或者退款行为才能生效。

（3）如果还开通了支付宝信使服务，那么今后账户发生的每一笔交易，支付宝系统都会通过短信将账户资金变化的通知发送给预先绑定的手机。

此外，目前各大金融网站都纷纷引入了硬证书。所谓硬证书，是指将电子认证服务机构为用户提供的数字证书保存在 USB Key 中。

支付盾就是支付宝公司推出的安全解决方案。支付盾（天威）是联合第三方权威机构天威诚信一起推出的安全产品。它是具有电子签名和数字认证的工具，保证了您在网上信息传递时的保密性、唯一性、真实性和完整性。支付盾酷似一面盾牌，时刻保护着客户在支付宝上操作的资金和账户安全。支付盾有三大特点：

（1）安全性。支付盾是一个类似于 U 盘的实体安全工具，它内置的微型智能卡处理器能阻挡各种的风险，让账户始终处于安全的环境下。客户在支付宝网站处理任何资金业务时，不需要担心木马、钓鱼网站、黑客等安全风险，支付盾将可以保障客户在网上交易资金和支付宝账户的安全。

（2）唯一性。支付盾是和支付宝账户对应绑定的关系，从而保障了客户支付宝资金安全。申请使用支付盾后，如果在没有插入支付盾的情况下登录支付宝，只能进行查询账户操作，而不能进行其他任何对于资金变动的操作。只有插入匹配账户的支付盾才能进行操作。这样就相当于支付盾就是客户拥有的一把“钥匙”，增强客户账户的使用安全。

（3）方便性。客户可以在任何电脑上进行操作，免除了数字证书的备份烦恼；拥有了支付盾，客户可以拥有更高的支付额度来进行资金交易；支付盾不需要使用者掌握任何数字证书相关知识，也能轻松掌握。

二、互联网防骗

经常会有人以中奖、购物的名义，使用阿里旺旺或者站内信发送钓鱼网站的网址，这些网址都有一个明显的特点，即与购物网站的网址有非常高的相似度。例如，淘宝的网址为 http：//www. taobao. com，而那些钓鱼网站的网址往往会是 http：//www. taoba0i. cn 或者 http：//www. taob. pvi. cn 等。如图 6. 1、图 6. 2、图 6. 3 所示。

图 6.1　虚假的淘宝网站

图 6.2　虚假的阿里巴巴网站

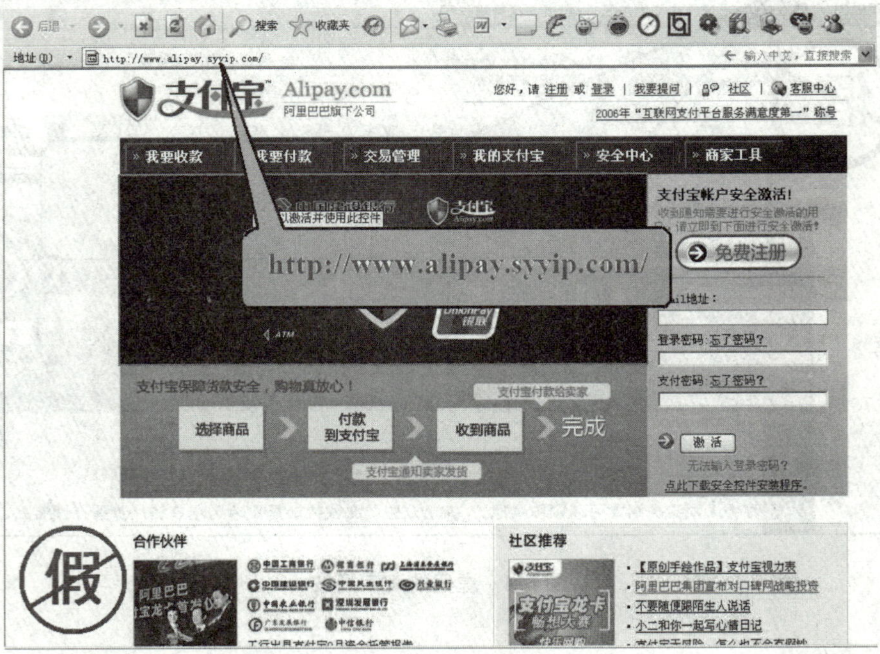

图 6.3　虚假的支付宝网站

所以，牢记常用的贸易和购物平台以及各大网上银行网址十分有必要。表 6-1 列举了常用电商平台网址，表 6-2 列举了常见网上银行的网址和服务电话。

表 6-1　常用电子商务平台网址

序号	电商平台名称	网址
1	阿里巴巴中国站	www. 1688. com china. alibaba. com www. alibaba. com. cn
2	阿里巴巴国际站	www. alibaba. com
3	支付宝	www. alipay. com
4	淘宝网	www. taobao. com
5	慧聪网	www. hc360. com
6	中国制造网	cn. made-in-china. com
7	金泉网	jqw. com
8	淘金地	www. taojindi. com
9	敦煌网	www. dhgate. com
10	苏宁易购	www. suning. com

表 6-2　常见网上银行网址及服务电话

序号	银行名称	网址	服务电话
1	中国银行	www. boc. cn	95566
2	中国工商银行	www. icbc. com. cn	95588
3	中国建设银行	www. ccb. com	95533
4	中国农业银行	www. 95599. cn	95599
5	招商银行	www. cmbchina. com	95555
6	中国民生银行	www. cmbc. com. cn	95568
7	交通银行	www. bankcomm. com	95559
8	兴业银行	www. cib. com. cn	95561
9	广东发展银行	www. cgbchina. com. cn	95508
10	上海浦东发展银行	www. spdb. com. cn	95528

为了加强网上操作的安全性，阿里巴巴在阿里旺旺里增加了一个防范措施，用来表示这是阿里巴巴站内的安全链接，可以放心点击。如果显示这是阿里不能确认安全性的外部链接，提醒用户点击时要特别的注意和小心。此外，电脑一定要安装杀毒软件和防火墙，并开启实时防护功能，当用户打开一个网站时，就会得到该网站是否是安全网站的提示。

网上的骗术层出不穷，花样百出，但是，识别骗子重在预防，因此，具备一定的识骗能力可以有效地减少安全隐患，避免有形资产和账户、ID 等无形资产的损失，同时，减少失误还可以一定程度地提高工作效率。防骗知识可以到阿里巴巴生意经的诚信防骗专区里去学习。

诚信防骗专区既是大家交流防骗经验的场所，也是骗子最喜欢光顾的“学习课堂”，他们一样会进行“业务能力的提升”，因此，骗术才会与时俱进。所以，我们也需要不断地学习才能够更好地保护自己，放心地在互联网上进行各种商业活动。

下面是一些常见的网上交易骗术：

（1）注册相似的账号来行骗，例如：使用“小白兔”这个 ID 购买商品并用支付宝付款，然后用相似度很高的“小白免”这个 ID 来通知卖家已经付款，但是提出需要修改收货地址。卖家按新地址发了货，几天以后，购买商品并付款的买家“小白兔”来反馈说还没有收到货，因此要投诉卖家收款不发货，并申请退款，这时，卖家才发现更改地址的通知并非是同一 ID 发来的，尽管他们看起来非常像。

（2）以大宗购物或者较高的交易金额来诱惑卖家，谎称需要找一个信得过的中介做担保，然后发送假冒的 EMS 担保交易网址，诱使卖家去该钓鱼网站签订担保订单的中介协议，再根据协议里面得到的身份证号码等个人信息，进一步破解卖家的支付宝账户或者银行卡密码，盗取里面的现金。大家记住，阿里巴巴的交易是不可能去其他网站下订单的，遇到这样的情况一定要谨慎，下了这样的订单就等于告诉了骗子企业的账号密码。

（3）骗子冒充顾客出价购买商品后，马上在阿里旺旺或邮箱中发来一个经 Photoshop 处理过的“买家已付款，等待卖家发货”的付款截图，或者谎称是使用银行汇款，发来经 Photoshop 处理过的汇款凭证，催促卖家赶快发货，这时，如果卖家未核实汇款信息就发货的话，就会银货两亏，所以，一定要证实买家确已付款才能安排发货。

（4）骗子也会利用网银的安全措施来欺骗卖家，在与卖家谈好交易以后，谎称自己没有支付宝，要求从银行直接汇款给卖家，在得到卖家的银行账户号码后，骗子马上就去银行网站登录该账号，然后故意乱输密码，直到当日错误密码达到最高次限，已无法查询账户时再通知卖家已经汇款，同时催促卖家当天发货，有时候骗子甚至会采用一些激将法，来达到促使卖家马上发货的目的。

（5）骗子冒充顾客，谎称要将他看中的商品图片发给卖家，结果发送的是带毒或者带木马的文件，以此盗取卖家电脑里的个人信息。因此，不要随便接收陌生人发来的不明文件，避免电脑被木马、病毒所侵袭，如果遇到这样的情况，要叫对方使用阿里旺旺的截图功能来说明商品款式。

三、商业机密

一分钟可以毁灭一个公司，一个信息就可以左右企业的成败。虽然从社会和谐的角度来说，竞争对手并不是敌人，甚至还可以在某些领域进行战略合作，但是，一个信息在自己手里可能是王牌，在竞争对手手里就可能是定时炸弹。

对网上店铺来说，成本、货源渠道、分销商和客户资料毫无疑问都属于企业最重要的商业机密。除此以外，在日常工作中，企业员工还会接触到公司各种各样、大大小小的商业秘密，这些重要的商业信息，可能在员工的大脑里、公司电脑里、一个打印稿的背面，甚至在一个垃圾筐里，随时都有泄漏的可能，泄漏轻则使公司蒙受损失，重则毁灭公司。

因此，任何一家企业都不会随便将商业机密泄露给竞争对手和外人，对员工也有保护商业机密的要求，一旦违反就会执行相应的惩罚制度来规范员工行为。所以，企业员工不仅要有保护商业机密的意识，同时，还要严格遵守职业道德和规范，做一个合格的、优秀的员工。

保证交易安全最重要的是一切按照标准流程来操作，不确定的网址链接不要轻易进入；交易状态非“买家已付款”的就绝对不能发货；顾客如果要求修改收货地址，一定要使用购买商品的ID来通知，借口说阿里旺旺不能登录就提示他用站内信，务必确定对方的真实身份；有人要求换货的话，一定要查实是否在本店有交易记录，因为有些骗子会利用商家生意好、顾客多、记不清来钻空子，假冒顾客要求换货，将自己坏掉的商品来调换店里的全新正品，或者享受店铺的免费保修服务等。

第三节　互联网交易风险防范

相对于个人来说，中小企业在进行互联网贸易的时候，单笔的交易金额数量比较大，所以中小企业在发展互联网贸易的同时，一定要警惕和注意互联网交易风险。风险处理不好将直接给企业带来严重的损失，甚至是摧毁性的打击。

一、互联网交易风险常见种类

电子商务打破了时空的局限，使大量的产品和服务内容信息化，从而降低了沟通传播成本，加快了交易的运作。但各种新的风险也如影相随，如产品的在线识别、高效的物流配送、贷款的安全支付之中的风险等。

1. 产品识别风险

由于互联网的虚拟性，买方有可能不索取或得到不真实的样品。卖方在把一件立体的实物缩小许多倍变成平面图像的过程中，商品本身的一些基本信息会丢失，买方不能从网站的图片和文字描述中得到产品全面、准确的资料。这会给买方带来产品识别风险，这种风险会延伸到产品的性能、质量等诸多方面。

2. 质量控制风险

电子商务中的卖方可能并不是产品的制造者，质量控制便成为风险因素之一。而且如果卖方选择了不当的外包装方式，买方就有可能要承担商品破损这一风险。

3. 网上支付风险

作为电子商务交易的一个环节，支付手段也有所变化。目前，支付安全问题仍然是制约电子商务发展的瓶颈。不少企业和个人消费者仍然担心安全问题而不愿采用网上支付方式。网上支付处理现实中存在的风险，还存在信心不够、信任缺失的问题。

4. 物权转移风险

电子商务需要建立远程作业方式，到底是先付款还是货到付款，也是难以把握的问题。在物权转移过程中也会存在相应的风险管理问题。

5. 信息传送风险

电子商务的主要业务过程建立在互联网基础之上，许多信息要在网络中传送。网络安全或信息安全是实现进入电子社会的另一个风险因素，如果遭受计算机黑客的攻击，重要的企业信息甚至支付权限被窃取，其后果异常严重。

二、互联网交易风险的识别

针对各种电子商务交易风险，最为关键的防范措施是准确识别交易风险，特别是交易对方的身份识别。在众多的识别方法中，搜索引擎搜索、权威网站核实、手机号码归属地查询等是互联网上比较实用的风险识别手段。

1. 信息内容辨别真伪

公司介绍太简单，求购意图不明显，地址也写得很模糊，预留的公司网站是虚假地址，通常情况下，这就有可能是虚假的信息。虽然，人们并不能从这些信息中完全断定对方的询盘是虚假的，但至少要提高警惕。图 6.4 所示就是可疑信息的样本。

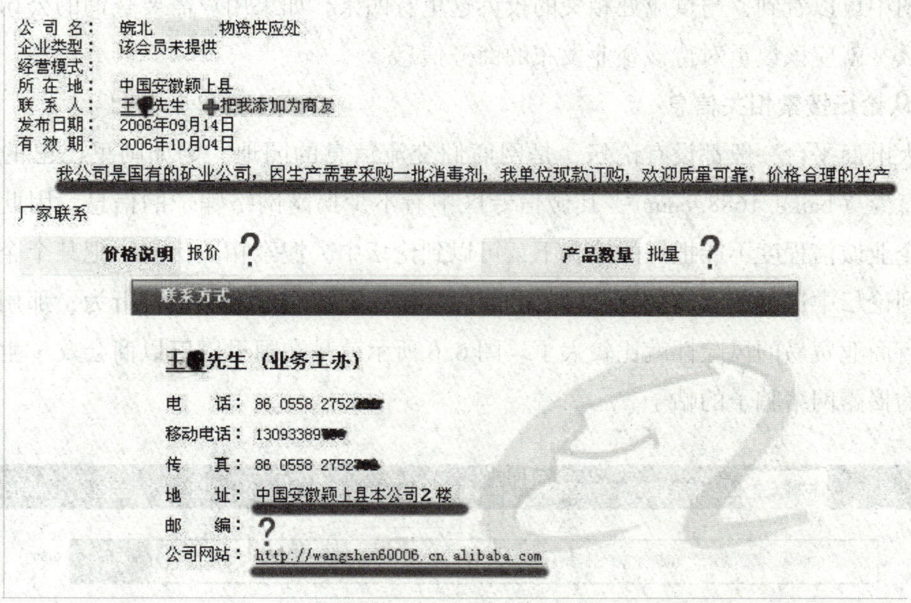

图 6.4　可疑的求购信息

2. 查询企业信用记录

遇到可疑的信息，我们可以将信息发布方的公司名称输入到一些企业信用数据库，例如天眼查（www.tianyancha.com）、阿里巴巴企业诚信体系（xinyong.1688.com），查询信息发布方的信用记录。在这些信用数据库中，可以查询到很多信用不良的企业被投诉的记录。这些记录可以帮助用户判定信息发布方的诚信程度。图 6.5 所示就是企业被投诉的记录。

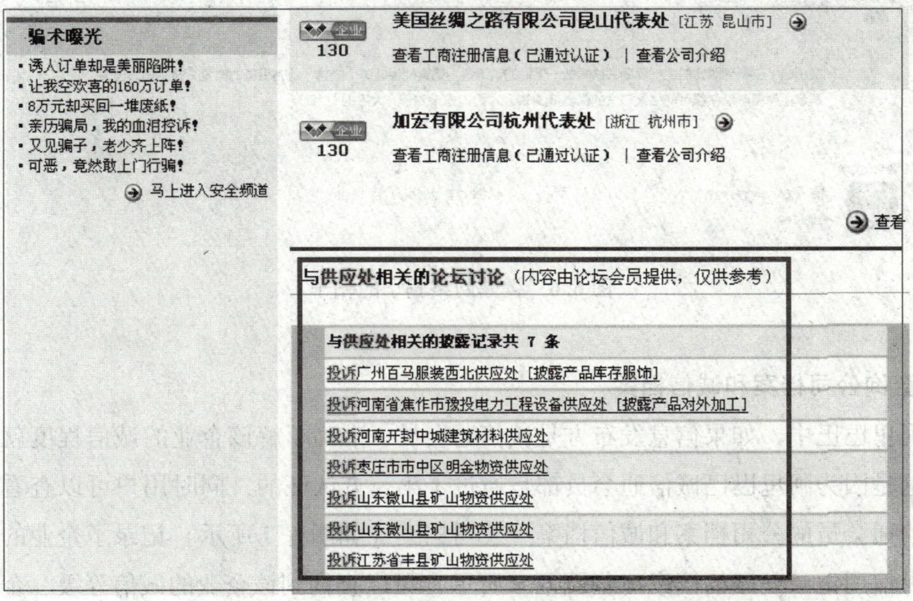

图 6.5　企业被投诉的记录

从图中可以看到，与供应处相关的投诉这里有四条，如果用户需要查询的公司就在其中，那么，就应该慎重对待该企业发布的商务信息。

3. 从论坛搜索相关信息

各大电商平台一般都设有论坛，是网商们交流信息的园地，例如阿里巴巴的以商会友·生意经（baike. 1688. com），其诚信专区中有不少揭露网络骗子的信息。因此，在用户对某企业诚信程度不能把握的情况下，可以到论坛中去搜索相关信息。把某个企业的名称输入到论坛中进行搜索，如果发现有网商发帖子揭露该企业的不诚信行为，那用户与该企业进行商业贸易的风险性就比较大了。图 6. 6 所示就是在阿里巴巴以商会友·生意经中搜索到的揭露网络骗子的帖子。

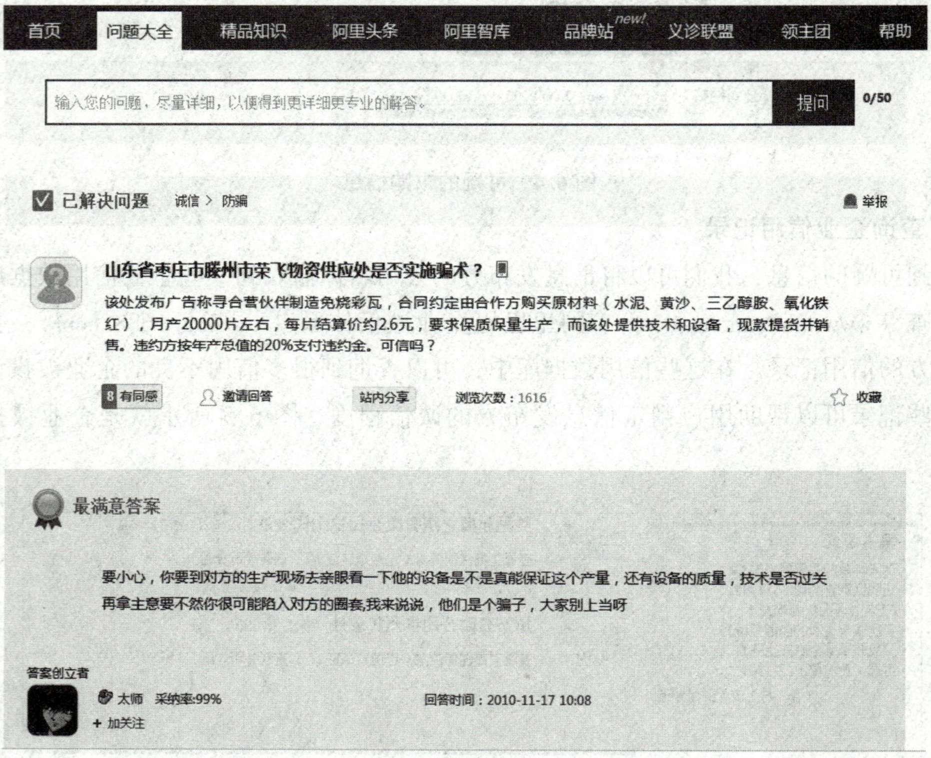

图 6. 6　揭露网络骗子的帖子

4. 查询公司档案和诚信档案

在阿里巴巴中，如果信息发布方是诚信通会员，准确了解该企业的诚信程度就比较方便了。这是因为阿里巴巴诚信通会员都是通过了第三方认证的，同时用户可以查看该企业作为诚信通会员的公司档案和诚信档案。公司档案（如图 6. 7 所示）记录了企业的诚信等级和交易信用记录。诚信档案（如图 6. 8 所示）可以查询到该企业的诚信等级、企业基本信息、经营状况、知识产权、风险信息等，可以借以综合判断与该企业进行贸易时的风险程度。

图 6.7　公司档案

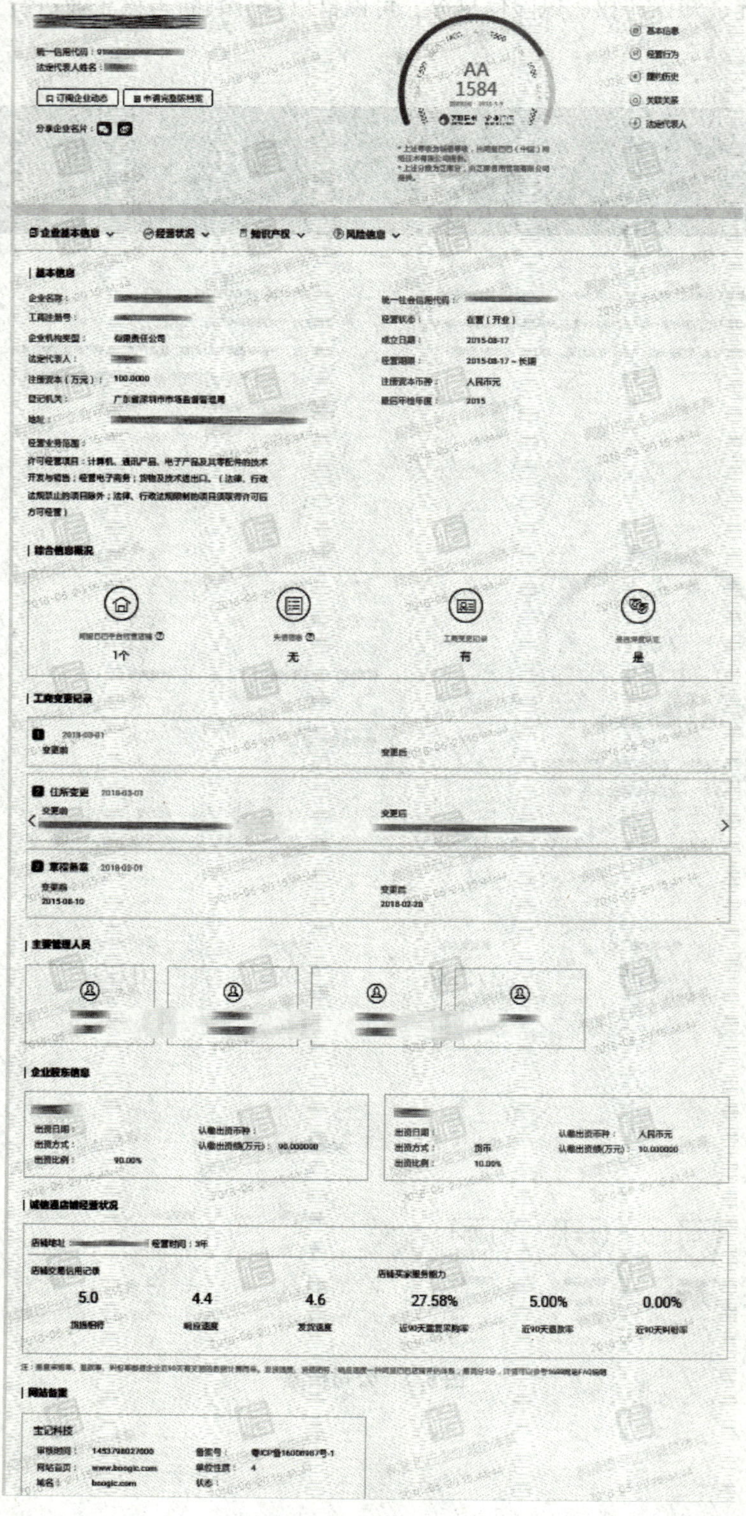
统一信用代码：
法定代表人姓名：
订阅企业动态
申请完整版档案
分享企业名片：
AA
1584
基本信息
经营行为
履约历史
关联关系
法定代表人
企业基本信息
经营状况
知识产权
风险信息
基本信息
企业名称：
工商注册号：
企业机构类型：
有限责任公司
法定代表人：
注册资本（万元）：
100.0000
登记机关：
广东省深圳市市场监督管理局
地址：
统一社会信用代码：
经营状态：
在营（开业）
成立日期：
2015-08-17
经营期限：
2015-08-17～长期
注册资本币种：
人民币元
最后年检年度：
2015
经营业务范围：
许可经营项目：计算机、通讯产品、电子产品及其零配件的技术开发与销售；经营电子商务；货物及技术进出口。（法律、行政法规禁止的项目除外；法律、行政法规限制的项目须取得许可后方可经营）
综合信息概况
1个
无
有
是
工商变更记录
变更前
变更后
住所变更
变更前
变更后
章程备案
变更前
2015-08-10
变更后
2018-02-28
主要管理人员
企业股东信息
出资日期：
出资方式：
出资比例：
90.00%
认缴出资币种：
认缴出资额(万元)：
90.000000
出资日期：
出资方式：
货币
出资比例：
10.00%
认缴出资币种：
人民币元
认缴出资额(万元)：
10.000000
诚信通店铺经营状况
店铺地址
经营时间：3年
店铺交易信用记录
5.0
4.4
4.6
店铺买家服务能力
27.58%
5.00%
0.00%
网站备案
宝记科技
审核时间：
1453798027000
网站首页：
www.boogic.com
域名：
boogic.com
备案号：
单位性质：
4
状态：

图 6.8　诚信档案

5. 通过搜索引擎搜索

通过搜索引擎获取某个企业的贸易诚信信息也不失为一个好办法。借助于搜索引擎，用户可以比较方便地查找所需的资料。用户可以将某个企业的名称、地址、联系人、手机、电话、传真等信息，输入到搜索引擎中，找到和其相关的信息就可以据此做出综合的判断。当然，在进行商业贸易的过程中，判定搜索引擎搜索到的信息是否真实可靠也是很重要的，这需要运用其他手段来完成。互联网上的信息如浩瀚大海，相互矛盾的信息也屡见不鲜，需要时时提高警惕。

6. 通过国家权威部门网站查询

要了解交易对方诚信的资讯，还可以通过国家权威部门的网站查询，例如国家企业信用信息公示系统（www. gsxt. gov. cn）。在该系统中，可以查到交易对方的统一社会信用代码、法人代表、注册资本、地址以及联系方式等企业信用信息，帮助用户了解对方公司的真实注册情况，还可以查询到经营异常名录和严重违法失信企业名单，如图 6. 9 所示。从国家权威部门网站上查询到的资料具有很高的可靠性，用户可以根据权威部门提供的信息做出正确的判断。

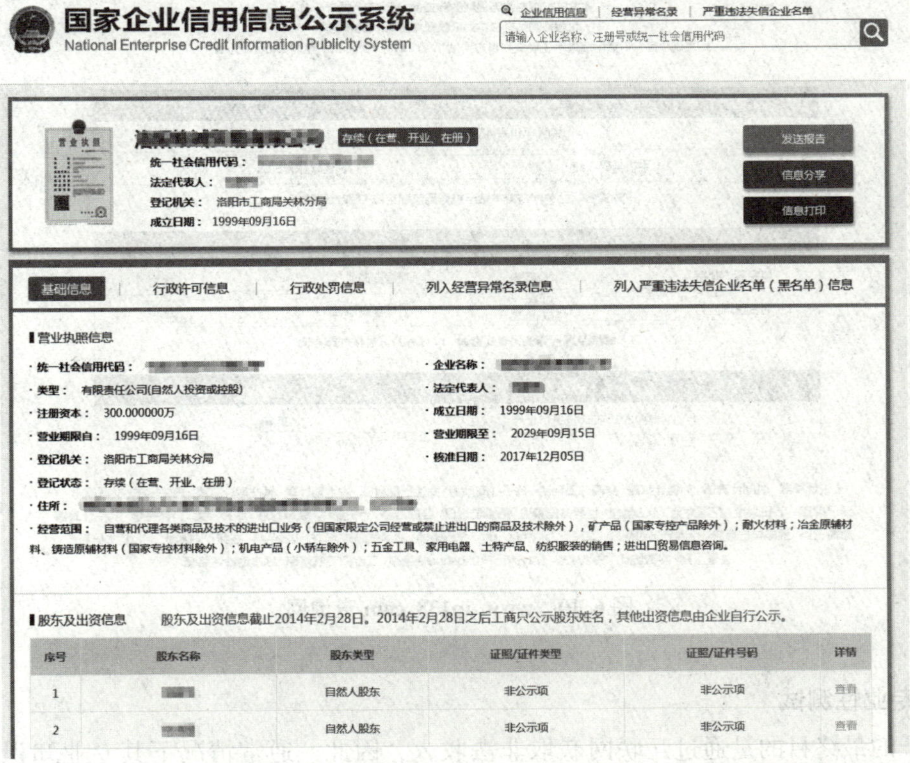

图 6. 9　在国家企业信用信息公示系统查询到的企业信息

7. 手机归属地判断

在交易对方所提供企业联系方式中，通常有手机号码。为此，对交易对方信息的真实性，也可以通过手机归属地查询。例如，通过中国移动、电信或联通的官方网站或者其他网站核实对方所提供信息的真实性。例如 www. ip138. com 查询网有电话搜索查询、手机搜索查询、身份证查询、IP 地址查询等功能，可以帮助访问者了解交易对方的上网地点、手机或电话号码注册地，以及身份证登记所在地等信息，如图 6. 10 所示。

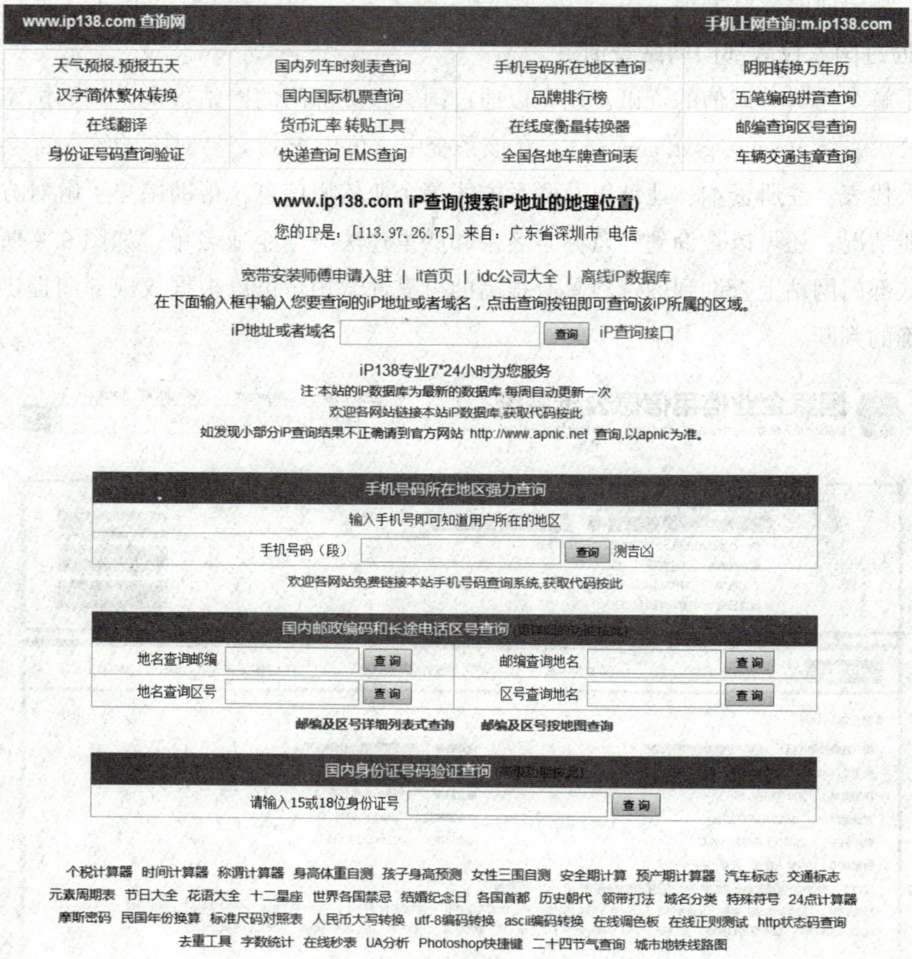

图 6. 10 www. ip138. com 查询网

8. 专业性测试

骗子的最终目的是通过互联网获取非法收入，因此，通常情况下其专业知识是有限的。大多数骗子利用的是格式化的传真或求购函，四处散发类似于传单的求购信息。由于骗子们没有真实的采购意图，往往对产品本身并不了解或是了解不多。因此，用户在与其进行沟通的过程中，可以运用自己对产品的了解设定一些问题，测试对方是否了解采购的产品，进而判断对方是否有真实的采购意图。

三、交易中风险防范

1. 买家风险防范

在互联网贸易中，除了会在网上卖公司的产品外，还会涉及购买某些产品。绝大多数采购者被骗，都是在没有保障的情况下，直接打款引起的，下面几个实际的案例可以帮助买家朋友们对骗子的伎俩加强防范。

常见骗术一

李先生看到网上有家名牌纸尿裤的代理商，东西价格特别便宜，比本地实体店的低出一大截。他马上联系了对方，对方表示自己是做大批发的，每天成交量特别大，用支付宝担保交易还要等待买家确认，影响资金周转，要求使用支付宝即时到账。李先生在超低价格前面还是心动了，直接用支付宝即时到账的方式打了2000元过去，结果几天之后没收到货，就发现已经联系不上卖家了！

常见骗术二

王小姐通过直接打款，在网上采购了800元的手套。（这已经是陷阱的第一步）货物还没有收到时，卖家打电话说货物多发了，为了避免王小姐收到多出的货物不退还，要求王小姐再支付2000元。王小姐汇款之后感觉到不对劲了，赶紧和卖家协商，但是卖家坚决不同意退款，最后就找不到人了。

常见骗术三

顾小姐发现网上有一家的围巾款式漂亮，而且便宜，但是对方不支持支付宝，所以直接线下打款购买了三百多元的产品。付款之后，卖家说产品价格这么低，是因为走私来的，要求顾小姐缴纳2000元保证金，否则就不发货。等交易成功，确认没有走漏风声之后，再把保证金退还。顾小姐采购心切，而且之前的几百元都已经付出去了，决定再相信卖家一次。结果很快，卖家账号就被关闭了，人也找不到了，打出去的货款石沉大海。

买家经常碰见的骗术还有很多，但细心的采购商朋友们一定可以发现，万变不离其宗，罪魁祸首还是在没有保障的情况下直接给卖家打款，所以为了采购安全，请务必提高警惕！

（案例来源：阿里巴巴生意经，https：//baike.1688.com/doc/view-d21831627.html）

在网上购买产品，需要注意以下安全问题：

（1）前面说的 8 种核实对方身份的方法，同样适用。

（2）买家要重点防范两类安全风险：

① 低价陷阱。作为买家，总是希望在同等质量的情况下，买到的产品价格越低越好。这样的心理，会被骗子们利用，这一类骗局叫作低价陷阱。低价陷阱诈骗的基本特点：产品价格非常低，虽然产品数量大，但也同意少量出售，使用私人银行账户，不愿意当面交易。

随着人们网络贸易风险防范知识的增强，骗子的行骗手段越来越狡猾。目前，在网络贸易中骗子们采用的新花样有：表面上支持支付宝，在买家下单后，却以各种理由推脱（如走私产品、交税等），或以不用支付宝可给更便宜价格，用利益诱惑买家上当；开始同意当面交易，再以各种理由推脱（如安全问题等）；要求买家先全额付款，通过支付宝交易，买家打款后，通知买家货已经发出，说服买家先确认收货，之后再以各种理由来拖收货时间。种种手段，不一而足。所有这些都需要网商们及时更新防范风险的知识，对一些新鲜骗术加强了解，有效降低网络贸易的风险。

② 付款安全。在核实了对方身份，对方的操作也没有低价陷阱这些特点的时候，自然要进入下一个环节——付款。所有交易均建议使用支付宝“担保交易”功能（而非“即时到账”），不要因为卖家说支付宝周期长、资金周转不过来等理由而不使用。

（3）牢记下列买家防骗办法：

① 请不要随意在卖家提供的网站注册。如果注册，请尽量不要使用阿里巴巴的用户名和密码。

② 在购买商品时，请再次确认商品的重要描述，如产品到底是“笔记本电脑”还是“笔记本”（纸质）。

③ 如果卖家告知最近手头很紧，希望买家先确认收到货物，请不要轻信对方。

④ 如果无法做到见面交易，在选择供应商的时候，尽可能地考虑选择诚信通会员。

⑤ 诚信通会员网站中的公司档案、诚信档案都是参考依据，同时也可以留心一下该会员的“会员评价”，看看其他会员对他的评价情况。

⑥ 每次查看供应信息详细介绍页面的时候，请在登陆状态下，点击“查看该企业信用记录”。这样论坛中任何会员对该企业的评价都会显示出来。

⑦ 查看对方的联系方式一定要仔细。通常正规商家都会留固定电话。而且如果有公司网页的话，可以通过查看该公司网页的情况，来判断公司的实力情况。

⑧ 对于比市场价低出很多的产品，如数码、电脑类产品，在付款之前请一定要小心谨慎，可以先去论坛用该公司名称搜索一下网友相关的文章。

⑨ 强烈推荐使用支付宝，这样可以降低交易风险，确保款、货安全。

⑩ 如果不能实现货到付款，那么交易双方事先有必要对于一些细节的条款进行沟通。比如货物有损坏、有次品的时候，约定双方之间如何解决。因为无法签订书面的协议合

同，因此最好保存电话录音或者聊天记录，以作为以后纠纷的证据。

⑪ 买家除了能来买东西之外，任何需求帮助都可以去诚信论坛，寻求各位网友和专业人士的帮助。也可以直接电话联系客户服务人员。

⑫ 如果上当受骗了，可以去诚信论坛进行投诉，写明事情发生经过，保留交易的所有证据，相关服务人员会联系对方，对此事进行合理的处理。如果对方不能合理解释，则可能会被取消账号，在阿里巴巴网站上永远留下差评，并供其他会员搜索和浏览。

2. 卖家风险防范

在网络上接到了一个采购函，用前面的方法核实后，发现没有问题，那么后面自然是要进行实质性的交易。作为卖家，有一个很普遍的心理，那就是希望产品价格卖得越高越好，同时，对方给的定单越大越好，这样，卖家才能获得更多的利润。于是，这样的心理成为很多商人的弱点，被骗子们利用了。这类针对卖家希望卖高价、得大定单的骗局称作大额定单骗局。在这类骗局中，骗子通常用的手法是，要礼品，吃宴请。名义上协助卖方安排住宿，实际上与当地宾馆分成、要回扣。大订单诈骗的基本特点：陌生人突然发出的大额订单，以“××物资中心”“××代表处”“××进出口公司”等外贸公司名头为主，不讨价还价、不关心产品质量、不考察厂家规模，要求卖家至买家处签合同。

案例阅读

北京某饰品企业（卖方）于7月中旬收到了一封产品询价单，来自湖南益阳××物资中心（买方），该订单总数为59万人民币，属于大额订单。在经过与买方联系人周某几次电话沟通后，卖方派了两名员工前往买方洽谈合同。一切似乎进行得很顺利，但在双方几次见面会（宴会）磋商后，买方拿走了卖方价值几百元的中华烟，同时合同顺利签订（但生效日期是买方定金进入卖方账户之时）。随后卖方回北京等消息，两个星期过去了，买方以湖南方面天热、负责人得痞疾等为由不打钱也不肯来北京。

（案例来源：中大网校，http：//www. wangxiao. cn/hd/5124488329. html）

大额订单骗局骗子惯用的手法：

（1）以外贸订单急寻生产厂商为由，发送大额询价单，要求生产厂商报价。

（2）装作对产品质量、价格、工厂规模等漠不关心，而且不要求来工厂考察。此为骗子的心理战术，因受骗的厂家大都是一些本身实力不强，有些甚至是十分简陋的小厂，对方不来看厂、不问价格质量，正中厂家下怀，心中窃喜，殊不知正是中了骗子的奸计。

（3）爽快地答应签单，并热情邀请厂家来公司处磋商合同事宜，并以30%的定金诱惑生产厂商（但规定合同生效日期为定金打入公司账户之时）。有些骗子会在此时提示生产厂商带一些地方特产等作为礼品，诈取第一份礼品。

（4）生产厂商的人员至当地后，骗子会热情安排住宿及娱乐。当然，一切费用需自理。并说明公司负责人并不是他本人，而是另外的某某老总云云，若要顺利签订合同，需要请某某老总吃饭并赠送礼物等，以此诈骗钱物。有些骗子和宾馆及娱乐场所早有勾结，利用此机会从受害人身上榨取第二份钱财和礼品。

（5）与××检测机构勾结，最终以产品质量不合格，要求重复检测，拒签订单，以诈取多次检测费用。

（6）大部分的骗局都会顺利签单，但是订单中通常有这样一条：生效日期为定金打入公司账户之时。卖家永远不会收到骗子30%的定金，因此，此合同将永远不会生效，骗子正是以此逃避可能存在的法律风险。

在网上做生意，当然每一个人都不希望遇到骗局。接到了一个订单，我们用前面的几种方式进行核实，发现对方身份也没有问题，对方的操作也没有大额定单骗局的特点，那么很自然，我们的交易要进入下一个环节，那就是收款发货。收款自然是每一个卖家最开心的事，但是，在这里也有潜在的风险，需要特别注意。进入交易平台的所有交易商的资金应由银行、交易平台、交易商三方进行监管，任何一方无法单独操纵资金。在银行资金监管下，货款不是直接支付给卖方，而是先支付到交易平台银行监管账户，等买方收到货后，再由监管账户支付给卖方。监管账户银行会根据交易商和交易平台的交易合同和交易指令，冻结、支付交易资金，所以通过交易平台支付货款是安全的。例如在阿里巴巴平台，收付款环节推荐使用阿里巴巴集团提供的支付宝服务，来保证收款和付款的安全。在发货和货物检验环节，要注意以下几个方面：

（1）签订合同的要注意，商品检验会发生争议要有个合理的空间。

（2）对有争议性的合同条款要尽可能规定得详细明确，少用“大概”“左右”这样的词。

（3）选择可信任的货运公司。

（4）保留相关的交易证据。

案例阅读

某服装工厂业务员通过网络认识了一个韩国客人，经过交流以后此服装工厂接到了这位客人的一笔大额定单，付款方式是30%订金通过TT电汇方式支付。产品服装的前胸部分被客人要求印刷特殊的指定logo。货物生产完毕，客人来检验货物，客人在检验货物的过程中提出了非常苛刻的要求，指责服装产品质量有问题，而且他告诉工厂因为货的质量问题，他需要回总公司跟公司其他老板处理有关事项。当客人离开以后工厂无论怎么样联系这个客人，客人就像人间蒸发一样消失了。这样过了一个多月，前一个客人一直就这样人间蒸发了，工厂却接到一个专门采购库存服装的公司的电话，他们非常明确地告诉工厂，他们通过某种途径知道工厂存着这样一批服装，同时他们也知道这批服装的标志特殊，一般非常难转卖。最后几经讲价，工厂以库存价格卖了这批货物，最后工厂了解到，第一次来的客人跟第二次来收购库存的是同一个公司。

案例分析

利用互联网贸易彼此不了解情况的特点，给一个小工厂下一笔金额比较大的定单，付款方式为30%电汇，并且在货上印特殊的logo，当货物生产完毕时故意挑剌。以小工厂承受不了大额货物积压为威胁，迫使工厂出让大额折扣，用最少的价格买工厂的货物。

思考和启示

我们在互联网贸易中，在交易前（特别是进行出口贸易）非常有必要通过相关渠道对买家的信用情况做个必要的了解，同时进行出口贸易的中小企业在选择付款方式的时候要尽量选择安全系数高的付款方式。

（案例来源：深圳本地宝，http：//wuliu. sz. bendibao. com/news/2009819/122586_2. shtm）

卖家防骗办法：

（1）对既将发生和已经有业务关系的企业或公司的情况要进行深刻了解，而且时刻注意它经营情况的变化，主要指企业或公司资金状况的变化。

（2）对公司注册资金过大和过小的公司和企业，尤其要注意。

（3）对“急于要货的单”也要特别注意。

（4）尽可能采用现款现货的方式，原则上不允许“赊销”；尽可能选用支付宝交易，确保货、款安全。

（5）尽量不和某些“职业骗子的集散地”的地区的单位和人做任何生意。

（6）为防止银行支票和汇票的风险，建议采用款到账才给货的方式。

（7）为防止假期资金风险，企业可以采用早放假、晚收假、多放假的方法，以避开因为银行票据交换而可能出现的问题，因为“非诚信分子”完全可以利用假期中银行结算速度慢和有时间差的特点来骗取不正当收入。

（8）和业务合作单位的负责人或老板成为真正的朋友。

（9）了解对方法人代表的实际情况，因为这是企业在法律上的责任人。某些不诚信的公司和企业聘请公司外的无业人员等无关人员作为公司的法人代表，一旦东窗事发，即刻溜之大吉，剩下所谓的“法人代表”承担他根本没有办法承担的责任。

案例阅读

郑先生是一家贸易公司的经理，公司规模不大，主要经营日用品，大部分业务都通过互联网发展。郑先生在商海闯荡多年，自信自己是个精明人，但是这个精明人在一次骗局里却实实在在地损失了一次。那是一个星期一，他的办公室电话响了，打电话的女士自称是深圳某高科技公司的业务经理，因为她的普通话十分标准，郑先生感觉对方是一家非常专业、规模非常大的公司。对方推销的是一种高科技分子材料，主要用在塑料工厂的原材料中。对方号称此产品市场大、利润高。但郑先生心想，自己在互联网贸易上“混”了这么多年，这样的事情是不会上当的，所以非常客气地挂了电话。但是在接下来的日子里，这位专业的女性推销员时不时地打来电话，虽然每次郑先生都客气地拒绝，但是次数多了，同为销售的他也慢慢佩服起对方的敬业精神。再之后，郑先生也慢慢地与这位女推销员聊上几句，直到有一天这个推销员给他一个免费的方案，郑先生才觉得可以勉强试一试。免费方案是这样的：对方把这个高科技产品的代理权先免费给郑先生，同时免费送郑先生一部分货。郑先生想，反正全部都是免费，而且人家帮你做免费宣传，干一下也不吃亏，万一真的有这样一个新项目呢？现在科技这么发达，也说不准。此后对方按期送了代理合同，同时免费送了一部分货，对方告诉郑先生他们已经在帮郑先生推广和宣传了。一开始郑先生倒没在意，但是过了一段时间真的有很多人找上门，说需要采购此类高科技产品。郑先生再次体现了他作为一个商人的精明：既然确实有人需要采购这种产品，他就非常细心地收取了一部分采购商的定金。当他发现这些上门来的采购商真的付了定金的时候，郑先生确实相信了，想想这么多天一直对这个销售经理不礼貌、不信任，现在确实发现这个产品需求很大，而且利润高，于是他马上联系了这个销售经理。但是这次他发现对方的口气和条件不同了，什么加盟费、保证金、起定量，一股脑都出来了。郑先生权衡再三，最后没抵挡住高额的利润诱惑，付了一大笔钱给对方，换回来一大批所谓的高科技产品。接下来当郑先生去联系所谓的采购商时，却发现他们个个都联系不上，再回去联系那家高科技公司，结果被种种理由拒绝，一直到事情发生几个月后，郑先生再也联系不上这家高科技公司。他通过种种渠道到权威部门去鉴定，才发现所谓的高科技产品仅仅是些廉价的工业下脚料，这时郑先生才大呼上当：原来对方唱了一出双簧。

案例分析

骗子利用持续的电话轰炸和免费推广为诱饵，再利用双簧骗取最终的利益。

启迪和深思

在互联网贸易中，我们对一项新的投资必须非常小心和慎重，同时在做出关键性决策时应该多向权威部门求证。本案中骗子推销的产品是所谓的高科技产品，虽然有一定的迷惑性，但是只要我们通过向相关权威机关查询论证的策略，就能有效防止此类事情的发生。同时本案中当事人在进行大笔投资前也缺少对对方公司情况的了解，其实目前了解一个国内公司信用情况应该是不难的，成本也不高，最简单的策略就是直接去对方公司考察。

（案例来源：论文网，https：//www.xzbu.com/3/view-10646607.htm）

思考与练习

一、不定项选择题

1. 参与交易的个人、企业、商家或其他部门必须在交易信息的传递过程中提供可靠的标识，由第三方提供有效的数字化过程记录，使交易各方不能事后抵赖，属于互联网贸易安全的（ ）。

A. 可靠性要求　　B. 真实性要求

C. 不可抵赖性要求　　D. 有效性要求

2. 互联网贸易中的安全问题主要包括（ ）。

A. 传输问题　　B. 信用问题

C. 管理问题　　D. 操作问题

3. 黑客常用的攻击手段主要有（ ）。

A. 后门程序　　B. 信息炸弹

C. 拒绝服务　　D. 网络监听

4. 下列哪个密码是安全的（ ）。

A. 13520568525（手机号）　　B. 19900525（生日）

C. A2505（门牌号）　　D. chrdwA2505qq

5. 支付宝的正确网址是（ ）。

A. www. zhifubao. com　　B. www. alipay. com

C. www. alizhifubao. com　　D. www. zfb. com

二、判断题

1. 从事互联网贸易的交易双方的身份不能被假冒或伪装，应能够有效鉴别、确定交易双方的真实身份。（ ）

2. 在互联网贸易中，买方属于弱势群体，所以信用问题全部来自于卖方。（ ）

3. 人员管理方面的欠缺是目前电子商务安全最大的隐患。（ ）

4. 一接到大额订单，应该积极回应，马上组织生产。（ ）

5. 互联网贸易方便快捷，完全没必要去交易对方所在地实地考察。（ ）

三、问答题

1. 互联网贸易安全的要求有哪些？

2. 互联网贸易中存在哪些安全问题？

3. 保证互联网贸易安全的措施有哪些？

4. 简述互联网交易风险常见的种类。

5. 用哪些方法可以识别互联网交易风险？

四、操作题

1. 查看任意一家阿里巴巴注册会员的公司档案、诚信档案和工商注册信息，并在全国企业信用信息公示系统（http：//www.gsxt.gov.cn/）中查询并比对查询到的信息，判断该企业的诚信情况。

2. 进入阿里巴巴以商会友·生意经（baike.1688.com）的诚信专区，了解各种诚信安全和防骗知识。

第七章

互联网国际贸易

【学习目的】

1. 掌握国际贸易的概念、特点、形式、种类和一般程序。

2. 了解有关贸易术语的国际贸易惯例，掌握 FOB、CFR 和 CIF 这三种主要贸易术语的基本内容，特别是买卖双方责任、风险和费用的划分，能在实际业务中正确灵活地使用常用贸易术语。

3. 了解国际货物买卖合同的基本概念和商订过程，掌握合同的内容。

4. 了解互联网国际贸易的应用现状，以及互联网对国际贸易产生的影响。

5. 掌握互联网国际贸易的流程。

6. 了解互联网国际贸易主流在线交易平台。

第一节　国际贸易概述

一、国际贸易的概念

国际贸易（international trade）是指不同国家（地区）之间的商品和劳务的交换活动。国际贸易是商品和劳务的国际转移，也叫世界贸易（world trade）。

国际贸易由进口贸易（import trade）和出口贸易（export trade）两部分组成，故有时也称为进出口贸易。

二、国际贸易的特点

1. 国际贸易是一项具有涉外性质的商务活动

由于国际贸易具有这一特点，故在对外交往中，不仅要考虑经济利益，还应配合外交活动，认真贯彻对外方针政策，切实按国际规范行事，恪守“重合同，守信用”的原则，对外树立良好的形象。

2. 国际贸易情况比较复杂

在国际贸易中，交易双方处在不同的国家和地区，各国的政治制度、法律体系不同，文化背景互有差异，价值观念也往往有别，在洽商交易和履约过程中还涉及各自不同的政策措施、法律规定、贸易惯例和习惯做法，情况千差万别，错综复杂。

案例阅读

某年某出口公司出口到加拿大一批货物，共值人民币128万元。合同规定用塑料袋包装，每件要使用英、法两种文字的贴头（粘纸）。但某公司在实际交货时，因塑料无货擅自改用纸袋代替，并只使用英文贴头。货运到后，加拿大商人为了适应当地市场的销售要求，不得不雇人重新更换包装和贴头，后向某公司提出索赔，此公司理亏只好认赔。

案例分析

许多国家对于在市场上销售的商品规定了有关包装和标签管理条例，近年来这方面的要求愈来愈严。有的内容规定十分繁杂，不仅容量或净重要标明公制或英制，还要注明配方、来源国、使用说明、保证期限等，甚至罐型、瓶型也有统一标准。进口商品必须符合这些规定，否则不准进口或禁止在市场上出售。这些管理条例一方面用来作为限制外国产品进口的手段，而另一方面也是方便消费者的需要。从本案例来看卖方未严格按照合同规定的包装条件履行交货义务，应视为违反合同。《联合国国际货物销售合同公约》第35条规定：“卖方交付的货物必须与合同规定的数量、质量和规格相符，并须按照合同所规定的方式装箱或包装。”某出口公司的错误有二：一是擅自更换包装材料，二是未按合同规定使用英、法两种文字的贴头。由于加拿大部分地区原是法国殖民地，为此，销售产品除英文外还常常要求加注法文，加拿大当局对有些商品已在其制定的法令中加以规定。本例中，买卖双方已订明需用英、法两种文字的贴头，更应照办。总之，为了顺利出口，必须了解和适应不同国家规定的特殊要求，否则会造成索赔、退货等经济损失，并带来其他不良影响。

（案例来源：锦程物流网，http://info.jctrans.com/gongju/tradebase/shangpinhuowu/201111231118372.shtml）

3. 国际贸易易受国际局势变化的影响

国际贸易易受国际政治、经济形势和各国政策及其他客观条件变化的影响，尤其在当前国际局势动荡不定、国际金融市场变化莫测及市场价格瞬息万变的情况下，国际贸易的不稳定性更加明显。

4. 国际贸易的风险较大

在国际贸易中，交易双方的成交量通常都比较大，而且交易的商品往往需要通过长途运输。在远距离的运输过程中，可能会遇到各种自然灾害、意外事故和各种其他外来风险，更不排除因距离遥远而难以辨别的各类诈骗行为。加之国际市场情况复杂，千变万化，更加大了国际贸易的风险程度。

5. 国际贸易线长面广

在国际贸易中，交易双方相距遥远，交易过程中间环节多，涉及面很广，除了双方当事人外，还涉及各种中间商、代理商以及为国际货物买卖服务的商检、仓储、运输、保险、金融、海关、车站、港口等部门，一个部门、一个环节出了问题，就会影响整笔交易的正常进行。

6. 国际贸易的市场竞争异常激烈

在国际贸易中，一直存在着争夺市场的激烈竞争，有时甚至达到白热化的程度。竞争的形式虽表现为商品竞争、技术竞争和市场竞争，但归根结底，竞争的实质还是人才竞争。因此，我们必须增强竞争意识，提高外贸人员的整体素质和竞争能力，才能在国际市场中立于不败之地。

上述特点表明，从事国际商务活动的要求高、难度大，加之国际市场广阔、从业机构人员复杂，可能故意产生争议和欺诈活动，频繁引发纠纷案件，稍有不慎，即可能受骗上当，甚至蒙受严重的经济损失。这就要求国际经贸从业人员不仅掌握国际贸易的基本原理、基本知识和基本技能与方法，而且还应具备开拓创新的能力、驾驭市场的能力和善于应战与随机应变的能力。

三、国际贸易的种类

1. 国际货物贸易

国际货物贸易（international goods trade）也称为有形（商品）贸易（tangible goods trade），其用于交换的商品主要是以实物形态表现的各种实物性商品。

国际贸易中的货物种类繁多，为便于统计，联合国秘书处起草了《联合国国际贸易标准分类》（*United Nations Standard International Trade Classification*，SITC），到2006年为止，该标准分类经历了四次修改，最近的一次修改为第四次修订版，于2006年3月获联合国统计委员会第三十七届会议通过。该分类法将商品共分为10大类、63章、223组、786个分组和1924个项目。这10类商品分别为食品及主要供食用的活动物（0）；饮料及烟类

(1)；燃料以外的非食用粗原料（2)；矿物燃料、润滑油及有关原料（3)；动植物油脂及油脂（4)；未列名化学品及有关产品（5)；主要按原料分类的制成品（6)；机械及运输设备（7)；杂项制品（8)；没有分类的其他商品（9)。在国际贸易统计中，一般把0~4类商品称为初级产品，把5~8类商品称为制成品。

有形贸易的进出口必须办理海关手续，能够在海关统计中反映出来，是贸易国家国际收支经常项目的重要内容。

2. 国际服务贸易

国际服务贸易（international service trade）是指跨越国界进行服务交易的商业活动。服务的出口是指一国向另一国提供服务并获得外汇收入的过程。服务的进口是指购买他人的服务并支付外汇的过程。服务是无形商品，所以，国际服务贸易是国家间无形商品的交换活动。

世界贸易组织对服务贸易的定义包括以下四种形式：

(1）过境交付，如国际长途。

(2）境外消费，如旅游业。

(3）商业存在，如银行业。

(4）自然人流动，如商业咨询。

国际服务贸易可分为以下几类：

(1）商业性服务：如专业化服务、计算机服务、研究与开发服务、不动产服务、设备租赁服务、其他（咨询、翻译、摄影、会议、法律、会计等)。

(2）通讯服务：如邮电、信使、电信、视听。

(3）建筑服务：如设计、选址、施工、维修。

(4）销售服务：如批发、零售、代理、特许经营。

(5）教育服务：如高等、高中、学龄前、研究生、继续教育、留学生。

(6）环境服务：如污水、废物、公共卫生。

(7）金融服务：如银行、保险、金融服务业。

3. 国际技术贸易

国际技术贸易（international technology trade）是指不同国家的企业、经济组织或个人之间，按一般商业条件转让技术使用权的贸易行为，是国际贸易的重要组织部分。

国际技术转让包括非商业性的技术转让和商业性的技术转让。前者为无偿技术转让，后者为有偿技术转让，指政府机构或企业间以盈利为目的进行的技术转让，主要通过经济合作途径和贸易途径两种方式进行。

国际技术贸易的特点：

(1）技术贸易的对象是无形知识。

(2）技术贸易一般只转让技术的使用权，不转让技术的所有权。

(3) 技术贸易中标的物的价格确定有别于一般商品贸易。

(4) 技术贸易是一种长期的交易。

(5) 技术贸易所涉及的问题比较复杂。

(6) 技术贸易受政府干预程度较大。

国际技术贸易的形式有许可贸易、技术咨询、工程承包、合作生产、技术服务与协助等。

四、国际贸易的方式

贸易方式是指国际贸易中采用的各种办法。随着国际贸易的发展，贸易方式亦日趋多样化，除采用逐笔售定的方式外，还有包销、代理、寄售、拍卖、招标与投标。第二次世界大战后，由于大多数发展中国家对外支付能力明显下降，保护主义重新抬头，易货、补偿贸易、来料加工、来件装配等新型方式的应用也日益普遍。下面介绍几种我国习惯采用的方式。

1. 经销贸易

经销（distribution）是指本国出口企业（即供货商）与国外进口商（即经销商）达成书面协议，由经销商承担在约定的经销期限和地域购销指定商品的一种贸易方式。按经销商权限不同可分为一般经销和独家经销。

一般经销又称定销，即出口商可在同一时间、同一地区内寻找几家经销商来经销同类商品，经销商也不享有独家专营权。

独家经销（sole distribution），我国通常称为包销（exclusive sales），是指出口商通过签订协议给国外销售商在一定时期、一定地区经营某一种或某一类商品的专营权利。这种专营权是指专卖权和专买权。

在经销的条件下，经销商和出口商的关系是一种买卖关系。出口商根据经销协议供货，而经销人则根据经销协议购货，在经营中自担风险、自负盈亏。它与单边逐笔销售不同的是，双方当事人除签订买卖合同外，还要事先签订经销协议，确定双方当事人的权利与义务，使买卖双方确立一种较为稳固的购销关系。

因此，采用包销方式，通过专营权的给予，有利于调动包销商经营的积极性，有利于利用包销商的销售渠道达到巩固和扩大市场的目的，并可减少多头经营产生的自相竞争的弊病。但另一方面，如果出口人不适当地运用包销方式，可能使出口商的经营活动受到不利的影响或者出现包而不销的情况。此外，包销商还可能利用其垄断地位，操纵价格和控制市场。

2. 代理贸易

代理（agency）又称销售代理，指货主或出口商（委托人），在一定地区和期限内，将指定商品交由国外客户（代理商）代销的一种贸易方式。代理分为总代理、独家代理和佣金代理。

总代理（general agency）是在指定地区委托人的全权代表。他除了有权代表委托人进行签订买卖合同、处理货物等商务活动外，也可进行一些非商业性的活动。他有权指派分代理，并可享分代理的佣金。

独家代理（sole agency）是在指定地区内，由他单独代表委托人行为的代理人。委托人在该指定地区内，不得委托其他第二个代理人。通常，除非协议另有约定，一般也可允许委托人直接向指定的代理地区的买主进行交易。但凡委托人直接与指定代理地区的买主达成交易的，仍然向独家代理计付佣金。

佣金代理（commission agency）又称一般代理，是指在同一代理地区、时间及期限内，同时有几个代理人代表委托人行为的代理人。委托人可以直接与该地区的实际买主成交，而无须给佣金代理支付佣金。

代理同包销的性质不同。包销商同出口商之间的关系是买卖关系，在包销方式下，由包销商自筹资金、自担风险和自负盈亏。而销售代理商同出口商之间的关系，因不是买卖关系，故销售代理商不垫资金、不担风险和不负盈亏，他只获取佣金。

3. 寄售贸易

寄售是指委托人（货主）先将货物运往寄售地，委托国外一个代销人（受托人），按照寄售协议规定的条件，由代销人代替货主进行销售，在货物出售后，由代销人向货主结算货款的一种贸易做法。

寄售业务是按寄售人和代销人签订的寄售协议进行的。寄售协议与买卖合同有别，寄售协议中的双方当事人不是买卖关系，而是委托和受托的关系。但寄售协议属于信托合同性质。寄售业务的代销人介于委托人与实际买方之间。代销人有权以自己的名义与当地购货人签订购销合同，合同双方当事人之间的关系是本人与本人的关系，如当地购货人不履行合同，代销人有权以自己的名义起诉。

4. 展卖贸易

展卖（fairs and sales）是利用展览会和博览会的形式出售商品，将展览与销售结合起来的贸易方式。

展卖方式灵活，可由货主自已举行，也可由货主委托他人举办。国际贸易中，展卖可在国外举行，也可在国内举行。中国出口商品交易会，又称广交会，创办于 1957 年春季，每年春秋两季在广州举办，迄今已有 60 多年历史，是中国目前历史最长、层次最高、规模最大、商品种类最全、到会客商最多、成交效果最好的综合性国际贸易盛会。在国外举行的展卖业务按其买卖方式可分为两种：一种是通过签约的方式将货物卖给国外客户，由客户在国外举办展览会或博览会，货款在展卖后结算；另一种是由货主与国外客户合作，在展卖时货物所有权仍属货主，并由货主决定价格，货物出售后，国外客户收取一定的佣金或手续费作为补偿，展卖结束后，未售出的货物折价处理或转为寄售。

展卖方式按形式分又可分为国际博览会和国际展览会。国际博览会是一种以国家组织形式在同一地点定期由有关国家或地区的厂商举行的商品交易的贸易方式。参加者展出各种各样的产品和技术，以招揽国外客户签订贸易合同，扩大业务活动。当代的国际展览会是不定期举行的，通常展示各国在产品、科技方面所取得的新成就。当代的国际博览会和展览会不仅是一个商品交易场所，而且更多地具有介绍产品和新技术，广告宣传和打开销路的性质。参加展卖的各国商人除参加现场交易外，还大力地进行样品展览和广告宣传，以求同世界各地建立广泛的商业关系。国际博览会或展览会按内容可分为：综合性博览会或展览会，可包括工农业各类产品，通常有许多国家参加；专业性博览会或展览会，通常是某项或某类工业品参加展出；国别博览会或展览会等。

国际上著名的博览会：莱比锡、布鲁塞尔、里昂、巴黎、蒙特利尔博览会，大多都是综合性的博览会。随着国际贸易关系和技术的日益发展，通过博览会和展览会进行的展卖方式在国际市场上的地位日益重要。它为买卖双方了解市场，建立商品和技术联系提供了有利条件，成为各国商人签订贸易合同的重要场所。

5. 招、投标

招标投标常用在国际政府机构、国营企业或公用事业单位采购物资、器材或设备的交易中，而更多地用于国际承包工程。

招标（invitation to tender）是指招标人（买方）在规定时间、地点、发出招标公告或招标单，提出准备买进商品的品种、数量和有关买卖条件，邀请投标人（卖方）投标的行为。

投标（submission of tender）是指投标人（卖方）应招标人（买方）的邀请，根据招标公告或招标单的规定条件，在规定投标的时间内向招标人递盘的行为。

招标与投标同进口贸易的一般做法不同。采用这种方式，双方当事人不必经过交易磋商，也不存在讨价还价的余地，而是由各投标人应邀同时采取一次递价的办法，而投标人能否中标，主要取决于投标时的递价是否有竞争力。因此，采用这种方式，投标人之间的竞争十分激烈，而招标人则处于较主动的地位。

招标与投标业务是一种竞卖方式，一般来说，卖方竞争对于买方是有利的，使他对于供货来源可有较多的比较和选择。在竞争激烈的情况下，买方还可以较为优惠的价格购进所需物资。这也是招标投标方式在大宗物资的采购中广泛运用的原因之一。

6. 拍卖

拍卖（auction）是一种具有悠久历史的交易方式，在今天的国际贸易中仍被采用。通过拍卖成交的商品通常是品质难以标准化或按传统习惯难以出售的商品，如裘皮、茶叶、烟草、羊毛、木材、水果以及古玩和艺术品等，也有破产倒闭企业的设备资产及罚没财产。

根据出价方法，拍卖可分为以下几种：

（1）增价拍卖，也称“买方叫价拍卖”“淘汰式拍卖”。拍卖时，由拍卖人宣布预定的最低价格，然后由竞买者相继叫价，竞相加价，直到拍卖人认为无人再出更高的价格时，则用击槌动作表示竞买结束，将这批商品卖给最后出价最高的人。在拍卖人击槌前，竞买者可以撤销出价。

（2）减价拍卖，又称“卖方叫价拍卖”“荷兰式拍卖”。这种方法先由拍卖人喊出最高价格，然后逐渐减低叫价，直到有某一竞买者认为已经低到可以接受的价格，表示买进为止。

（3）密封递价拍卖，又称“招标式拍卖”。采用这种方法时，先由拍卖人公布每批商品的具体情况和拍卖条件等，然后由各买方在规定时间内将自己的出价密封递交拍卖人，以供拍卖人进行审查比较，决定将该货物卖给哪一个竞买者。

7. 补偿贸易

补偿贸易（compensation trade），是指在信贷基础上进口设备，然后以回销产品或劳务所得价款，分期偿还进口设备的价款及利息。补偿贸易的种类：

（1）直接产品补偿。这是补偿贸易最基本的做法。但是这种做法有一定的局限性。

（2）其他产品补偿。用回购其他产品来代替。

（3）劳务补偿。我方按对方要求加工生产后，从应收的工缴费中分期扣还所欠款项。

补偿贸易对设备进口方的作用：①通过这种方式来利用国外资金；②通过补偿贸易，可以引进先进的技术和设备，发展和提高本国的生产能力，加快企业的技术改造，使产品不断更新及多样化，增强出口产品的竞争力。③通过对方回购，还可在扩大出口的同时，得到一个较稳定的销售市场和销售渠道。

对于设备供应方来说，进行补偿贸易，有利于突破进口方支付能力不足，扩大出口，在当前市场竞争日益激烈的条件下，通过承诺回购义务加强自己的竞争地位，争取贸易伙伴。

8. 加工贸易

加工贸易是指国内企业从境外保税（即经海关批准并同时办理相关手续，准予暂时免交进口环节关税、增值税及相关许可证件）进口全部或部分原辅材料、零部件、元器件、配套件、包装物料等，经加工或装配后，将成品或半成品复出口的交易形式。该项业务主要包括来料加工和进料加工两种贸易方式。此外，20 世纪 90 年代后期我国企业在海外开展的境外加工贸易方式，也被视为加工贸易的新形式。

加工贸易一般分为以下四种：

（1）来料加工（processing with customer's materials），是指由外商免费提供全部或部分原材料、辅料、零部件、元器件、配套件、包装料件等，由加工方按对方要求进行加工装配，成品交对方销售，加工方只收取工缴费的交易形式。来料加工主要是为了吸收外资，同时利用国内劳动力资源等方面的优势，加工成品，以获取收入。来料加工贸易是一种委托加工的方式，属于劳务贸易的一种形式，它是以商品为载体的劳力出口。

（2）进料加工（processing with imported materials），是指加工方用外汇购买进口的原材料、辅料、零部件、元器件、配套件、包装物料等，经加工成品或半成品后再外销出口的交易形式。

（3）境外加工贸易，是指我国企业以现有设备及成熟技术投资为主，在境外以加工装配业务的形式，带动和扩大国内设备、技术、原材料、零配件出口的一种国际经贸合作方式。可见，境外加工贸易是在海外进行投资办厂的基础上，结合开展来料加工或进料加工或就地取材的一种新做法。

（4）装配业务，是指由一方提供装配所需设备、技术和有关元件、零件，由另一方装配为成品后交货。

五、国际贸易的一般程序

无论进口还是出口，国际贸易一般都包括三个阶段，即交易前的准备、合同的商订和合同的履行。

1. 出口贸易的一般程序

（1）交易前的准备。该阶段内容主要包括对国外市场进行调查研究，选择适销的目标市场和客户；制订出口商品经营方案和价格方案；落实货源并做好备货工作；开展多种形式的广告宣传和促销活动等。

（2）商订合同。即通过函电联系或当面洽谈等方式，同国外客户磋商交易，当一方的发盘为另一方接受后，交易即告达成，合同就算订立。

（3）履行合同。在出口贸易中，履行合同所涉及的内容往往会因交货方式的不同而不同。例如，按 CIF 条款和信用证付款方式达成的交易，履行出口合同主要包括以下内容：备货；落实信用证，做好催证、审证、改证工作；按时、按质、按量交付约定的货物；及时租船订舱，安排运输、保险；办理出口报关于续；缮制、备妥有关单据；及时向银行交单结汇，收取货款等。

2. 进口贸易的一般程序

（1）交易前的准备。这主要包括对国外市场进行调查研究，选择适当的采购市场和供货对象，制订进口商品经营方案或价格方案等。

（2）商订合同。与商订出口合同的程序与做法基本相同。

（3）履行合同。进口贸易履行合同时也因受交易方式的限制而要求不同。例如，按 FOB 条件和信用证付款方式成交时，主要包括的内容有向银行申请开立信用证；及时派船到对方口岸接运货物；办理货运保险；审核单据；付款赎单；办理进口报关手续；验收货物等。

第二节　国际贸易术语

一、贸易术语与国际贸易惯例

1. 贸易术语的含义

贸易术语（trade terms）又称贸易条件、价格术语，是进出口商品价格的一个重要组成部分。它用一个简短的概念（如“free on board”）或三个字母的缩写（如“FOB”）来说明交货地点、商品的价格构成和买卖双方有关费用、风险和责任的划分，是确定卖方交货和买方接货应尽义务的专门用语。

贸易术语是国际贸易发展到一定历史阶段的产物。它的产生、发展同国际贸易的特点和国际运输、保险及通讯事业的发展密切相关。国际贸易的买卖双方分处两国，相距遥远，在卖方交货和买方接货的过程中，涉及许多问题，例如：

（1）何时何地办理货物的交接。

（2）由谁租船、订舱和支付运费。

（3）由谁办理货运保险。

（4）由谁承担货运途中可能出现的各种风险。

（5）由谁办理进出口清关等业务手续。

买卖双方在磋商交易和订立合同时，对上述问题必须明确规定，如果每笔交易都要求双方对有关手续、费用和风险逐项洽商，将耗费大量的时间和费用，影响交易的达成。为此，在国际贸易的长期实践中，逐渐形成了各种不同的贸易术语。通过使用贸易术语，明确了买卖双方在手续、费用和风险方面的责任划分，促进交易的达成。

在国际贸易中采用某种专门的贸易术语，主要是为了确定交货条件，即说明买卖双方在交接货物方面彼此承担责任、费用和风险的划分。其中，“责任”是指因交货地点不同而产生的租船订舱、装卸货物、投保、办理进出口手续等有关事宜；“费用”是指因货物的移动而产生的运费、保险费、装卸费、仓储费等；“风险”是指可能遭遇到的自然灾害、意外事故和各种外来风险。

同时，贸易术语也用来表示成交商品的价格构成因素，特别是货物价格中所包含的从属费用。不同的贸易术语表明买卖双方各自承担不同的责任、费用和风险，而责任、费用和风险的大小直接影响成交商品的价格。一般来说，凡使用出口国国内交货的各种贸易术语，如工厂交货（XWE）和装运港船边交货（FAS）等术语，卖方承担的责任、费用和风险都比较小，商品价格构成中有关的费用因素少；凡使用进口国交货的各种贸易术语，如目的地交货（DAP）和完税后交货（DDP）等术语，卖方承担的责任、费用和风险则加大，这些因素直接反映到成交商品的价格上。

由此可见，贸易术语具有两重性，即一方面表示交货条件，另一方面表示成交商品价格构成。

2. 贸易术语的作用

贸易术语可以解决责任、费用和风险由谁负担的问题，使买卖双方在交易中减少争议和纠纷。具体作用体现在以下三个方面：

（1）利于明确责任，规范、简化手续。每种贸易术语都有其特定的含义，在交易磋商时，买卖双方只要商订按何种术语成交，就明确了双方在交接货物方面所应承担的责任、费用和风险，如此便简化了交易手续，缩短了洽商交易的时间，从而有利于买卖双方迅速达成交易和订立合同。例如，每打 25 美元 FOB 上海，其含义在国际商会的解释中有千字之多。

（2）有利于买卖双方进行比价和加强成本核算。由于贸易术语能够表明商品价格构成，买卖双方确定成交价格时，必然要考虑采用的术语中包含哪些从属费用，如运费、保险费、装卸费、关税等。

（3）有利于避免或减少及妥善解决贸易争端。买卖双方商订合同时，如果某些合同条款规定不够明确，致使履约过程中产生的争议不能依据合同的规定解决，在此情况下，可以援引有关贸易术语的一般解释来处理。

3. 有关贸易术语的国际贸易惯例

国际贸易惯例是指在长期的国际贸易实践中逐渐形成的一些习惯做法及统一解释，是由有权威的国际贸易组织、商会和团体以文件的形式公布于众，得到各国贸易界普遍公认并使用的贸易规则。国际贸易惯例虽然不是法律，但一经采用，则对当事人有法律约束力。

目前，国际上有较大影响的关于贸易术语的贸易惯例有三个。第一个是国际法协会制定的《1932 年华沙-牛津规则》。第二个是美国一些商业团体制定的《1941 年美国对外贸易定义修订本》，在美洲国家采用较多，与这些国家进行贸易时应注意该惯例的解释。第三个是国际商会制定的《国际贸易术语解释通则》。

（1）《1932 年华沙-牛津规则》（*Warsaw-Oxford Rules*，1932）。

《1932 年华沙-牛津规则》是国际法协会专门为解释 CIF 合同而制定的。19 世纪中叶，CIF 贸易术语开始在国际贸易中被广泛采用，但由于各国对其解释不一，从而影响到 CIF 买卖合同的顺利履行。为了对 CIF 合同双方的权利和义务做出统一的规定和解释，国际法协会于 1928 年在波兰华沙制订了 CIF 买卖合同的统一规则，共 22 条，称之为《1928 年华沙规则》。此后，在 1930 年纽约会议、1931 年巴黎会议和 1932 年牛津会议上，又相继将此规则修订为 21 条，称之为《1932 年华沙-牛津规则》，沿用至今。该规则对 CIF 合同的性质、特点及买卖双方所承担的风险、责任、费用的划分以及所有权转移的方式等问题都作了具体的规定和说明。

（2）《1941 年美国对外贸易定义修订本》（*Revised American Foreign Trade Definition*, 1941）。

《1941 年美国对外贸易定义修订本》是由美国几个商业团体制定并经美国全国对外贸易会议修改的贸易术语定义。其中所解释的贸易术语共有六种，分别为：

① Ex（Point of Origin）（原产地交货）

② FOB（Free on Board）（在运输工具上交货）

③ FAS（Free Along Side）（在运输工具旁边交货）

④ C&F（Cost and Freight）（成本加运费）

⑤ CIF（Cost, Insurance and Freight）（成本加保险费、运费）

⑥ Ex Dock（Named Port of Importation）（目的港码头交货）

《美国对外贸易定义》主要在北美国家采用。由于它对贸易术语的解释，特别是对第二和第三种术语的解释与国际商会《国际贸易术语解释通则》有明显的差异，所以，在同北美国家进行交易时应加以注意。

（3）《国际贸易术语解释通则》（*International Rules for the Interpretation of Trade Terms*, INCOTERMS）。

INCOTERMS 是国际商会（ICC）为统一各种贸易术语的不同解释于 1936 年制定的，随后，为适应国际贸易实践发展的需要，国际商会于 1953 年、1967 年、1976 年、1980 年、1990 年、2000 年和 2010 年进行了多次修订和补充。目前，最新的版本为国际商会于 2019 年 9 月 24 日公布的《2020 年国际贸易术语解通则》（简称《2020 年通则》），于 2020 年 1 月 1 日起生效。

《2020 年通则》共包括四组（E 组、F 组、C 组和 D 组）11 个贸易术语：

① E 组：EXW 工厂交货

② F 组：FCA 货交承运人，FAS 船边交货，FOB 船上交货

③ C 组：CFR 成本加运费，CIF 成本、保险费加运费，CPT 运费付至，CIP 运费和保险费付至

④ D 组：DPU，卸货地交货，DAP 目的地交货，DDP 完税后交货

《2020 年通则》列出了哪些是 2020 版所涵盖的内容，以及哪些是买卖双方之间签订的商业合同中应当明确规定的内容，例如所有权保留条款、付款方式或发生争议时的主管司法机关以及适用法律。

FAS、FOB、CFR 和 CIF 这四个术语只适用于海运和内河水运，即卖方将货物放置在船上或置于海港或内河港口的船边（例如非集装箱货物、原材料）。而其余七个术语 EXW、FCA、CPT、CIP、DPU、DAP 和 DDP 可以适用于任何运输方式。

2020 年国际贸易术语解释通则概览见表 7-1。

表 7-1　2020 年国际贸易术语解释通则概览

<table>
<tr><th colspan="14">2020年国际贸易术语解释通则（INCOTERMS 2020）</th></tr>
<tr><th>按交货地分类</th><th>组别</th><th>性质</th><th>国际代码</th><th>全称</th><th>交货地点</th><th>风险转移</th><th>保险</th><th>运费</th><th>装货费</th><th>卸货费</th><th>出口报关</th><th>进口报关</th><th>适用的运输方式</th></tr>
<tr><td rowspan="8">出口国境内</td><td>E组</td><td>实际交货起运术语发货合同</td><td>EXW工厂交货</td><td>EX Works</td><td>商品所在地</td><td>交货时</td><td rowspan="4">买方</td><td rowspan="4">买方</td><td>买方</td><td rowspan="8">买方</td><td>买方</td><td rowspan="10">买方</td><td>任何单一运输方式或多种运输方式</td></tr>
<tr><td rowspan="3">F组</td><td rowspan="3">象征性交货运费未付装运合同</td><td>FCA货交承运人</td><td>Free Carrier</td><td>出口国指定地点</td><td>货交承运人</td><td>卖方</td><td rowspan="10">卖方</td><td>任何</td></tr>
<tr><td>FAS船边交货</td><td>Free Alongside Ship</td><td>装运港船边</td><td>装运港船边</td><td>买方</td><td>海运、内河水运</td></tr>
<tr><td>FOB船上交货</td><td>Free On Board</td><td>装运港船上</td><td>装运港船上</td><td>卖方/买方</td><td>海运、内河水运</td></tr>
<tr><td rowspan="4">C组</td><td rowspan="4">象征性交货运费已付装运合同</td><td>CPT运费付至</td><td>Carrige Paid To</td><td>出口国指定地点</td><td>货交承运人</td><td>买方</td><td rowspan="7">卖方</td><td rowspan="7">卖方</td><td>任何</td></tr>
<tr><td>CIP运费保险费付至</td><td>Carrige and Insurance Paid to</td><td>出口国指定地点</td><td>货交承运人</td><td>卖方</td><td>任何</td></tr>
<tr><td>CFR成本加运费</td><td>Cost and Freight</td><td>装运港船上</td><td>装运港船上</td><td>买方</td><td>海运、内河水运</td></tr>
<tr><td>CIF成本、保险费加运费</td><td>Cost, Insurance and Freight</td><td>装运港船上</td><td>装运港船上</td><td>卖方</td><td>海运、内河水运</td></tr>
<tr><td rowspan="3">进口国境内</td><td rowspan="3">D组</td><td rowspan="3">实际交货到达合同</td><td>DPU卸货地交货</td><td>Delivered at Place Unloaded</td><td>进口国指定地点</td><td>卸货地运输工具</td><td rowspan="3">卖方</td><td>卖方</td><td>任何</td></tr>
<tr><td>DAP目的地交货</td><td>Delivered At Place</td><td>进口国指定地点</td><td>目的地运输工具</td><td rowspan="2">买方</td><td>任何</td></tr>
<tr><td>DDP完税后交货</td><td>Delivered Duty Paid</td><td>进口国指定地点</td><td>目的地运输工具</td><td>卖方</td><td>任何</td></tr>
<tr><td colspan="14">1. 象征性交货：交单即交货，无须保证到货。CIF是典型的象征性交货术语。当使用CPT、CIP、CFR或CIF时，卖方按照所选择术语规定的方式将货物交付给承运人时，即完成其交货义务，而不是货物到达目的地之时</td></tr>
<tr><td colspan="14">2. 贸易术语排列顺序：按照卖方责任从小到大。责任大小的主要体现：①进出口清关手续的办理；②风险承担问题</td></tr>
<tr><td colspan="14">3. 贸易术语的选择与使用：
①承运人风险控制：出口宜选CIF（CIP)或CFR(CPT)术语，进口宜选FOB(FCA)术语；
②货物特性及运输条件：若货物采用集装箱或滚转船方式成交，则不宜使用FOB/CFR/CIF术语，应使用FCA/CPT/CIP术语；
③考虑运输方式：FOB/CFR/CIF(船上为界），FCA/CPT/CIP（货交承运人）。
④考虑运价动态。
⑤考虑海上风险程度。
⑥考虑办理进出口货物结关手续的难易。</td></tr>
<tr><td colspan="14">4. CIF只要求卖方投保最低险别。保险最低金额是合同规定价格另加10%（即110%），并采用合同货币。</td></tr>
<tr><td colspan="14">5. “运输终端”意味着任何地点，而不论该地点是否有遮盖，例如码头、仓库、集装箱堆积场或公路、铁路、空运货站。卖方承担将货物送至指定港口或目的地的运输终端并将其卸下的一切风险。</td></tr>
<tr><td colspan="14">6. 在CIF/CFR/DAP中，如果卖方按照运输合同在目的港/目的地发生了卸货费用，除非双方另有约定，卖方无权向买方要求偿付。</td></tr>
</table>

《2020 年通则》相比《2010 年通则》并没有进行大幅度的修改，主要是对一些术语的细节问题进行了改进。其中主体内容仍旧延续了《2010 年通则》的规定。修改的主要内容如下：

①目的地≠终点

《2020 年通则》将之前的 DAT 术语更名为 DPU，并且相应的含义也发生了变化。在《2020 年通则》的规定下，DPU 术语的交货地点仍旧是目的地，但这个目的地不再限于运输的终点，而可以是任何地方。除了这一点之外，其余内容均和之前 2010 版中的 DAT 术语完全一致。

②最低保险级别

在 2010 版术语中，CIF 和 CIP 术语下如果双方没有特别约定，卖方只有义务投保最低级别的海上货物运输保险即平安险。但在《2020 年通则》中则有所不同，CIP 术语下的保险级别提高到“一切险”，不包括除外责任。CIF 仍旧和以前相同。

③自有运输工具

《2020 年通则》规定，当采用 FCA、DAP、DPU 和 DDP 术语进行贸易时，买卖双方可以根据运输义务使用自己的自有运输工具，而不再像 2010 版术语那样推定适用第三方承运人进行运输。双方承担的运输义务不变，仍旧遵循 2010 版的规定。

④提单附加机制

《2020 年通则》规定，FCA 术语下虽然买方负责运输，但买方和卖方同意买方指定的承运人在装货后将向卖方签发已装船提单，然后再由卖方向买方做出交单（可能通过银行链）。

⑤安全义务及费用承担

每个术语下都明确规定了与安全有关的义务分配规则以及相应的费用承担方式。并且《2020 年通则》对双方应该承担的费用提供了“一站式费用清单”

尽管国际商会修订了新的《2020 年通则》并推行实施，但由于其在现阶段国际外贸业务中并未得到各位商家的广泛运用，因而实际业务中还存在着应用《2020 年通则》甚至更早版本中的各类贸易术语的情况。所以，在我们的从事国际外贸业务时，在签订合同时以及在所有的商业文档和运输单证上应始终说明适用什么国际贸易术语，并应始终指明适用的是哪个版本的国际贸易术语解释通则（2020 年版，2010 年版，还是更老的版本）以及成本和风险从卖方转移到买方的确切交货地点。

二、常用贸易术语

在所有国际贸易术语中，装运港交货的三种贸易术语 FOB、CFR、CIF 和货交承运人的三种贸易术语 FCA、CPT、CIP 是最常用的。贸易术语交货地点和费用分担案例，如图 7.1 所示。

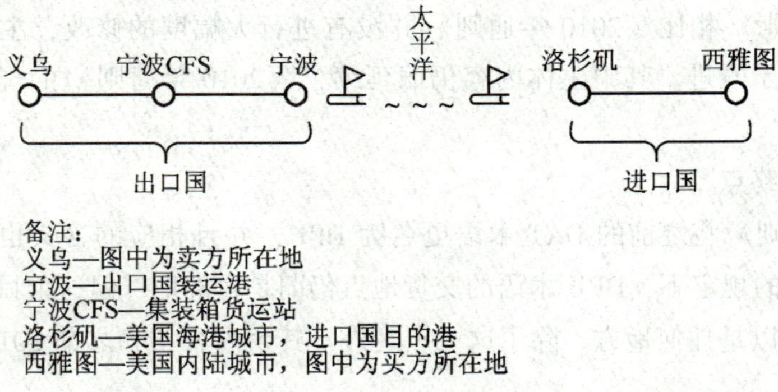

图 7.1　贸易术语交货地点和费用分担案例示意图

（一）装运港交货的三种贸易术语

1. FOB

FOB，即 free on board（...named port of shipment）——船上交货（……指定装运港），是指当货物在指定的装运港装上买方指定的船只，卖方即完成交货义务。这意味着买方必须从该点起承担货物灭失或损坏的一切风险、责任和费用。FOB 术语要求卖方办理货物出口清关手续。该术语仅适用于海运或内河运输。FOB 交货地点和费用分担如图 7.2 所示。

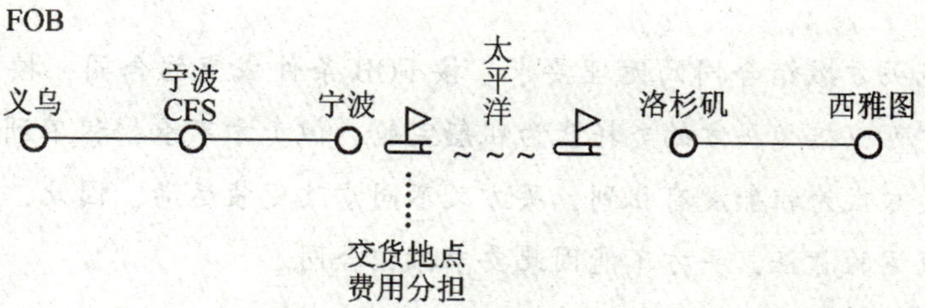

图 7.2　FOB 交货地点和费用分担示意图

（1）买卖双方基本责任的划分，见表 7-2。

表 7-2　FOB 贸易术语中买卖双方承担的责任

分类	卖方	买方
常规责任	负责在合同规定的时间和指定的装运港将货物装上买方指派的船只，并给予买方充分的通知	收取货物，支付货款
	办理货物出口所需的海关手续，取得出口许可证或其他核准书	办理货物进口所需的海关手续，取得进口许可证或其他核准书
	提供交货凭证、运输单据或有同等作用的电子信息	接受与合同相符的单据
共同责任	承担货物在装运港装船之前的各种费用和风险	承担货物在装运港装船之后的各种费用和风险
主要责任		负责租船订舱，支付运费，给予卖方关于船名、装船地点和要求交货时间的充分通知
		办理保险，支付保险费

（2）使用 FOB 术语应注意的问题。

按通则的规定，在 FOB 条件下，买方负责租船订舱，并将船名、船期通知卖方。在具体业务中，卖方也可以接受买方的委托代为租船订舱或投保，但纯属代办，如果卖方不能完成买方的委托，买方不得因此向卖方提出任何异议或借此撤销合同。

案例阅读

我国某公司以 FOB 条件出口一批冻鸡。合同签订后接到买方来电，称租船较为困难，委托我方代为租船，有关费用由买方负担。为了方便合同的履行，我方接受了对方的要求。但至装运期我方在规定装运港无法租到合适的船，且买方又不同意改变装运港。因此，到装运期满时货仍未装船，买方因销售季节即将结束，以我方未按期租船履行交货义务为由撤销合同。试问：我方应如何处理？

（案例来源：考试资料网，https：//www.ppkao.com/shiti/8139937/）

案例分析

我方应拒绝买方撤销合同的无理要求。按 FOB 条件成交的合同，按常规由买方负责租船定舱。卖方可以接受买方的委托代为租船定舱，但卖方不承担租不到船的责任。就本案例来讲，因卖方代为租船没有租到，买方又不同意改变装运港，因此，卖方不承担因未租到船而延误装运的责任，买方不能因此要求撤销合同。

买方负责租船订舱，卖方负责装货，就涉及船货衔接问题。一般情况下，如果船只按时到达，而卖方货物未备齐，则卖方应承担由此造成的空舱费和滞期费；未经卖方同意，船只提前到达，卖方不负担空舱费等。

同时，卖方交货后应给予买方充分的通知，以便买方办理保险，否则由此造成的损失由卖方负责。

此外，在《1941 年美国对外贸易定义修订本》中，对 FOB 有不同的解释。美国、加拿大和一些拉美国家较多采用《1941 年美国对外贸易定义修订本》的解释，该定义将 FOB 分为六种类型，其中仅第五种 FOB vessel（… named port of shipment）“指定装运港船上交货”与《2020 年通则》中对 FOB 的解释基本相似，然而两者在费用负担等方面仍有很大不同，主要表现在两方面，见表 7-3。

表 7-3 《1941 年美国对外贸易定义修订本》和《2020 年通则》对 FOB 解释的区别

FOB vessel（… named port of shipment）	FOB（… named port of shipment）
买方付费，卖方协助买方取得出口所需证件	卖方办理货物出口所需证件和手续
买方负担出口税额和其他税捐及费用	卖方负担一切出口税捐及费用

在同美国、加拿大和拉美国家商人订立 FOB 合同时，需注明双方采用《国际贸易术语解释通则》的规则。

案例阅读

我方从一美商处购进棉花一批，合同价格规定为每公吨 1450 美元 FOB New York，我方受载货轮驶抵纽约港之后，通知对方装货，但对方要求我方负担从纽约城内仓库至装上船的一切费用。自此，我方才顿悟，美国关于 FOB 术语另有规定。

（案例来源：文档库，http：//www.wendangku.net/doc/ebea7f872f60ddccdb38a05a.html）

案例分析

根据《1941 年美国对外贸易定义修订本》的规定，如果合同价格只订为“FOB New York”而漏写“vessel”字样，则卖方只负责把货物运到纽约城内的任何处所，不负责把货物运到纽约港口并交到船上。

2. CFR

CFR，即 cost and freight（... named port of destination）——成本加运费（……指定目地港）。当货物在指定的装运港装上船时，卖方即完成交货，卖方必须支付将货物运至指定的目的运费和有关费用。但交货后货物灭失或损坏的风险以及由于各种事件造成的任何额外费用由卖方转移到买方。这里所指的成本相当于 FOB 价，故 CFR 术语的基本含义是在 FOB 价的基础上加上装运港至目的港的通常运费。该术语仅适用于海运或内河运输。CFR 交货地点和费用分担如图 7.3 所示。

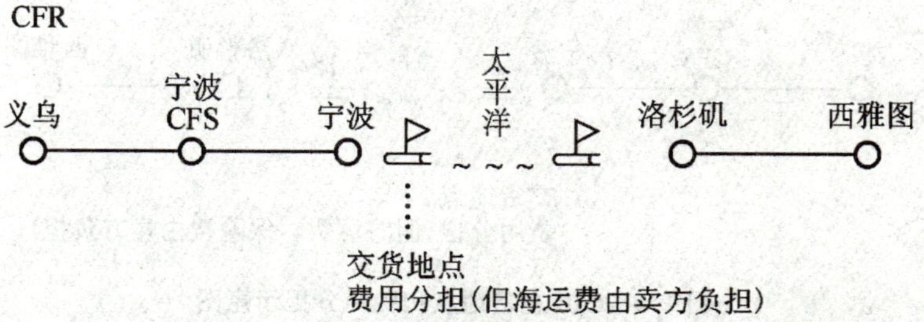

图 7.3 CFR 交货地点和费用分担示意图

（1）买卖双方基本责任的划分，见表 7-4。

表 7-4 CFR 贸易术语中买卖双方承担的责任

分类	卖方	买方
常规责任	负责在合同规定的时间和指定的装运港将货物装上船，并给予买方充分的通知	收取货物，支付货款
	办理货物出口所需的海关手续，取得出口许可证或其他核准书	办理货物进口所需的海关手续，取得进口许可证或其他核准书
	提供交货凭证、运输单据或有同等作用的电子信息	接受与合同相符的单据
共同责任	承担货物在装运港装船之前的各种费用和风险	承担货物在装运港装船之后的各种费用和风险
主要责任	负责租船订舱，支付运费	办理保险，支付保险费

（2）使用 CFR 术语应注意的问题

在 CFR 条件下，根据国际贸易惯例的解释和有些国家的法律规定，卖方在货物装船后必须及时向买方发出装船通知，以便买方及时办理保险手续，防止漏保。对此，买卖双方往往还要在合同中做出明确规定。如果卖方不及时发出装船通知，致使买方未能投保，卖方要承担货物在运输途中的风险和责任。就是说，如果货物在运输途中遭到损坏或灭失，由于卖方未及时发出装船通知使买方漏保，那么卖方就不能以风险在装船时转移为由免除责任。

3. CIF

CIF，即 cost，insurance and freight（… named port of destination）——成本加保险费、运费（……指定目的港），是指卖方将货物装上船即完成交付，风险或损失在货物装上船时转移至买方。卖方必须订立将货物运至指定目的港的运输合同，并支付相关费用和运费。卖方还要为货物在运输中的损坏或灭失而办理保险，支付保险费用。CIF 交货地点和费用分担如图 7.4 所示。

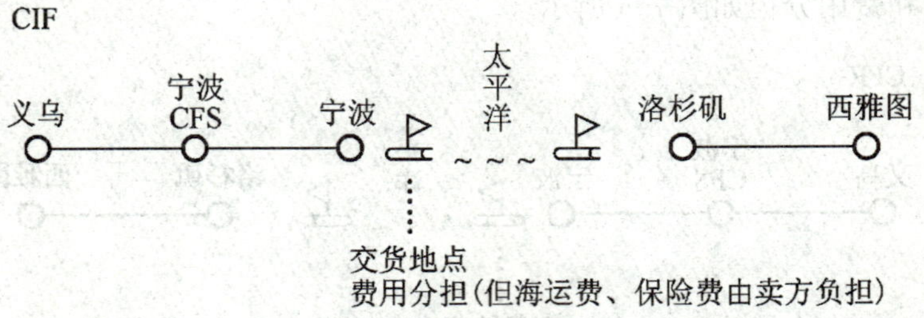

图 7.4　CIF 交货地点和费用分担示意图

（1）买卖双方基本义务的划分，见表 7-5。

表 7-5　CFR 贸易术语中买卖双方承担的责任

分类	卖方	买方
常规责任	负责在合同规定的时间和指定的装运港将货物装上船，并给予买方充分的通知	收取货物，支付货款
	办理货物出口所需的海关手续，取得出口许可证或其他核准书	办理货物进口所需的海关手续，取得进口许可证或其他核准书
	提供交货凭证、运输单据或有同等作用的电子信息	接受与合同相符的单据
共同责任	承担货物在装运港装船之前的各种费用和风险	承担货物在装运港装船之后的各种费用和风险
主要责任	负责租船订舱，支付运费，办理保险，支付保险费	

（2）使用 CIF 术语应注意的问题

① 保险险别。在 CIF 条件下，保险手续应由卖方负责办理，但对应投保的具体险别，各国的惯例解释不一。因此，买卖双方应根据商品的特点和需要，在合同中具体订明保险险别：a. 如果合同中未做具体规定，则应按有关惯例来处理，按照《通则》对 CIF 的解释，卖方只需投保最低的险别，即平安险；b. 如果买方要求投保战争险，一般都应由买方自费投保，卖方代为投保时，费用仍由买方负担；c. 卖方实质上只为买方利益办理投保手续，具体投保何种险别，双方应明确商订。

② 租船订舱。依照对 CIF 贸易术语的一般解释，卖方应按通常的条件及惯驶的航线，租用通常类型的船舶。因此，除非买卖双方另有约定，对于买方提出的关于限制载运要

求，卖方均有权拒绝接受。但在外贸实践中，为发展出口业务，考虑到某些国家的规定，如果买方有要求，在能够办到而又不增加额外费用的情况下，卖方也可考虑接受。

③ 象征性交货。CIF 是一个典型的象征性交货术语。象征性交货（symbolic delivery）是针对实际交货（pysical delivery）而言的。前者指卖方只要按期在约定地点完成装运，并向买方提交合同规定的包括物权凭证在内的有关单证，就算完成了交货义务，无需保证到货。后者则指卖方要在规定的时间和地点，将符合合同规定的货物提交给买方或其指定人，而不能以交单代替交货。本节涉及的六个常用贸易术语均属于象征性交货术语，下节所述的五种术语属于实际交货术语。

案例阅读

某口岸按照 CIF LONDON 向英商出口一批核桃仁，由于该商品季节性较强，双方在合同中规定船只不得迟于 12 月 2 日驶抵目的港，若迟于 12 月 2 日驶抵目的港，买方有权取消合同，如果货款已收，卖方须将货款退还买方。问：这一合同的性质是否属于 CIF 合同？

（案例来源：上学吧，https：//www. shangxueba. com/ask/AskInfo. aspx？ id＝6606793）

案例分析

本合同不属于 CIF 合同。根据《2010 年通则》对于 CIF 的解释，CIF 属典型的象征性交货贸易术语，即卖方只要按期在约定的装运港完成装运并向卖方提交符合合同的单据就算完成了交货义务，而无需保证到货。而此合同条文明显是在要求卖方要实际交货，这跟 CIF 的涵义相矛盾。

4. 装运港船上交货三个贸易术语的比较

FOB、CFR 和 CIF 是国际贸易中最常用的三种术语。就买卖双方的义务而言，它们有很多相同之处，不同的地方在于租船订舱、支付运费，办理保险、支付保险费这两方面的责任。它们的异同点归纳见表 7-6。

表 7-6　FOB、CFR、CIF 异同点一览表

	主要共同点					主要区别				
贸易术语	运输方式	交货地点	风险划分	装货交单出口清关责任	受单付款进口清关责任	运输责任	保险责任	价格构成	术语后接港口	费用与风险转移点
FOB	水运	装运港	货物装船	卖方	买方	买方	买方	C	装运港	一致
CFR	水运	装运港	货物装船	卖方	买方	卖方	买方	C +I	目的港	分离
CIF	水运	装运港	货物装船	卖方	买方	卖方	卖方	C+I +F	目的港	分离

按照 FOB、CFR 和 CIF 术语成交的合同都属于属装运合同。所谓装运合同（shipment contract），是与到达合同（arrival contract）相对而言的。按 F 组和 C 组贸易术语成交的合同，都是装运合同。在装运合同下，卖方只负责在约定时间和地点，将货物交给承运人或装上运输工具，即完成交货，他并不保证货物按时运抵目的地。

值得注意的是，在《2000 年通则》中 FOB、CFR 和 CIF 三类术语在说明卖方义务与责任时，都规定卖方需承担货物在装运港越过船舷之前的风险；买方承担越过船舷之后的风险。而自《2010 年通则》开始取消了“船舷”这个概念，只强调买卖双方的风险以货物在装运港被装上船时为界进行划分，不再规定“船舷”这样一个难以说明的风险临界点。

（二）货交承运人的三种贸易术语

FCA、CPT 和 CIP 是使用率仅次于 FOB、CFR 和 CIF 的三种贸易术语，它们都是货交承运人。

1. FCA

FCA 即 free carrier（... named place）——货交承运人（……指定地点），指卖方只要将货物在指定的地点交给买方指定的承运人，并办理了出口清关手续，即完成交货。需要说明的是，交货地点的选择对于在该地点装货和卸货的义务会产生影响。若卖方在其所在地交货，则卖方应负责将货物装上买方指定的承运人的收货运输工具；若卖方在任何其他地点交货，卖方不负责将货物从其送货的运输工具上卸下。FCA 交货地点和费用分担如图 7.5 所示。

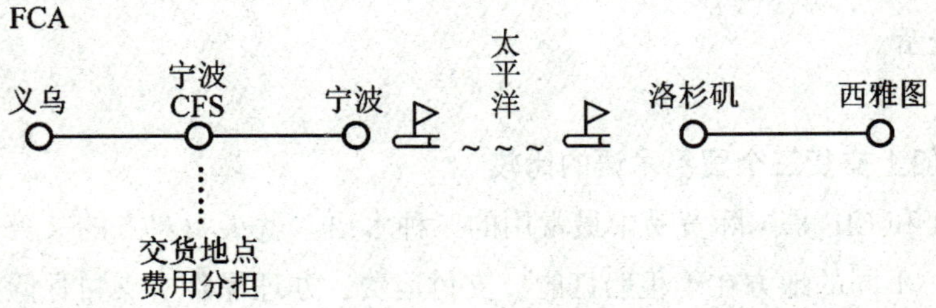

图 7.5　FCA 交货地点和费用分担示意图

该术语可用于各种运输方式，包括多式联运。“承运”指任何人在运输合同中，承诺通过铁路、公路、空运、海运、内河运输或上述运输的联合方式履行运输或由他人履行运输。

若买方指定承运人以外的人领取货物，则当卖方将货物交给此人时，即视为已履行了交货义务。

2. CPT

CPT 即 carriage paid to（... named place of destination）——运费付至（……指定地

点)，指卖方向其指定的承运人交货，但卖方还必须支付将货物运至目的地的运费，并办理出口清关手续，即完成交货。买方承担交货之后的一切风险和其他费用。CPT 交货地点和费用分担如图 7.6 所示。

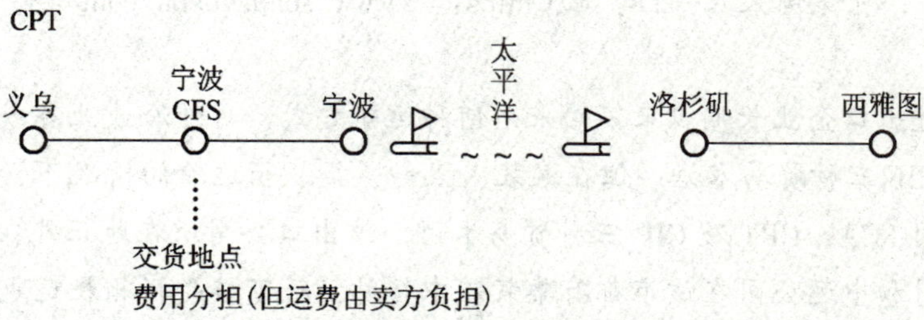

图 7.6　CPT 交货地点和费用分担示意图

3. CIP

CIP 即 carriage insurance paid to (… named place of destination) ——运费和保险费付至(……指定目的地)，指卖方除了必须承担在 CPT 术语下同样的义务外，还要负责办理货物运输保险，并支付保险费至指定目的地。

在 2010 版术语中，CIP 术语下如果双方没有特别约定，卖方只有义务投保最低级别的海上货物运输保险即平安险。但在《2020 年通则》中则有所不同，CIP 术语下的保险级别提高到“一切险”，不包括除外责任。CIP 交货地点和费用分担如图 7.7 所示。

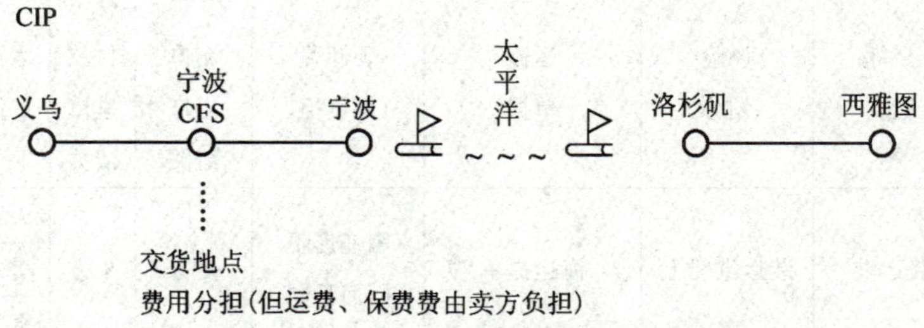

图 7.7　CIP 交货地点和费用分担示意图

这三种贸易术语不仅适用于海运和内河运输，而且适用于航空运输、铁路运输、公路运输及其多式联运；买卖双方的交货地点是出口国某一指定地点；风险划分以货交承运为界；进出口手续类似于 FOB、CFR 和 CIF。

案例阅读

我国某内陆出口公司于某年 2 月向日本出口 30 吨甘草膏，每吨 40 箱，共 1200 箱，每吨售价 1800 美元，FOB 新港，即期信用证，装运期为 2 月 25 日之前，货物装集装箱。该出口公司在天津设有办事处，于是在 2 月上旬便将货物运到天津，由天津办事处负责装船，不料货物在天津存仓后的第二天，仓库午夜着火，抢救不及，1200 箱甘草膏全部被焚。办事处立即通知内地公司总部并要求尽快补发 30 吨，否则无法按期装船。结果该出口公司因货源不足，只好要求日商将信用证的效期和装运期各延长 15 天。

（案例来源：上学吧，https：//www. shangxueba. com/ask/9181696. html）

案例分析

我国一些进出口企业长期以来不管采用何种运输方式，对外洽谈业务或报盘仍习惯用 FOB、CFR 和 CIF 三种贸易术语。但在滚装、滚卸、集装箱运输的情况下，船舷无实际意义时应尽量改用 FCA、CPT 及 CIP 三种贸易术语。该出口公司所在地正处在铁路交通的干线上，外运公司和中远公司在该市都有集装箱中转站，既可接受拼箱托运也可接受整箱托运。假如当初采用 FCA（该市名称）对外成交，出口公司在当地将 1200 箱交中转站或自装自集后将整箱（集装箱）交中转站，不仅风险转移给买方，而且凭当地承运人（即中转站）签发的货运单据即可在当地银行办理议付结汇。该公司自担风险将货运往天津，再集装箱出口，不仅加大了自身风险，而且推迟了结汇。

（三）FCA、CPT、CIP 与 FOB、CFR、CIF 的比较

FCA、CPT、CIP 三种术语是分别从 FOB、CFR、CIF 三种传统术语发展起来的，其责任划分的基本原则是相同的，但又有区别，见表 7-7。

表 7-7　新老三种贸易术语异同点一览表

<table>
<tr><th>贸易术语</th><th>适用运输方式</th><th>交货地点</th><th>风险划分</th><th>运输单据</th><th>装卸费用负担</th><th>交货交单出口清关</th><th>受单付款进口清关</th><th>运输责任</th><th>保险责任</th><th>价格构成</th></tr>
<tr><td>FOB</td><td rowspan="3">水上运输</td><td rowspan="3">装运港</td><td rowspan="3">装运港船上</td><td rowspan="3">海运提单</td><td rowspan="3">因变形不同而不同</td><td rowspan="3">卖方</td><td rowspan="3">买方</td><td>买方</td><td>买方</td><td>C</td></tr>
<tr><td>CFR</td><td>卖方</td><td>买方</td><td>F+C</td></tr>
<tr><td>CIF</td><td>卖方</td><td>卖方</td><td>F +I+C</td></tr>
<tr><td>FCA</td><td rowspan="3">各种运输</td><td rowspan="3">出口国内指定地点</td><td rowspan="3">货交承运人控制为界</td><td rowspan="3">某种运输单据或多式联运单据</td><td rowspan="3">因交货地点不同而不同</td><td rowspan="3">卖方</td><td rowspan="3">买方</td><td>买方</td><td>买方</td><td>C</td></tr>
<tr><td>CPT</td><td>卖方</td><td>买方</td><td>F+C</td></tr>
<tr><td>CIP</td><td>卖方</td><td>卖方</td><td>F +I+C</td></tr>
</table>

三、其他贸易术语

除了前面介绍的六种主要贸易术语外，在《2000 年通则》和《2010 年通则》中还有其他贸易术语，这些术语虽不常用，但在某些情况下，还是可以满足买方或卖方的特定要求的。因此，应当了解并灵活选用。

1. EXW

EXW 即 Ex works（...named place）——工厂交货（……指定地点），指卖方在其商品

的产地或储存地将货物交由买方处置，即完成交货义务。买方则负责自行将货物装运，并承担其间的全部风险、责任和费用，包括货物出入境的手续和费用。EXW 是卖方承担责任最少的贸易术语。EXW 交货地点和费用分担如图 7.8 所示。

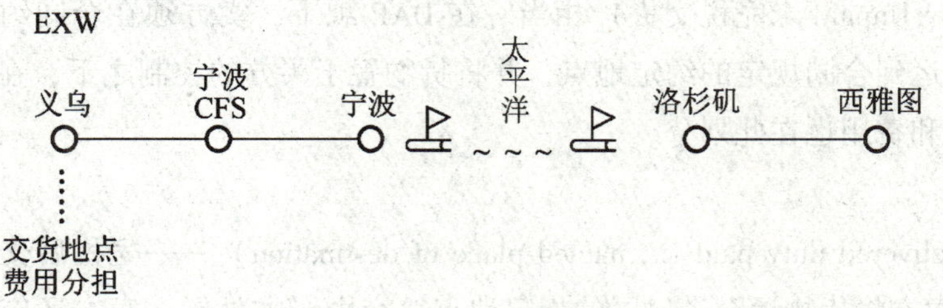

图 7.8　EXW 交货地点和费用分担示意图

2. FAS

FAS 即 free alongside ship（...named port of shipment）——船边交货（……指定装运港），指卖方负责将货物交至装运港买方指定的船边。若买方所派船只不能靠岸，卖方应负责用驳船把货物运至船边，卖方在船边完成交货义务，风险责任同时转移。由买方负责装船手续和费用，由卖方办理出口报关手续，卖方的交单义务，与 FOB 相同。FAS 交货地点和费用分担如图 7.9 所示。

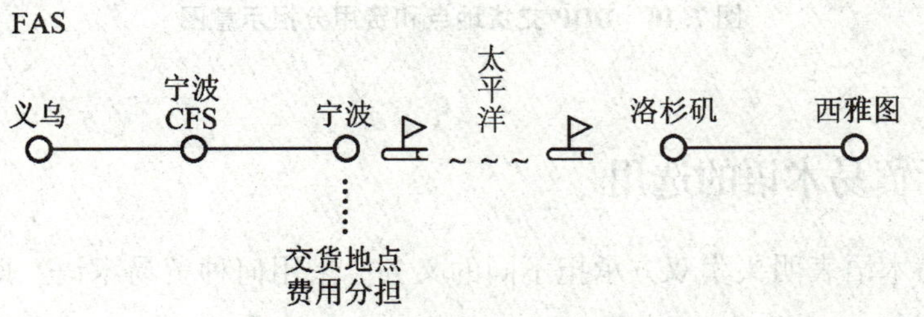

图 7.9　FAS 交货地点和费用分担示意图

3. DPU

DPU，其全称是 delivered at place unloaded，汉译为卸货地交货，是指卖方在指定的目的地卸货后完成交货。卖方承担将货物运至指定的目的地的运输风险和费用。DPU 适用于铁路、公路、空运、海运、内河航运或者多式联运等任何形式的贸易运输方式。DPU 术语首次亮相于《2020 年通则》，是由原来《2010 年通则》的 DAT 术语修改而来。DAT（delivered at terminal）目的地或目的港的集散站交货，《2020 年通则》之后，DAT 国际贸易术语将成为历史，意味着将来 DAT 将被 DPU 替代，主要修改原因是为了强调卸货地不一定是"终点站"，但两者交货地点，风险转移方式，买卖双方义务一模一样。at terminal 和 at place 在法律上是一个意思，即买卖双方约定的目的地，如码头，工厂，仓库都可以。

4. DAP

DAP 即 delivered at place（…named place of destination）目的地交货（注明指定目的地）。DAP 是《2010 年通则》开始面世的新增术语，与《2000 年通则》的 DDU（Delivered Duty Unpaid 未完税交货）相当。在 DAP 项下，卖方须在合同约定的日期或期限内，将货物运到合同规定的约定地点，并将货物置于买方的控制之下，在卸货之前即完成交货，风险和费用也在此划分。

5. DDP

DDP 即 delivered duty paid（…named place of destination）——完税后交货（……指定目的地），指卖方将货物运至进口国的指定地点，交由买方处置。卖方还应承担交货前的一切风险、责任和费用，其中包括货物进口报关的手续、费用和风险以及支付进口关税和其他捐税。DDP 是卖方责任最大的贸易术语。DDP 交货地点和费用分担如图 7.10 所示。

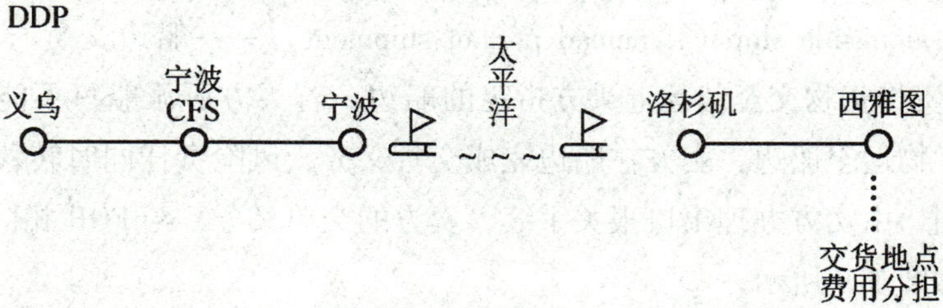

图 7.10　DDP 交货地点和费用分担示意图

四、国际贸易术语的选用

不同的贸易术语表明买卖双方承担不同的义务。采用何种贸易术语，既关系到双方的利益，也关系到能否顺利履约，所以在洽谈交易时，双方应恰当地选择贸易术语。目前在国际贸易中，较多地使用象征性交货的术语，即以装运港或装运地交货的方式成交。我国外贸企业在进出口业务中，对贸易术语的选用主要考虑下列因素：

（1）有利于我国远洋运输业和保险业的发展，增收减支。我国在进口贸易中，大多使用 FOB 或 FCA 术语；在出口贸易中，则争取按 CIF 条件成交。

（2）有利于发展双方的合作关系。有些国家规定进口贸易必须在本国投保，有些买方为了谋求保险费的优惠，与保险公司订有预保合同，则我方可同意按 CFR 方式出口。在大宗商品出口时，国外买方为谋求以较低运价租船，我方也可按 FOB 或 FCA 方式与之成交。

（3）与运输方式相适应。FOB、CFR、CIF 只适合于海洋运输和内河运输，在航空运输和铁路运输情况下，自应采取 FCA、CPT、CIP 术语。但即使是采用海洋运输，在以集装箱方式运输时，出口商在货交承运人后即失去了对货物的控制，因而作为出口方，应尽量采用 FCA、CPT、CIP 方式成交。此类贸易术语还有利于出口方提早转移风险，提前出具运输单据，早日收汇，加快资金周转。

（4）重视规避风险。我方进口大宗货物需以租船方式装运时，原则上应采用 FOB 方式，由我方自行租船、投保，以避免卖方与船方勾结，利用租船提单，骗取货款。

贸易术语又是合同诸多贸易条件中的一个方面，它的选用必须和其他贸易条件相适应。

第三节 国际货物买卖合同

一、国际货物买卖合同概述

国际货物买卖合同，按照《联合国国际货物买卖合同公约》（以下简称《公约》）的规定，是指营业地处于不同国家的当事人所订立的货物买卖合同。货物买卖合同是指卖方为了取得货款而把货物的所有权移交给买方的一种双务合同。所谓“双务”（bilateral），是指合同双方相互承担义务，同时，双方都享有权利，一方所承担的义务正是另一方所享有的权利。根据《公约》和《中华人民共和国合同法》的有关规定，当事人订立合同，有书面形式，口头形式和其他形式。

国际货物买卖合同的特点：

（1）国际货物买卖合同具有国际性。国际性的标准则采用第一种情况，即交易双方当事人的营业地处于不同的国家。

（2）国际货物买卖合同具有买卖的标的物是货物。《公约》则采取了排除法，即将六类产品排除在该公约的适用范围之外：① 供私人，家属或家庭使用而进行的购买；② 经由拍卖方式进行的买卖；③ 根据法律执行应进行的买卖；④ 各种债务券或者货币的买卖；⑤ 船舶、气垫船或收音机的买卖；⑥ 电力的买卖。

（3）国际货物买卖合同的性质为买卖。所谓买卖合同，按照《英国货物买卖法》的规定，是指由卖方将货物的所有权转换给买方，以换取买方的金钱作为对价。

二、国际货物买卖合同的商订

交易磋商（business negotiation）是指买卖双方以买卖某种商品为目的而通过一定程序就交易的各项条件进行洽商并最后达成协议的全过程。交易磋商的目的是买卖双方通过磋商能共同取得一致意见，达成交易。因此，交易磋商是签订货物买卖合同的基础，是进出口商品贸易的基础工作。

交易磋商主要有口头磋商和函电磋商两种形式。前者包括在各种交易会上贸易双方的当面磋商，出国访问时的当面磋商和平时通过打电话进行的磋商等；后者包括写信、发电报、传真（FAX），发电子邮件（E-Mail），以及 EDI 电子数据交换等。国际贸易双方的距离较远，因此，当面磋商的机会比较少，大多数情况下是函电磋商。

交易磋商的内容是各种合同条款，如商品的品名和规格（commodity & specifications）、数量（quantity）、包装条款（packing）、价格（price）、支付（payment）、运输（shipment）、保险（insurance）、商检、不可抗力（force majeure）、仲裁（arbitration）条款等。一份国际贸易合同究竟应包含哪些条款，并没有统一的规定，要依据交易的商品性质和交易的背景而定。

在国际贸易合同中，有一些条款是各种合同大致相同的。这些条款被称为“一般交易条件”（general terms and conditions）。对这些各种合同都大致相似的条件，进出口商往往在自己公司的格式合同中事先印就，通常印在格式合同的下方或背面。如果买方或卖方对这些印就的条款有不同意见，可以在会签合同时提出修改。

交易磋商的一般程序应包括询盘、发盘、还盘和接受四个环节，其中发盘和接受是交易成立的基本环节，也是合同成立的必要条件。

1. 询盘

询盘（enquiry）是指交易的一方打算购买或出售某种商品，向对方询问买卖该项商品的有关交易条件，或者就该项交易提出带有保留条件的建议。在这些条件中，价格常常是主要的，因此，询盘也叫询价。

询盘既可以由买方发出，也可由卖方发出。买方发出的询盘英文称为“Invitation to make an offer”；卖方发出的询盘英文称为“Invitation to make a bid”。在贸易实践中，以买方首先询盘的情况比较多。

询盘在通常的交易中并非必不可少的环节，然而在一些特殊的贸易方式下，如招标投标、拍卖等，情况则有所不同。询盘对询盘人无法律约束力，即买方询盘不一定要买，卖方询盘也不一定要卖。但为了树立良好的声誉，应避免只询盘不买或不卖的情况。

2. 发盘

在国际贸易实务中，发盘（offer）又称报盘、发价、报价，法律上称之为要约。

《公约》第 14 条第一款对发盘的解释为：

“向一个或一个以上特定的人提出的订立合同的建议，如果十分确定并且表明发盘人在得到接受时承受约束的意旨，即构成发盘。一个建议如果写明货物并且明示或暗示地规定数量和价格或规定如何确定数量和价格，即为十分确定。”

根据这个定义，可以看出一项发盘的构成必须具备下列几个条件：

（1）向一个或一个以上的特定人提出。发盘必须指定可以表示接受的受盘人。受盘人可以是一个，也可以指定多个。不指定受盘人的发盘，仅应视为发盘的邀请。

（2）表明订立合同的意思。发盘必须表明严肃的订约意思，即发盘应该表明发盘人在得到接受时，将按发盘条件承担与受盘人订立合同的法律责任。这种意思可以用发盘、递盘等术语和语句加以表明，也可不使用上述或为类似上述术语和语句，而按照当时谈判情形，或当事人之间以往的业务交往情况或双方已经确立的习惯做法来确定。

（3）发盘的内容须十分确定。对于什么是“十分确定”，《公约》的解释是在发盘中明确货物，规定数量和价格。在规定数量和价格时，可以明示，也可以暗示，还可以只规定确定数量和价格的方法。

发盘有效期指发盘可供受盘人接受的期限，也是发盘人受其发盘约束的期限。《公约》有关有效期的法律规则如下：

如果发盘规定了有效期，则发盘只能在有效期内接受，“逾期接受”在一般的情况下无效。

如果发盘没有规定有效期，按《公约》规定，发盘只在合理的时间内有效。至于什么是合理的时间，要根据商品的特性、市场行情、行业习惯、转达方式等因素具体分析（参见《公约》第 18 条第 2 款）。但在实践中最好要规定有效期，这样对买卖双方都有好处。

口头发盘必须当时接受，否则无效。《公约》第 18 条第 2 款规定：“对口头发价必须立即接受，但情况有别者不在此限。”口头发盘包括电话发盘。

案例阅读

我国某公司应荷兰某商号的要求报玉米实盘，有效期长达 28 天。结果在此期间，国际市场玉米价格由于美国冻灾猛涨。问对我方有何影响。

案例分析

如果买方接受发盘，我方只能按原价格与它成交。由此，要受到价格损失。

案例阅读

我国一公司曾在海湾战争前向科威特某公司发过一个实盘，未规定有效期。当时对方未作答复。但到海湾战争结束后，对方来函表示接受我方两年前的发盘。问我方是否可以拒绝，为什么。

案例分析

可以拒绝。按《公约》规定，未规定有效期的发盘，在合理的时间内有效。本案发盘已经过去两年，显然不合理了。

案例阅读

在广交会上，一法国商人某日上午走访我国某外贸公司的摊位，洽购某商品。我方口头发盘后，当时对方未置可否，当天下午法国商人再次来访，表示接受我方上午的发盘。我方获知该商品的国际市场价格有上涨的趋势，于是将价格上调。法国商人认为我方不能重新报价，因为上午他并未还盘。问法国商人的说法是否有道理。

案例分析

无道理。中国与法国均系《公约》的缔约国。按《公约》规定，对口头发盘只在当时有效。法国商人上午对我方发盘未表态，发盘即告失效。因此，我方可以重新发盘。

（案例来源：豆丁网，http：//www. docin. com/p-692810536. html）

发盘有效期的规定方式主要有两种：

（1）规定一段时间，如“发盘限 5 日内回复”（offer valid five days）。

（2）规定最迟接受期限，如“发盘限 7 日前回复”（offer subject reply seventh）。

《公约》第 15 条对发盘生效时间做了明确规定：“发盘在送达受盘人时生效”。那么，发盘在未被送达受盘人之前，如发盘人改变主意，或情况发生变化，这就必然会产生发盘的撤回和撤销的问题。

在法律上，“撤回”和“撤销”属于两个不同的概念。撤回是指发盘尚未生效，发盘人采取行动、阻止它的生效。而撤销是指在发盘已生效后，发盘人以一定方式解除发盘对其的效力。发盘的撤回和撤消的区别如下图所示。

《公约》第 15 条第 2 款规定：“一项发盘，即使是不可撤销的，也可撤回，如果撤回的通知在发盘到达受盘人之前或同时到达受盘人。”

根据《公约》的规定，发盘可以撤销，其条件是发盘人撤销的通知必须在受盘人发出接受通知之前传达到受盘人。但是，在下列情况下，发盘不能再撤销：

（1）发盘中注明了有效期，或以其他方式表示发盘是不可撤销的。

（2）受盘人有理由信赖该发盘是不可撤销的，并且已本着对该发盘的依赖行事。

以下情况可造成发盘的失效：

（1）受盘人做出还盘。

（2）发盘人依法撤销发盘。

（3）发盘中规定的有效期届满。

（4）人力不可抗拒的意外事故造成发盘的失效，如政府禁令或限制措施。

（5）在发盘被接受前，当事人丧失行为能力、或死亡或法人破产等。

案例阅读

甲公司拟进口一批货物，请乙公司发盘。6月1日乙公司发盘，对该货物报价每件5美元，限6月30日前答复。对此，甲公司还盘每件4美元，并要求乙公司6月20日前答复。至6月20日乙公司一直未答复。由于该货物价格看涨，甲公司6月20日去电乙公司，表示可接受6月1日的发盘。问该接受是否有效？

（案例来源：豆丁网，http：//www. docin. com/p-692810536. html）

案例分析

甲公司的接受无效。因为它对乙公司6月1日的发盘已经还过盘，原发盘已经失效，不能再接受。

3. 还盘

受盘人在接到发盘后，不能完全同意发盘的内容，为了进一步磋商交易，对发盘提出修改意见用口头或书面形式表示出来，就构成还盘（counter-offer）。

还盘的形式有多种，有的明确使用“还盘”字样，有的则不使用，而在内容中表示出对发盘的修改，也构成还盘。

需要注意的是，还盘有两个法律后果：其一是还盘是对发盘的拒绝，还盘一经做出，原发盘即失去效力，发盘人不再受其约束；其二是还盘等于是受盘人向原发盘人提出的一项新的发盘。还盘做出后，还盘的一方与原发盘的发盘人在地位上发生了变化。还盘人由原发盘的受盘人变成新发盘的发盘人，而原发盘的发盘人则变成了新发盘的受盘人。新受盘人有权针对还盘的内容进行考虑，决定接受、拒绝或是再还盘。

4. 接受

所谓接受（acceptance），就是交易的一方在接到对方的发盘或还盘后，以声明或行动向对方表示同意的行为。法律上将接受称作承诺。接受和发盘一样，既属于商业行为，也属于法律行为。一般情况下，发盘一经接受，合同即告成立，对买卖双方都产生约束力。对有关接受问题，在《公约》中也作了较明确的规定。

根据《公约》的解释，构成有效的接受要具备以下四个条件：

（1）接受必须是由受盘人做出。其他人对发盘表示同意，不能构成接受。

（2）受盘人表示接受，要采取声明的方式。即以口头或书面的声明形式向发盘人明确表示出来。

（3）接受的内容要与发盘的内容相符。就是说，接受应是无条件的。但在业务中，常有这种情况，受盘人在答复中使用了“接受”的字眼，但又对发盘的内容做了增加、限制或修改，这在法律上称为有条件的接受，不能成为有效的接受，而属于还盘。

案例阅读

A 向 B 发盘："供应 50 台拖拉机、100 匹马力，CIF 香港每台＄3500，订立合同后两个月装船，不可撤销即期信用证付款。请电复。" B 收到发盘后，立即电复说："我接受你方发盘。在订立合同后立即装船。" 但 A 之后未做任何答复。问双方合同是否成立？

（案例来源：豆丁网，http：//www. docin. com/p-692810536. html）

案例分析

没有成立。发盘中规定"订立合同后两个月装船"，而接受函中说"立即装船"。这一修改构成对接受的还盘。

那么，是不是说受盘人在表示接受时，不能对发盘的内容做丝毫的变更呢？也不是的。根据《公约》的关键问题是看这种变更是否属于实质性的。什么叫实质性变更呢？"有关货物价格、付款、货物质量和数量、交货地点和时间、一方当事人对另一方当事人赔偿责任范围或解决争端等等的添加或不同条件。均视为实质上变更发盘的条件。" 实质性变更是对发盘的拒绝，构成还盘。非实质性变更的后果又是什么呢？《公约》中指出："对发盘表示接受但载有添加或不同条件的答复，如所载添加或不同条件在实质上并不改变发盘的条件，除非发盘人在不过分迟延的期间内以口头或书面通知反对其差异外，仍构成接受。"

（4）接受的通知要在发盘的有效期内送达发盘人才能生效。发盘中通常都规定有效期。这一期限有双重意义：一方面，它约束发盘人，使发盘人承担义务，在有效期内不能任意撤销或修改发盘的内容，过期则不再受其约束；另一方面，发盘人规定有效期，也是约束受盘人，只有在有效期内做出接受，才有法律效力。

关于接受生效的时间，英美法系采用"投邮生效的原则"（mail box rule），大陆法系采用"到达生效的原则"（receive of the little of acceptance rule）。《公约》和我国的《合同法》都采用到达生效的原则。

案例阅读

我国某进出口公司 5 月 10 日向美国一贸易公司发盘成品衣 100 万美元。5 月 16 日美方回电要求降价至 95 万美元。我公司于 5 月 19 日回电表示同意其要求，美公司 5 月 20 日收到我方的回电。问双方的合同何时成立。

（案例来源：豆丁网，http：//www. docin. com/p-692810536. html）

案例分析

我国和美国均是《公约》的缔约国。根据《公约》规定，接受通知于送达受盘人时生效，因此，该合同 5 月 20 日成立。

在国际贸易中，由于各种原因，导致受盘人接受通知有时晚于发盘人规定的有效期送达，这在法律上称为“迟到的接受”。对于这种迟到的接受，发盘人不受其约束，不具有法律效力。但也有例外的情况。《公约》第 21 条规定过期的接受在下列两种情况下仍具有效力：

（1）如果发盘人毫不迟延地用口头或书面形式将此种意思通知受盘人。

（2）如果载有逾期接受的信件或其他书面文件表明，它在传递正常的情况下是能够及时送达发盘人的，那么这项逾期接受仍具有接受的效力，除非发盘人毫不迟延地用口头或书面方式通知受盘人，认为该发盘已经失效。

《公约》规定：“接受得予撤回，如果撤回通知于接受生效之前或同时送达发价人。”（《公约》第 22 条）但与发盘不同，接受没有撤销的问题。因为接受一旦到达对方，合同即同宣告成立，不像发盘那样，在到达与对方做出接受之间还有一段时间间隔。

三、国际货物买卖合同的成立

1. 合同有效成立的条件

交易一方的发盘一经对方有效接受，合同即告成立。但合同是否具有法律效力，还要视其是否具备了一定的条件。不具法律效力的合同是不受法律保护的。因此，了解和掌握合同有效成立的条件非常重要。概括起来，合同应具备下述条件才算有效成立：

（1）当事人必须在自愿和真实的基础上达成协议；

（2）买卖双方当事人应具有法律行为的资格和能力，包括自然人订立合同的资格和能力和法人的行为能力；

（3）合同必须以双方互惠、有偿为原则；

（4）合同的标的和内容必须合法；

（5）合同的形式必须符合法律规定的要求。

2. 书面合同的签订

（1）书面合同的意义

签订书面合同的意义：

① 作为合同成立的证据。根据法律的要求，凡是合同必须能得到证明、提供证据，包括人证和物证。在用信件、电报或电传磋商时，往来函电就是证明。口头合同成立后，如不用一定的书面形式加以确定，那么它将由于不能被证明而不能得到法律的保障，甚至在法律上成为无效。

② 作为履行合同的依据。国际货物买卖合同的履行涉及很多部门，如以分散的函电为依据，将给履行合同造成很多不便。所以买卖双方不论通过口头，还是信件、电报磋商

在达成交易后将谈定的完整的交易条件，全面清楚地列明在一个书面文件上，对进一步明确双方的权利和义务，以及为合同的履行提供更好的依据，具有重要意义。

③ 可作为合同生效的条件。一般情况下，合同的成立是以接受的生效为条件的。但在有些情况下，签订书面合同却成为合同生效的条件。我国《合同法》第10条规定："法律、行政法规规定采用书面形式的，应当采用书面形式。当事人约定采用书面形式的，应当采用书面形式。"

（2）书面合同的种类

在国际贸易中，书面合同的格式和名称，不尽相同，形式很多，均无特定的限制。一般常用的有销售合同、购货合同、成交确认书、协议、备忘录、意向书、定单等等。我国对外贸易业务中，主要采用的书面合同是销售合同、销售确认书两种。

① 正式合同（contract）。它是带有"合同"字样的法律契约。包括销售合同和购货合同。

② 确认书（confirmation）。确认书较正式合同简单，是买卖双方在通过交易磋商，达成交易后，寄给双方加以确认的列明达成交易条件的书面证明，经买卖双方签署的确认书，是法律上有效的文件。

（3）书面合同的内容

国际货物买卖合同种类较多，各类合同内容都不尽相同，它们都有着各自特点，但也都有其共同点，从法理上可把合同的基本内容分为三部分：

1）效力部分

① 合同的开头部分。主要包括买、卖双方的全称、住址、订约日期、地址以及同意订约的词句，合同的名称、编号等。

② 合同的结尾部分。包括生效日期，合同使用的文字和文本，正本份数，双方当事人的签字。

开头和结尾部分规定了合同的效力范围和有效条件的主要问题，全称为效力部分。如在合同中开头部分注明的订立合同中的时间和地点，它在法律上就表明：第一，除非法律或合同中对合同生效的时间另有规定，否则应以该日期为合同的生效日期；第二，如果合同中对该合同所应适用的法律没有做出明确的规定，在发生法律冲突时，按国际私法的法律冲突原则，关于该合同的有效性的问题，一般应由合同成立地法律来确定。

2）权利与义务部分

此部分是合同内容的主要部分，主要内容如下：

① 标的物条款（也称商品条款）。主要包括商品名称、规格、质量、性能、质量、包装等。对有些商品还要商品的生产国别、制造厂商加以规定。

② 价格条款。合同中规定的标的物单位和总价的各条款，属于价格条款。在国际货物买卖合同中，总是以“贸易术语”为基础和一个特定数额的货币单位来表示商品单位的。单价乘以交易商品的数量，即为总价。价格条款一般应包括价格的计量单位、单位价格金额、计价货币和交货地点的贸易术语。例如“USD 15/set FOB Qingdao”，基本意思是青岛交货，每套价格 15 美元。其中包含了两层意思：一是在交货地点为启运港青岛港交货的情况下，买家要支付的成本为每套 15 美元，之后的成本或费用（如主运费、保险费、进口清关费等）也由买家承担，而卖方承担产品的基本成本、运到青岛港口的内陆运费、出口清关费等基本成本；二是明确了卖方保障货物安全的责任在港口交货就结束了，此前发生的安全责任由卖方承担，而此后发生的安全责任则转移给了买方。

③ 保留所有权条款。卖方在收到用现金支付的货款以前，保留货物的合法所有权；如果买方对卖方的货物做出处分，则买方仍作为代理人或受信托人持有此项收益，卖方有权获得此项收益。

④ 装运和保险条款。主要规定装运时间、装运港与目的港以及装运通知事项。这一条款主要是规定由谁负责投保和支付保险费用、投保险别、保险金额等。此条款规定与所采用的贸易术语有着直接的联系。

⑤ 支付条款。是指合同中有关买方支付货款的各条款，包括支付工具、货币的种类、支付时间、支付的方式，以及卖方为取得货款应提供的单证等各项规定。在国际货物销售合同中，一般采用跟单信用证的付款方式，但也有些情况下采用电汇、托收或其他方法。

知识拓展

电汇，英文简称“T/T”，指进口地银行应买方申请，直接用电讯方式通知出口地银行向卖方付款。在国际贸易中，电汇基本有两种模式：双方约定在卖家还未交货，还没能获得提单前，买家就电汇所有货款的做法，被称为“前 T/T”；双方约定在卖家交货给船公司后，拿到提单，并提交提单复印件给买家的条件下，买家再付全部货款的做法，被称为“后 T/T”。提单是货物所有权的凭据，船公司出具了提单，就能证明卖家履行了交货义务。为了平衡风险，现在通常采用前 T/T 与后 T/T 组合的做法，即买家先支付一定比例的定金（如 30%）给卖家，其余货款则在出具提单后，买家以提单复印件为依据，在约定的时间用汇款方式直接付款到卖家的账户。

西联（Western Union）是世界上领先的特快汇款公司，迄今已经超过 160 年的历史了。它主营的电子汇兑就是上面说到的电汇。它与中国境内的 12 家银行展开合作。就做外贸而言，西联汇款有比较明显的优点：一是方便，用户不需要开立银行账户，金额在

1 万美元以下的业务不需提供外汇监管部门审批文件；二是快，通常汇款在 10 分钟之内就能到达，而普通国际汇款，2000 美元以上需要外汇监管部门审批，要 3~7 天才能到账。

托收，是指由卖方发货后根据发票金额开立汇票，委托银行或其他途径向买方收款。托收分为承兑交单和付款交单。承兑交单，简称 D/A，指卖方交单以买方承兑汇票作为条件，买方承兑汇票即可从代收行取得单据、提取货物，待汇票到期时方履行付款。付款交单，简称 D/P，指卖方在托收时指示托收行，只有在买方付清货款时才交出单据。根据买家付款时间的不同，付款交单还可分为即期付款交单和远期付款交单两种，但不论是即期付款交单还是远期付款交单，买家都必须在付清货款之后才能取得装运单据、提取或转售货物。

信用证，简称 L/C，是进口方银行（开证行）开立的，授权出口方（受益人）按规定条款在装货后提交汇票（有的不用汇票）及有关单据，并由该行承担付款责任的一种信用凭证。信用证是当前国际贸易中的一种主要支付方式。在以信用证方式结算货款时，具有以下三个特点：①开证银行负第一性付款责任。但这种责任是以受益人或其指定人提交的单据严格符合信用证规定为条件的。这就是信用证业务中的“严格符合原则”。②信用证是自足文件。虽然信用证是根据买卖合同开立的，但其性质是独立于买卖合同以外的文件。开证行和受益人只根据信用证行事。③信用证业务是纯粹的单据业务，有关各方所处理的是单据，而不是有关的货物。所以，只要受益人或其指定人提交了表面上完全符合信用证规定的单据，开证行就要负责付款。如果买方赎单后发现货物不符合同，只能由买方自己对卖方进行交涉或索赔。相反，卖方发运的货物与买卖合同完全相符，但单据与信用证规定不一致，开证行也有权拒付。

除了上述三种较为常用的传统支付方式外，近年来还出现了一些新的支付方式，比如 PayPal 等。PayPal 支付方式属于网络支付，其特点如下：①PayPal 用户都使用信用卡注册，全部实名制。②PayPal 通过自身渠道付款给网络商家，商家无法直接取得消费者的信用卡资料从而减少信用卡资料泄露的概率。③PayPal 在全球 202 个国家和地区，有超过 2.2 亿用户，PayPal 网站可以在 24 种外币间进行交易。④PayPal 账户分三种类型：个人账户、高级账户和企业账户。用户可根据实际情况进行注册，个人账户可以升级为高级账户，再升级为企业账户，反之企业账户也可以降为高级或者个人账户。⑤PayPal 的理念是保护买方。产品设计是从买家角度来建设的，买家有任何不满意都可以提出质疑，这样卖家会拿不到钱。⑥使用成本低，无注册费用、无年费，手续费仅为传统收款方式的二分之一。⑦paypal 的资金在美国可以提现至银行，中国可以电汇至银行，都是要手续费的。

⑥ 商检条款。是指合同中有关商品检验的条文，通常规定检验权、检验机构、检验

证书、检验时间、地点、检验的方法、检验标准等内容。

⑦ 负责条款。主要内容如下：

A. 规定构成不可抗力的条件（哪些条件属不可抗力）。

B. 说明因不可抗力，当事人不能按合同规定履行义务，不应承担责任。

C. 规定发生不可抗力的事项时，当事人应如何处置（力争减少损失）。

⑧ 法律适用条款。以上条款，是双方当事人为一笔买卖交易而明确记载于合同中的权利、义务条款，但这些约定不可能涉及合同权利、义务关系的各个方面，通常在合同中规定该合同适用的法律，如“本合同适用于××国法律”。

3）索赔与争议的解决部分

此部分是关于程序问题的规定。主要包括：

① 索赔的手续；

② 提出索赔的期限；

③ 提出索赔所需单证；

④ 索赔的方式。

如索赔遭到拒绝，在当事人之间就会发生争议。在国际贸易中，双方当事人一般在协商不成的情况下选择用仲裁的方式解决争议。因此，合同条款应明确约定是到××仲裁机构仲裁，还是到××法院诉讼，二者选择其一。当事人还可根据实际情况，约定将争议提交国际法院解决。

第四节　互联网国际贸易

互联网和国际贸易的结合，即互联网国际贸易，指从事国际贸易的企业在国际贸易活动中采用国际互联网等现代信息技术开展国际贸易的实践做法。这种做法也可以被称为国际电子贸易（International e-trade）。中国企业参与国际分工，从事国际贸易的深度和广度不断延伸，特别是进入新世纪后，国际互联网技术的普及，为企业提供了开拓国际市场、从事国际贸易的新的平台和新的手段。

互联网国际贸易有三个阶段，第一个阶段是以树立企业形象、信息发布为主的阶段；第二个阶段是网络营销的阶段；第三个阶段是互联网国际贸易系统全面实施的阶段。

一、互联网国际贸易的现状

截至 2017 年 12 月，我国网民规模达 7.72 亿，互联网普及率达到 55.8%，移动互联网与线下经济联系日益紧密，网上支付比例飞速增长。早在 2015 年全国两会上，李克强总理在《政府工作报告》中便提出了“互联网+”的概念，并提出制定“互联网+”行动计划，推动移动互联网、云计算、大数据、物联网等与现代制造业结合，促进电子商务、工业互联网和互联网金融健康发展，引导互联网企业拓展国际市场，促进国际贸易发展进入创新驱动发展的“新常态”。当前面临困境的国际贸易开始充分利用“互联网+”的大背景，运用互联网来大力拓展国际市场，通过实施创新驱动战略来进一步促进我国对外贸易的发展。

从 20 世纪末开始，互联网和计算机技术迅速发展，在互联网的推动下，全球贸易内容、贸易方式和贸易规则都相应发生了变化，互联网对我国国际贸易的推动不仅表现在货物贸易领域上，在服务贸易领域的改变更为深远。

1. 虚拟跨国企业出现

互联网下的国际分工深度推动了国际贸易规模和水平的提高，企业的组织形式也不再遵循传统模式，诞生了既不同于制造业，也不同于服务业的企业组织形式，即虚拟企业，随着虚拟企业国际化活动的开展，虚拟跨国公司应运而生。这些跨国公司可在母国对世界范围的生产和贸易活动进行指挥协调，在全球范围内使资源配置达到最佳状态，像美国的亚马逊、谷歌以及中国的阿里巴巴等为商品和服务提供跨境交易的平台类企业，在企业的规模和经营的范围上都获得了高速增长。虚拟跨国公司的出现，加快了互联网与制造业和服务业的融合，淡化了行业边界。一方面，互联网与制造业进行融合，另一方面，互联网对多个服务领域进行深度渗透，新的贸易内容和模式应运而生。比如，互联网技术改变了零售模式，境外消费者可以更多地使用电脑和智能手机等在线搜索和跨境购买产品及服务，而零售商可以通过互联网技术提升后端运营的效率，这些改变带来了跨境电子商务的高速发展；互联网技术改善了物流环节，提高了全球运输的效率，每天都有数不清的包裹被运到全球各地；互联网技术使得跨境消费更为便捷，跨境支付和结算的能力大大提高，并出现了专业跨境支付业务；专业性的服务产品可以被数字化，然后通过互联网跨境传输，不仅提升了效率、降低了成本，而且加快了交付的速度和范围，这部分业务在国际贸易中的份额不断提高。

2. 互联网贸易向无国界贸易转变

互联网贸易有两种形式：一种是基于互联网交易和传输的货物贸易，另一种是基于互联网交易和传输的服务贸易。互联网贸易冲破了国家和地区间的各种障碍，使国际贸易走向无国界贸易。全球以信息网络为纽带连成一个统一的“大市场”，全球贸易、投资、服务日益紧密结合，交易主体进一步增多。这种贸易方式突破了传统贸易以单向物流为主的运作格局，实现了“四流一体”，即以物流为依托、资金流为形式、信息流为核心、商品流为主体的全新经营管理模式。

3. 互联网贸易规则正在重构

在新一轮国际贸易规则重构中，像电子商务方面的议题具有高度敏感性和复杂性，发达国家与发展中国家的立场迥异，难以形成共识，各方在多边谈判中博弈激烈。随着以工业革命 4.0 为基础的世界经济新格局雏形渐显，国际贸易规则体系正经历着自 1994 年乌拉圭回合结束以来最大的一轮改革，国际贸易规则重构是影响中国发展的一个重大外部因素。国际贸易格局的演变及国际贸易规则重构，归根到底是由国际产业结构的调整和各国产品的国际竞争力决定的。未来几年，中国有望成为全球最大的跨境零售消费市场，中国跨境电子商务从规模到质量都会有大幅度的提高，在国际市场的地位、影响力和话语权会进一步增强。

二、互联网对国际贸易的影响

1. 互联网对于国际贸易的正面影响

（1）简化了交易流程。在传统的国际贸易中，交易双方需要进行线下联系，在核实对方信息后需要线下寻找货运公司，并需要与海关、外汇银行、质检等多方组织交涉。这种线下交易方式加大了企业之间交易的复杂度，并且增加了当事人和利益相关部门的工作量。运用互联网使得所有的贸易相关者都可以在线上共同操作，并且减少了合同与证明重复录入的麻烦，提高了国际贸易的速度和效率。

（2）缩减了交易成本。随着互联网国际贸易的日益普遍，互联网贸易平台也日渐完善，形成的统一操作流程和规则使国际间的交易有了秩序。简化的交易流程和便利的交涉方式，降低了贸易双方的时间成本、人力成本等交易成本。

（3）改善了监管体制。互联网将国际贸易网络化和无纸化，申请发放进出口许可证、进出口货物安检、外汇兑换、进出口货物配额核定等方面均实现了无纸化、网络化。电脑技术的普遍运用减少了监管工作的难度，同时监管部门可以动态地了解货物状态和走向，减少国际贸易的犯罪率。

（4）实现了资源的优化配置。随着世界信息化和全球化的发展，信息的不对称性正在减弱。交易双方可以根据自身的要求，在电子信息中获得更多的选择机会，然后自主择优选择交易的对象，与其进行谈判，达到彼此的理想状态。互联网带来的多样选择性使得资源能够跨越地区限制进行优化配置，形成帕累托效应。

（5）扩大了信息和技术服务的市场。互联网国际贸易的进行，需要一定的信息和技术服务。在选择交易对象、联系外汇银行、海关部门、货运等方面需要可靠的信息支持。而所有活动的进行要依赖完备的电子技术。互联网在国际贸易间的蓬勃发展为信息和技术服务企业带来了很大的市场。

2. 互联网对国际贸易的负面影响

（1）形成马太效应。马太效应是指强者越强、弱者越弱的现象。发达国家掌握了更好的信息和技术服务，同时配有更好的加密和安保技术，电子商务在其本土能够进行得十分蓬勃。而发展中国家自身的信息安全与服务质量较低，与发达国家相去甚远。电子商务的弱化，使得21世纪的国际贸易在国家间的发展趋向越加明显，发达国家可以凭借互联网获得更好的信息和资源，因此就形成了全球的马太效应。

（2）使得逃税现象加剧。电子商务的虚拟化，使得贸易双方的国籍、交易地点等信息的真实性很容易确定，而电脑技术也使得造假技术变得越来越高明，因此容易造成交税的误差。电子技术中的加密技术使得税务局很难发现私下交易的情况，这也就使得贸易双方更容易逃税、漏税。

（3）对实体店面和实体经济造成的影响。电子商务逐渐流行起来，人们开始趋向于网购。这便加速了各大实体店面的倒闭，压缩了社会库存，使得物资越来越短缺。网购为降低成本，利用多种途径进行采购，特别是一些进口商品，挤垮了国内的企业。比如，网购流行之后，许多群众开始购买进口奶粉，使得国内乳制品收购价降低，奶农倾倒牛奶。这样发展下去，越来越多的实体店掀起了关店潮，大量店面关闭后，相应地区的库存也会处在危急状态，容易引发商品短缺以及恶性通胀。

三、互联网国际贸易的流程

在国际贸易中，不论是商品的出口还是进口，就一项具体交易来说，一般都要经过交易前的准备阶段、贸易磋商、签订合同、合同的履行这四个基本阶段。在电子商务环境下，国际贸易交易程序与传统的国际贸易做法有巨大区别。

1. 交易前的准备阶段

买方主要通过上网来获取信息，可以随时上网查询自己所需商品的相关信息。卖方则主要利用和各种贸易网络发布商品广告，积极上网推出自己商品的信息资源，寻找贸易伙伴和交易机会，扩大贸易范围和商品所占的市场份额。

2. 贸易磋商和签订合同阶段

买卖双方在了解到商品有供求信息后，就开始商品交易磋商过程。整个磋商过程在网络系统的支持下完成。传统的磋商中单证的交换在电子商务下变为记录、文件和报文在网络中的传递过程。各类贸易单证、文件（如价目表、报价单、询盘、发盘、还盘、订单、发票等）都变成了标准的报文形式，都通过网络传输和处理，从而提高了整个交易过程的速度，减少了漏洞和失误，规范了整个商品交易的过程。

3. 合同的履行阶段

传统的国际贸易合同的履行非常烦琐，而电子商务使履行环节大为简洁。目前在我国对外贸易领域中，企业可以通过进入政府专门的网站，如中国电子口岸（www. chinaport. gov. cn）、中国国际电子商务网（www. ec. com. cn）等，实现在网上进行出口退税、进口许可证的联网申领、出口收汇和进口付汇核销、申领进出口货物原产地证等手续的办理，大大提高了交易效率，降低了交易成本。在买卖双方通过协议完成各种交易手续后，商品交付给运输公司起运，可以通过电子贸易系统跟踪货物，银行按照合同及相应的单证支付资金，出具相应的银行单证，最终完成整个交易过程。而利用现代的网络通信技术和先进的计算机处理系统，可以保证资金运营的高效率。互联网国际贸易流程如图 7. 11 所示。

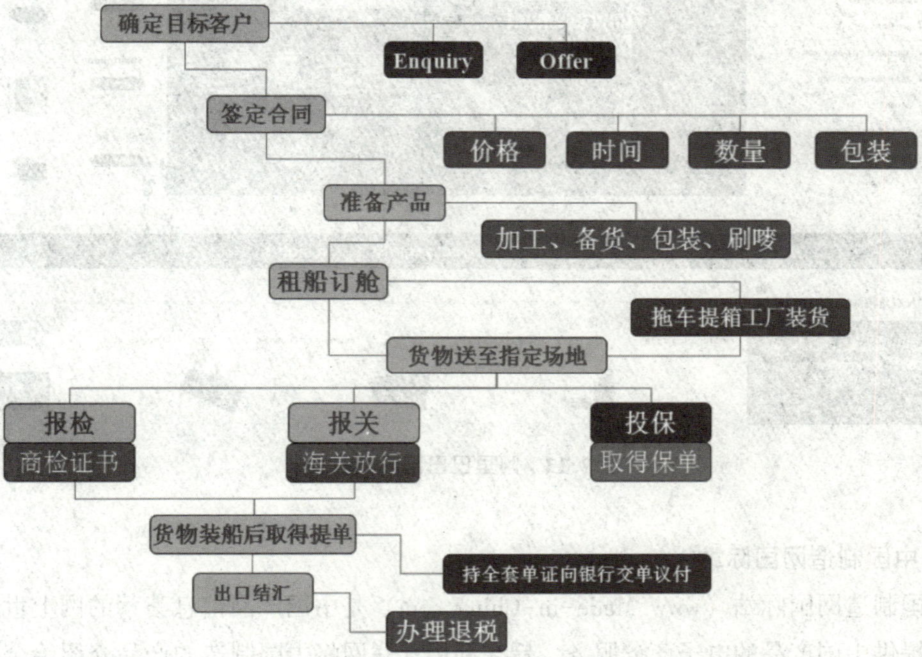

图 7. 11　互联网国际贸易流程

四、互联网国际贸易主流平台

1. 阿里巴巴国际站

阿里巴巴国际交易市场，简称阿里巴巴国际站（www. alibaba. com），是阿里巴巴集团最先创立的业务，是领先的跨界批发贸易平台，服务全球数以百万计的买家和供应商。小企业可以通过阿里巴巴国际站，将产品销售到其他国家。阿里巴巴国际交易市场上的卖家一般是来自中国以及印度、巴基斯坦、美国和日本等生产国的制造商和分销商。

阿里巴巴国际站可以帮助中小企业拓展国际贸易的出口营销推广，它基于全球领先的企业间电子商务网站阿里巴巴国际站贸易平台，通过向海外买家展示、推广供应商的企业和产品，进而获得贸易商机和订单，是出口企业拓展国际贸易的首选网络平台之一。阿里巴巴国际站提供一站式的店铺装修、产品展示、营销推广、生意洽谈及店铺管理等全系列线上服务和工具，帮助企业降低成本，高效率地开拓外贸大市场。

阿里巴巴国际站首页如图 7. 12 所示。

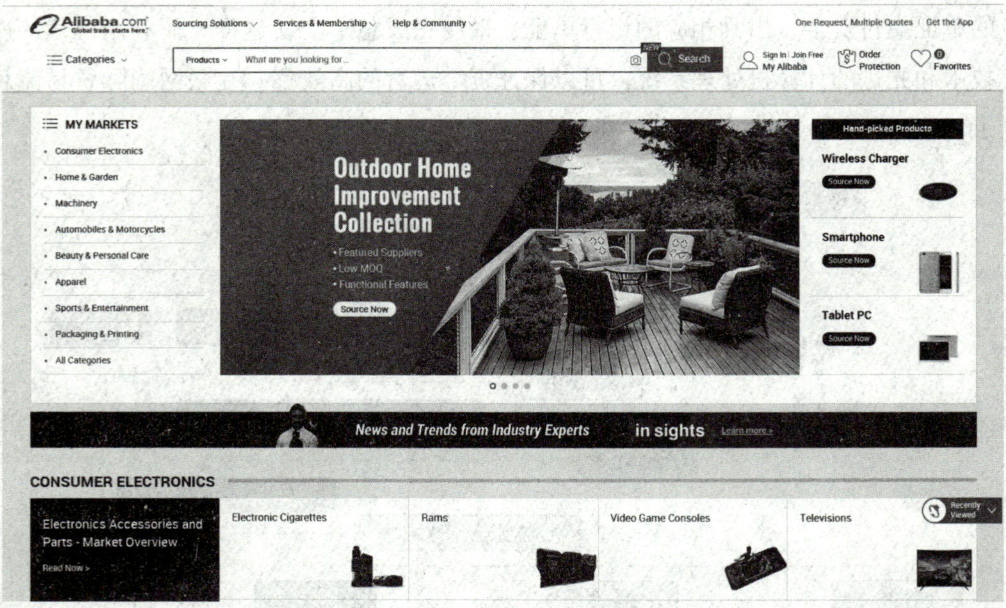

图 7. 12　阿里巴巴国际站首页

2. 中国制造网国际站

中国制造网国际站（www. Made-in-China. com）是中国产品信息荟萃的网上世界，面向全球提供中国产品的电子商务服务，旨在利用互联网将中国制造的产品介绍给全球采购商。中国制造网创建于 1998 年，是由焦点科技股份有限公司开发和运营的，是国内最著名的 B2B 电子商务网站之一，连续四年被《互联网周刊》评为中国最具商业价值百强网站。中国制造网汇集中国企业产品，面向全球采购商，提供高效可靠的信息交流与贸易服务平台，为中国企业与全球采购商创造了无限商机，是国内中小企业通过互联网开展国际贸易的首选 B2B 网站之一，也是国际上有影响的电子商务平台。它是中国首个全面审查供应商的 B2B 电子商务平台，目前提供 27 类和 3600 个子类别的产品信息，用 11 种语言显示网站信息。

中国制造网国际站首页如图 7. 13 所示。

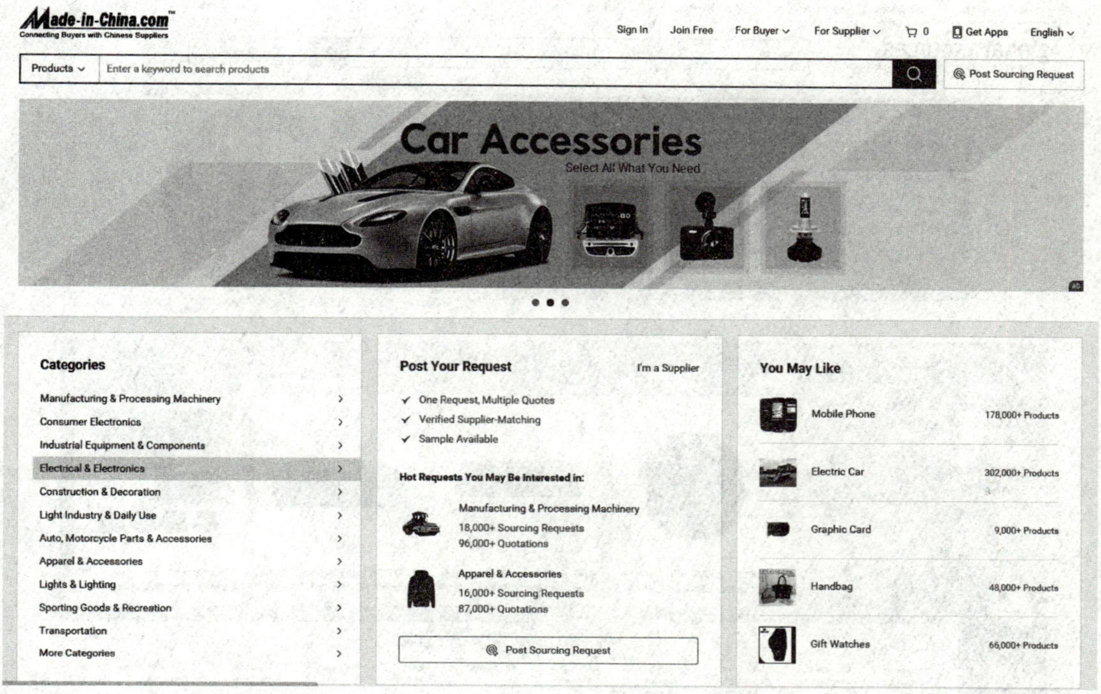

图 7.13 中国制造网国际站首页

3. 环球资源企业网

环球资源是一家多渠道 B2B 媒体公司，致力于促进大中华地区的对外贸易。公司的核心业务是通过一系列英文媒体，包括环球资源网站、印刷及电子杂志、采购资讯报告、“买家专场采购会”、贸易展览会等形式，促进亚洲各国的出口贸易。

环球资源企业网（www. globalsources. com）通过创建、管理各种有效媒体，为买卖双方传递相互结识及交易所需的信息。他们以适当资讯，在适当时机，通过适当渠道，连结全球买家及供应商。目前，有超过 100 万名国际买家，当中包括 95 家全球百强零售商，使用环球资源提供的服务了解供应商及产品的资料，在复杂的供应市场进行高效采购。供应商可以借助环球资源提供的整合出口推广服务，提升公司形象、获得销售查询，赢得来自逾 240 个国家及地区的买家订单。

环球资源网首页如图 7.14 所示。

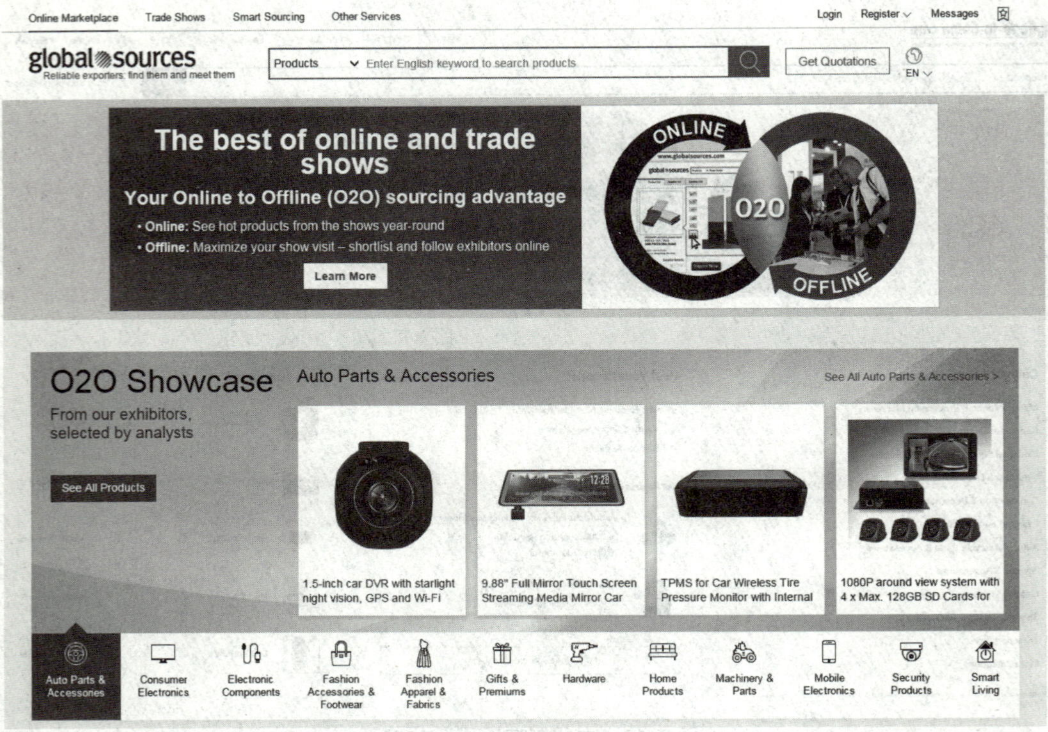

图 7.14　环球资源网首页

4. 敦煌网

敦煌网（www. dhgate. com）是全球领先的在线外贸交易平台。敦煌网是国内首个为中小企业提供 B2B 网上交易的网站。它采取佣金制，免注册费，只在买卖双方交易成功后收取费用。2013 年，敦煌新推出的外贸开放平台实质上是一个外贸服务开放平台，通过开放的服务拉拢中大型的制造企业，最终引导它们在线上交易。截止到 2018 年，敦煌网拥有遍布全球 222 个国家和地区的 1500 万海外买家，有 770 万种在线商品，平均每 1. 6 秒产生一笔订单，每小时有 10 万买家进行在线采购。

敦煌网致力于帮助中国中小企业通过跨境电子商务平台走向全球市场，开辟一条全新的国际贸易通道，让在线交易不断的变得更加简单、更加安全、更加高效。作为中小额 B2B 海外电子商务的创新者，敦煌网采用 EDM（电子邮件营销，全称 E-mail direct marketing）的营销模式低成本高效率地拓展海外市场，利用自建的 DHgate 平台为海外用户提供高质量的商品信息，用户可以自由订阅英文 EDM 商品信息，第一时间了解市场最新供应情况。

敦煌网首页如图 7. 15 所示。

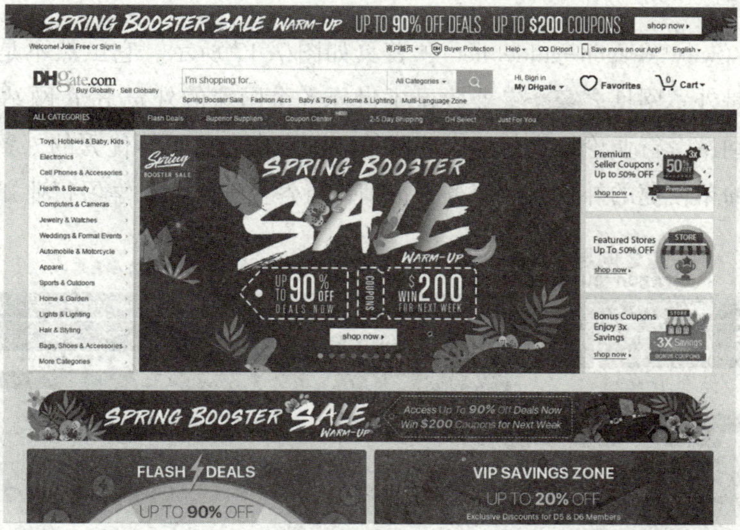

图 7.15　敦煌网首页

5. 全球速卖通

全球速卖通（英文名：AliExpress）正式上线于 2010 年 4 月，是阿里巴巴旗下唯一面向全球市场打造的在线交易平台，被广大卖家称为“国际版淘宝”。全球速卖通面向海外买家，通过支付宝国际账户进行担保交易，并使用国际快递发货，是全球第三大英文在线购物网站。

全球速卖通（www.aliexpress.com）是阿里巴巴帮助中小企业接触终端批发零售商，小批量多批次快速销售，拓展利润空间而全力打造的融合订单、支付、物流于一体的外贸在线交易平台。

全球速卖通首页如图 7.16 所示。

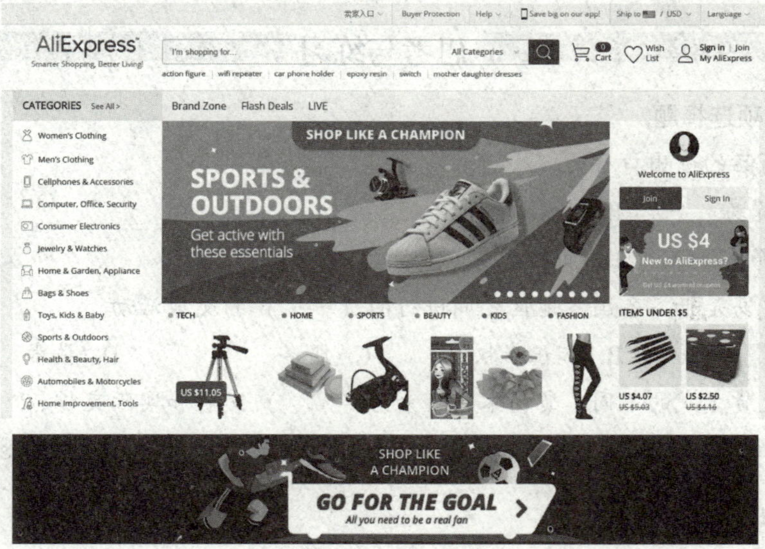

图 7.16　全球速卖通首页

6. 龙之向导

龙之向导（www. dragon-guide. net），首页如图 7.17 所示。它虽然不是一个互联网贸易平台，但却是外贸网址之家，专业收录了世界各个国家的外贸 B2B 网站、行业 B2B 网站、行业信息网站、行业论坛、行业人才网站、国际商业黄页等优秀的外贸网站及电子商务平台，提供简单便捷的外贸导航服务，帮助各行各业工作人员学习行业知识、做生意。

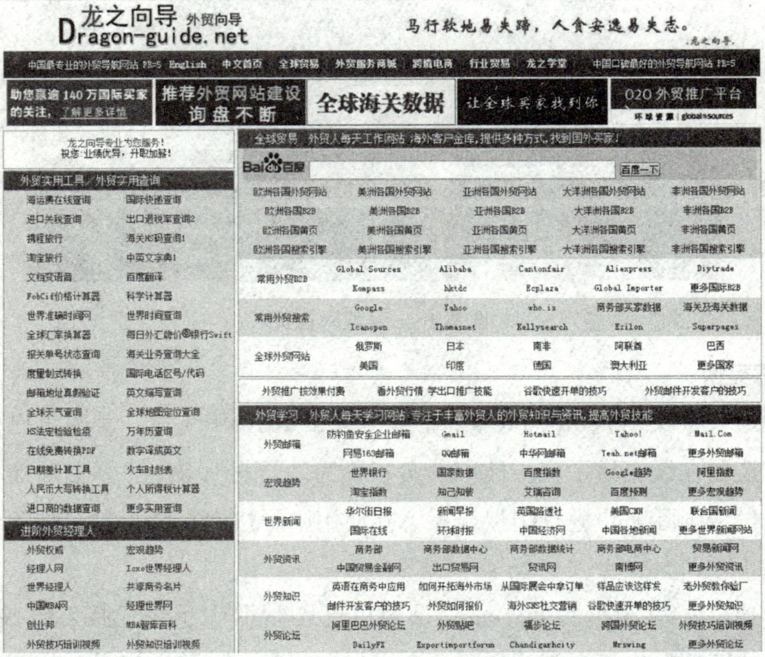

图 7.17　龙之向导网站主页

思考与练习

一、不定项选择题

1. 实物商品的进出口称为（　　）。

A. 有形贸易　　B. 无形贸易

C. 直接贸易　　D. 间接贸易

2. 国际贸易是世界各国各地区之间进行的（　　）的交换活动。

A. 货物　　B. 知识产权　　C. 服务　　D. 技术

3. 按照交货方式的不同，贸易术语可分为（　　）交货和实际交货。

A. 象征性交货　　B. 凭样品交货　　C. 装运港交货　　D. 目的地交货

4. FOB、CFR、CIF 三种贸易术语的共同点在于（　　）。

A. 交货地点相同　　B. 适用的运输方式相同

C. 风险划分的分界点相同　　D. 交货性质相同

E. 费用分担相同

5. FCA、CIP、CPT 贸易术语与 FOB、CIF、CFR 两组术语的区别是（　　）。

A. 适用的运输方式不同　　B. 交货地点不同

C. 风险转移分界点不同　　D. 提交的单据的种类不同

E. 交货性质不同

二、判断题

1. EXW 术语是买方承担责任、费用和风险最小的术语。（　　）

2. 根据《2020 通则》的规定，以 C 组术语成交签订的合同都属于装运合同。（　　）

3. 我方按 FOB 伦敦从英国购买一批机器产品，即交货地点为伦敦。（　　）

4. 采用 FOB 条件时，通常由买方负责租船订舱，也有由卖方代办租船订舱的情况，按一般惯例，只要卖方已尽最大努力，因客观原因而租不到船或订不到舱位，买方不得为此向卖方提出索赔或撤消合同。（　　）

5. 在出口贸易中，我们要尽量选择我方责任、费用和风险较少的贸易术语。（　　）

三、问答题

1. 什么是国际贸易？

2. 国际贸易的特点有哪些？

3. 我某出口公司按 CIF 条件向欧洲某国进口商出口一批草编制品，向中国人民保险公司投保了一切险，并规定信用证方式支付。我出口公司在规定的期限、指定的我国某港口装船完毕，船公司签发了提单，然后去中国银行议付款项。第二天，出口公司接到客户来电称，装货的海轮在海上失火，草编制品全部烧毁，客户要求我公司出面向中国人民保险公司提出索赔，否则要求我公司退回全部货款。问：该批交易按 CIF 伦敦条件成交，对客户的要求我公司该如何处理？为什么？

4. 互联网国际贸易的现状如何？

5. 互联网对国际贸易的影响有哪些？

四、操作题

1. 登录互联网国际贸易主流平台，利用站内搜索查找自己感兴趣的商品，观察产品名称、主图、描述、价格、支付方式、运输方式等内容。

2. 通过龙之向导网站，找到一家自己感兴趣的境外 B2B 平台并进行浏览。

参考文献

［1］夏名首. 网上贸易实务［M］. 合肥：中国科学技术大学出版社，2016.

［2］聂志新. 阿里巴巴实战运营：14 招玩转诚信通［M］. 北京：企业管理出版社，2017.

［3］王欣阳，韩宇红. 国际贸易实务［M］. 北京：首都师范大学出版社，2009.

［4］阿里巴巴（中国）网络技术有限公司. 做跨境电商，就是这么简单［M］. 北京：中国海关出版社，2015.

［5］吴蔚. 浅析“互联网+”时代下的国际贸易［J］. 决策探索（下半月），2017（7）：4-5.

［6］李殷韬，李军. 电子商务对国际贸易的影响［J］. 中国经贸，2016（19）.